Philip Yancey · Der unbekannte Jesus

Philip Yancey

Der unbekannte Jesus

Jesus

Entdeckungen eines Christen

Deutsch von Brigitte Kaczerowski

R. BROCKHAUS VERLAG WUPPERTAL

ABCteam-Bücher erscheinen in folgenden Verlagen:

Aussaat Verlag Neukirchen-Vluyn
R. Brockhaus Verlag Wuppertal
Brunnen Verlag Gießen und Basel
Christliches Verlagshaus Stuttgart
Oncken Verlag Wuppertal und Kassel

Die amerikanische Originalausgabe erschien
unter dem Titel THE JESUS I NEVER KNEW
bei Zondervan Publishing House, Grand Rapids, Michigan, USA
Copyright © 1995 by Philip Yancey

Die Bibelzitate im vorliegenden Buch folgen – sofern nicht anders gekenn-
zeichnet – der Übersetzung »Hoffnung für alle«, 1996. Dabei wurden mit
freundlicher Genehmigung des Brunnen-Verlages Basel die zitierten Texte
an die hier angewandten neuen amtlichen Rechtschreibregeln angepasst.

2. Auflage 2001

© 1997 der deutschen Ausgabe:
R. Brockhaus Verlag Wuppertal
Umschlag: Dietmar Reichert, Dormagen
Gesamtherstellung: Breklumer Druckerei Manfred Siegel KG
ISBN 3-417-11122-6
Bestell-Nr. 111 122

INHALT

Teil I

Wer er war

1
Der Jesus, den ich zu kennen glaubte

Meine erste Bekanntschaft mit Jesus machte ich als Kind. Ich sang »Jesus liebt mich« in der Sonntagsschule und abends wandte ich mich an den »lieben Herrn Jesus«. Im biblischen Unterricht sah ich zu, wie Flanellfiguren auf einer Wandtafel hin- und hergeschoben wurden. Ich verband Jesus mit Brause, Plätzchen und Goldsternchen für gutes Aufpassen.

An ein Bild in der Sonntagsschule erinnere ich mich besonders gut, ein Ölbild an einer Betonwand. Jesus hatte darauf lange, wehende Haare, wie ich sie noch bei keinem Mann gesehen hatte. Sein Gesicht war hager und schön, seine Haut wächsern und weiß wie Milch. Er trug einen scharlachroten Umhang, bei dem sich der Künstler viel Mühe gegeben hatte, das Lichtspiel auf den Falten wiederzugeben. Auf seinen Armen hielt Jesus ein kleines, schlafendes Lamm. Ich stellte mir vor, dieses Lamm zu sein, so reich gesegnet, dass man dafür keine Worte finden konnte.

Vor kurzem las ich ein Buch des älteren Charles Dickens, in dem er das Leben Jesu für seine Kinder zusammenfasste. Darin erscheint Jesus wie eine viktorianische Kinderfrau, die den Jungen und Mädchen über den Kopf streicht und dabei Ratschläge erteilt wie: »Nun, Kinder, ihr müsst zu eurer Mutti und eurem Papi immer schön lieb sein.« Plötzlich sah ich wieder das Bild von Jesus vor mir, das in der Sonntagsschule vermittelt wurde und mit dem ich aufgewachsen war: jemand Nettes und Beruhigendes ohne Ecken und Kanten –

wie ein Moderator im Kinderfernsehen. In dieser Vorstellung hatte ich als Kind Trost gefunden.

Später, während meines Studiums an einer theologischen Akademie, begegnete mir ein anderes Bild. Zu jener Zeit gab es ein recht populäres Gemälde, das in Dalí-Manier am Gebäude der Vereinten Nationen hing und Jesus mit ausgestreckten Händen zeigte. Dies war der unermessliche, alles umfassende Jesus, der Ruhepunkt in allen Tumulten. Diese Figur hatte so gar nichts gemein mit dem Jesus meiner Kindheit, der das Lamm behütete.

Trotzdem sprachen die Studenten mit erschreckender Vertrautheit von diesem weltumfassenden Jesus. Die Akademie drängte uns, »eine persönliche Beziehung zu Jesus Christus« zu entwickeln. In den Gottesdiensten brachten wir unsere Liebe zu Jesus in Chorälen voller vertrauter Bilder zum Ausdruck. Studenten bezeugten ihren Glauben, indem sie hin und wieder einfließen ließen: »Der Herr befahl mir . . .« Mein eigener Glaube bestand zu der Zeit eher in skeptischem Abwarten. Ich war misstrauisch, verwirrt, voller Fragen.

Wenn ich auf die Studienzeit zurückblicke, muss ich feststellen, dass ich mich von Jesus immer mehr entfernte – aller religiösen Vertrautheit zum Trotz. Er verkam zum bloßen Studienobjekt. Ich lernte die vierunddreißig Wunder in den Evangelien, aber die Wirkung jedes einzelnen Wunders entging mir. Ich studierte die Seligpreisungen, ohne zu begreifen, dass keiner – und ich am wenigsten – den Sinn dieser geheimnisvollen Aussprüche verstand, geschweige denn sie in seinem Leben umsetzen konnte.

Wenig später stellten die sechziger Jahre, die mich wie wohl die meisten Christen erst in den frühen Siebzigern erreichten, alles in Frage. *Jesus-Freaks* – allein die Bezeichnung wäre in den geruhsamen fünfziger Jahren ein Widerspruch in sich gewesen – tauchten urplötzlich wie Außerirdische auf. Nachfolger Jesu waren nicht länger geschniegelte Vertreter der Mittelklasse, sondern ungepflegte, zerzauste Radikale. Liberale Theologen hängten Jesus-Poster neben Fidel Castro und Che Guevara.

Langsam dämmerte mir, dass mehr oder weniger alle Jesus-Darstellungen, darunter auch der »Gute Hirte« aus der Sonntagsschule und der Jesus der Vereinten Nationen in der Theologischen Akademie, ihn mit Schnurr- oder Vollbart zeigten. Aber den Studenten war ein Bart strikt untersagt. Plötzlich stiegen in mir Fragen hoch, auf die ich als Kind nie gekommen war. Zum Beispiel: Wieso kreuzigte man jemanden, weil er Menschen sagte, dass sie nett zueinander sein sollten? Welche Regierung würde den Moderator des Kinderprogramms hinrichten lassen? Thomas Paine hat einmal gesagt, dass keine Religion, deren Lehre die kindliche Sensibilität verletzt, göttlich sein könne. Wie ließ sich diese Aussage mit dem Kreuz vereinbaren?

1971 sah ich *Das erste Evangelium – Matthäus* des italienischen Filmemachers Pier Paolo Pasolini. Dieser Film erregte nicht nur die religiösen Institutionen, die Jesus auf der Leinwand kaum wieder erkannten, sondern auch die Filmbranche, da Pasolini erklärtermaßen ein homosexueller Marxist war. In einer ironischen Geste widmete Pasolini den Film Papst Johannes XXIII., der indirekt für sein Entstehen verantwortlich war. Aufgrund des Papstbesuchs war Pasolini in Florenz in einen ungeheuren Verkehrsstau geraten. Als er nicht weiterkam, mietete er sich kurzerhand in einem Hotel ein, wo er gelangweilt nach dem Neuen Testament in seinem Nachttisch griff und das ganze Matthäus-Evangelium durchlas. Was ihm dort begegnete, berührte ihn so, dass er einen Film ausschließlich mit den Worten des Evangelisten drehen wollte.

Pasolinis Film greift die Jesus-Vorstellungen der 60er Jahren auf. Mit geringem Budget in Süditalien gedreht, vermittelt der Film mit seinem Kalkweiß und den staubigen Grautönen etwas von dem palästinischen Umfeld Jesu. Die Pharisiäer tragen turmhohe Kopfbedeckungen und Herodes' Soldaten erinnern an faschistische *Squadristi*. Die Jünger verhalten sich wie blutige Anfänger, während Jesus, mit unbeirrbarem Blick und durchdringender Intensität, furchtlos erscheint. Gleichnisse und Aussprüche schleudert er abgehackt über seine Schulter hinweg, während er von Ort zu Ort hetzt.

Man kann die Wirkung von Pasolinis Film nur ermessen, wenn

man in jenen turbulenten Zeiten jung gewesen ist. Dieser Film lässt seither spöttelnde Zuschauer verstummen. Radikale Studenten erkannten, dass sie nicht die Ersten waren, die gegen Materialismus und Scheinheiligkeit kämpften und für Frieden und Liebe eintraten.

Dieser Film trieb die Umwertung meines Jesus-Bildes weiter voran. So, wie er dort aussah, ähnelte Jesus denen, die bei keiner theologischen Ausbildungsstätte angenommen worden wären und denen die meisten Kirchen ablehnend gegenüber gestanden hätten. Bei seinen Zeitgenossen galt Jesus »als Weinliebhaber und Schlemmer«. Machthaber – im religiösen wie im politischen Bereich – betrachteten ihn als Aufrührer und Störenfried. Er sprach und handelte wie ein Revolutionär, verachtete Ansehen, Familie, Besitz und andere traditionelle Zeichen des Erfolges. Es war nicht zu leugnen, dass das gesamte Drehbuch von Pasolini aus dem Matthäus- Evangelium stammte, aber die Botschaft des Films stimmte ganz sicher nicht mit meiner bisherigen Vorstellung von Jesus überein.

Zur gleichen Zeit schrieb ein diakonischer Mitarbeiter namens Bill Milliken, der in der Innenstadt eine Kommune aufgebaut hatte, das Buch *Mach's gut, lieber Herr Jesus*. Der Titel bezeichnete genau die Veränderung, die sich in mir vollzog. Zu jener Zeit arbeitete ich als Herausgeber des *Campus-Life*-Magazins, des offiziellen Organs von »Jugend für Christus«. *Aber wer ist eigentlich dieser Jesus?*, fragte ich mich. Beim Schreiben und Redigieren beschlichen mich leise Zweifel: *Glaubst du das eigentlich wirklich? Oder zeigst du nur Linientreue, für die man dich bezahlt? Hast du dich schon dem sicheren, konservativen Establishment angeschlossen – der modernen Version jener Gruppierungen, die sich von Jesus so bedroht gefühlt hatten?*

Und so oft wie möglich vermied ich es, direkt über Jesus zu schreiben.

Als ich heute Morgen meinen Computer einschaltete, ließ *Windows* das Datum aufblitzen. Damit erkennt es indirekt an – wie man sich persönlich auch dazu stellen mag –, dass die Geburt Jesu wichtig genug ist, die Geschichte in zwei Teile zu spalten. Alles, was jemals auf diesem Planeten geschehen ist, wird nach dem Kriterium eingeordnet, ob es vor oder nach Christus war.

Richard Nixon ließ sich 1969 von der allgemeinen Aufregung bei der ersten Mondlandung der Apollo anstecken: »Dies ist der größte Tag seit der Schöpfung!«, jauchzte er, bis Billy Graham ihn an Weihnachten und Ostern erinnerte. Ohne Zweifel hatte Graham damit Recht – welches historische Kriterium man auch immer zugrunde legen mag. Der Mann aus Galiläa, der zu seinen Lebzeiten insgesamt nicht zu annähernd so vielen Menschen sprach wie Billy Graham, veränderte wie kein anderer diese Welt. Er führte ein neues Kraftfeld in die Geschichte ein, und mittlerweile beruft sich ein Drittel der Weltbevölkerung auf ihn. Was auch immer wir tun – wir werden diesen Jesus einfach nicht los.

»Mehr als 1900 Jahre später«, gab H. G. Wells zu, »kann selbst ein Historiker wie ich, der sich noch nicht einmal als Christ bezeichnen würde, nicht der Versuchung widerstehen, Ereignisse um diesen bedeutenden Mann zu gruppieren . . . Ein Historiker bemisst die Größe einer Persönlichkeit nach deren entwicklungsfähiger Hinterlassenschaft. Veranlasste sie Menschen, eine neue Denkrichtung einzunehmen, die auch nach ihrem Tod weiter Bestand hatte? Bei diesem Test kommt Jesus am besten weg.« Die Größe eines Schiffs kann man aus seinem Wellengang erschließen.

Und doch schreibe ich nicht ein Buch über Jesus, weil er die Geschichte so entscheidend geprägt hat. Es reizt mich ja auch nicht, ein Buch über Julius Cäsar oder den Kaiser, der die Chinesische Mauer errichten ließ, zu verfassen. Mich zieht Jesus unwiderstehlich an, weil er sich an den Wendepunkt des Lebens – meines Lebens – stellte. »Das sage ich euch: Wer sich öffentlich zu mir bekennt, für den werde ich auch in Gottes Gericht vor den Engeln eintreten«, versprach er. Jesus zufolge bestimmt das, was ich über ihn denke und wie ich mich ihm gegenüber verhalte, mein Schicksal bis in alle Ewigkeit.

Manchmal akzeptiere ich den kühnen Anspruch Jesu ohne jedes

Zögern. Aber ich muss zugeben, dass ich mich zuweilen frage, was dieser Mann, der vor 2000 Jahren in einer Gegend namens Galiläa gelebt hat, mit meinem Leben zu tun haben könnte. Ob ich diese Spannung zwischen Zweifel und Liebe jemals auflösen kann?

Ich setze mich gerne schriftlich mit meinen Zweifeln auseinander. Das zeigt sich schon in meinen Buchtiteln *Wo ist Gott, wenn es wehtut?* und *Von Gott enttäuscht.* Dabei komme ich immer wieder auf dieselben Fragen zurück. So, wie man alte Wunden leckt, die nicht heilen wollen. Kümmert Gott sich um das Leid auf dieser Welt? Bedeuten wir ihm wirklich etwas?

Einmal war ich zwei Wochen lang in einer Berghütte in Colorado eingeschneit. Schneestürme blockierten Straßen und Wege, und wie Pasolini hatte ich nur eine Bibel als Lektüre. Ich las sie langsam und bedächtig, Seite für Seite. Im Alten Testament identifizierte ich mich mit den kühnen Männern, die sich gegen Gott auflehnten: Mose, Hiob, Jeremia, Habakuk, den Psalmisten. Mir war, als sähe ich einem Schauspiel mit menschlichen Figuren zu, die ihre kleinen Triumphe und großen Tragödien auf die Bühne brachten. Immer wieder riefen sie dem unsichtbaren Regisseur zu: »Du hast keine Ahnung, wie das hier ist!« Hiob war am unverfrorensten, indem er Gott vorwarf: »Hast du denn Menschenaugen? Siehst du, wie ein Sterblicher sieht?« Und immer wieder vernahm ich aus dem Hintergrund hinter den Kulissen das Echo einer Stimme. »Schließlich machst du dir auch keine Vorstellung davon, wie das hier hinten ist«, rief sie Mose und Hiob noch lauter zu.

Aber bei den Evangelien hörten die Anklagen auf. Gott – wenn man das so sagen darf – fand heraus, wie es sich hier auf der Erde lebt. Jesus erfuhr in seinem kurzen, harten Leben das Leid, nicht weit entfernt von der staubigen Wüste, in der Hiob sich abgequält hatte. Einer der vielen Gründe für die Geburt Jesu war sicherlich auch der, eine Antwort auf Hiobs Klagen zu geben. »Hast du denn Menschenaugen?« Eine Zeit lang hatte Gott sie.

Könnte ich doch nur einmal die Stimme eines Wirbelsturms hören oder wie Hiob selbst mit Gott sprechen! Dieser Gedanke steigt manchmal in mir hoch. Und vielleicht ist das der Grund, warum ich jetzt über Jesus schreibe. Gott ist nicht stumm: Sein Wort hat gesprochen, nicht in einem Wirbelsturm, sondern mit menschlichen Stimmbändern eines palästinischen Juden. Durch Jesus legte sich Gott selbst auf den Seziertisch, nahm die Haltung des Gekreuzigten ein, um sich von allen Skeptikern, die jemals gelebt haben, bis ins letzte Detail untersuchen zu lassen. Und zu diesen Skeptikern gehöre ich auch.

Wenn ich an Jesus denke, kommt mir ein Vergleich von Karl Barth in den Sinn. An einem Fenster steht ein Mann und starrt auf die Straße. Draußen schirmen Menschen ihre Augen mit den Händen ab und sehen in den Himmel. Der Mann am Fenster kann nicht erkennen, was es dort zu sehen gibt, weil ein Gebäude ihm die Sicht versperrt. Wir, die wir zweitausend Jahre nach Jesus leben, haben einen ähnlichen Standpunkt wie dieser Mann am Fenster. Wir hören die Ausrufe. Wir studieren die Gesten und Worte in den Evangelien und den vielen Büchern, die diese wiederum nach sich gezogen haben. Aber so sehr wir uns auch anstrengen, wir können doch den Jesus aus Fleisch und Blut nicht sehen.

Aus diesem Grunde können die, die nach Jesus suchen, oft nicht über ihren Tellerrand hinausschauen. Für den Lakota-Stamm ist Jesus zum Beispiel das »Büffelkalb Gottes«. Die kubanische Regierung verteilt ein Gemälde mit Jesus, der einen Karabiner geschultert hat. Während der Religionskriege mit Frankreich riefen die Engländer: »Der Papst ist Franzose, aber Jesus ist Engländer!«

Jüngere Forschungen machen das Bild noch verworrener. Wenn man wissenschaftliche Buchhandlungen durchforstet, stößt man auf Jesus als politischem Revolutionär, als Magier, der Maria Magdalena heiratete, als Charismatiker aus Galiläa, Rabbi oder friedliebendem, jüdischem Zyniker, als Pharisäer, pharisäerfeindlichem Essener, als eschatologischem Propheten, als »Hippie in einer Welt von Augustinischen Yuppies« oder als halluzinogenem Führer eines heiligen Pilz-Kultes. Ansonsten ganz seriöse Wissenschaftler veröffentlichen diese Werke ohne die geringsten Anzeichen von Verlegenheit.*

Wie kann man inmitten solcher Verwirrung auf die einfache Frage »Wer war Jesus?« antworten? Säkulare Historiker geben nur wenig Auskunft. Paradoxerweise ist die Persönlichkeit, die die Geschichte mehr als alle anderen geprägt hat, der Aufmerksamkeit der meisten Forscher und Historiker entgangen. Selbst die vier Verfasser der Evangelien ließen einiges aus, was den heutigen Leser interessiert hätte, da sie nur etwa ein Zehntel seines Lebens beschrieben. Und da keiner von ihnen auf seine äußere Erscheinung einging, wissen wir nichts über seine Figur oder Augenfarbe. Die Angaben zu seiner Familie sind so spärlich, dass man bis heute darüber streitet, ob er Geschwister hatte. Was man heutzutage von Biografien erwartet, war für die vier Evangelisten belanglos.

Bevor ich mit diesem Buch begann, recherchierte ich einige Monate in drei Seminar-Bibliotheken – einer katholischen, einer liberal-protestantischen und in einer konservativ-evangelikalen. Es war ausgesprochen einschüchternd, als ich am ersten Tag entdeckte, dass nicht nur mehrere Regale, sondern ganze Wände mit Büchern über Jesus gefüllt waren. Ein Forscher an der Universität von Chicago schätzt, dass allein in den vergangenen zwanzig Jahren mehr über ihn veröffentlicht wurde als in den vorigen 1900 Jahren zusammen. Mir kam es fast vor, als ob der überspitzte Kommentar am Ende des Johannesevangeliums wahr geworden wäre: »Es gibt noch vieles andere, was Jesus getan hat. Aber wollte man das alles eins nach dem anderen aufschreiben, so wäre wohl auf der ganzen Welt nicht genügend Platz für die vielen Bücher, die dann geschrieben werden müssten.«

* Die Bevölkerung der USA schenkt diesen Trend-Porträts wenig Beachtung. Eine kürzlich durchgeführte Studie erbrachte, dass 84 % der Amerikaner glauben, dass Jesus Christus Gott oder Gottes Sohn ist. Die überwältigende Mehrheit glaubt, Jesus sei ohne Sünde, mutig und gefühlsmäßig ausgeglichen. Und eine Minderheit hält ihn für leicht zu verstehen (!), körperlich stark und attraktiv, praktisch veranlagt, warmherzig und tolerant.

Die Anhäufung wissenschaftlicher Erkenntnisse lähmte mich fast. Ich las Unmengen von Berichten über die Herkunft des Namens Jesu, Erörterungen darüber, welche Sprachen er beherrschte, Debatten über die Frage, wie lange er in Nazareth, Kapernaum und Bethlehem gelebt hatte. Jedes lebensnahe Bild verschwamm, und irgendwie hatte ich das Gefühl, dass Jesus über die meisten Beschreibungen, die ich studierte, entsetzt wäre.

Aber wenn ich in den Evangelien las, lichtete sich der Nebel. J. B. Phillips schrieb, nachdem er die Evangelien übersetzt und übertragen hatte: »Ich habe Unmengen von Mythen in Latein und Griechisch gelesen, aber in den Evangelien fand ich nicht die geringste Spur eines Mythos. Niemand hätte einen so naiven und anfechtbaren Bericht schreiben können, wenn nicht ein wahrhaftiges Ereignis dahinter stände.«

Manche religiösen Bücher haben den unangenehmen Beigeschmack von Stimmungsmache – nicht so die Evangelien. Markus schildert das wohl bedeutendste Ereignis der Geschichte, das Theologen mit Begriffen wie »Versöhnung«, »Sühne«, »Opfer« zu beschreiben versuchen, in einem einzigen Satz: »Aber Jesus schrie laut auf und starb.« Seltsame, unvermutete Szenen tauchen auf, wie etwa die Bemühungen der Familie Jesu und seiner Nachbarn, ihn fortzuschaffen, weil Verdacht auf eine Geisteskrankheit besteht. Warum sollte man solche Ereignisse in einer Heiligenbiografie erwähnen? Selbst die ergebensten Anhänger Jesu kratzen sich ratlos am Kopf: *Wer ist dieser Mann?* Sie waren eher perplex als verschwörerisch.

Jesus selbst stellte seine Identität nicht hieb- und stichfest unter Beweis, wenn man ihn dazu herausforderte. Er ließ zweifelsohne hier und da Bemerkungen fallen, aus denen man auf seine Person schließen konnte, aber er sagte auch, nachdem er auf die Fakten hingewiesen hatte: »Selig ist jeder, der sich nicht an mir ärgert.« Liest man jedoch die Berichte, so wird es schwer sein, sich nicht an dem einen oder anderen Punkt zu ärgern. Aber die Entscheidung überlassen die Evangelien erstaunlich großzügig dem Leser. Sie liefern einzelne Informationen, die der Leser selbst zu einem Ganzen zusammenfügen muss. Dies finde ich an den Evangelien so erfrischend.

Ich glaube, all die verdrehten Theorien, die seit dem Tod Jesu immer wieder auftauchen, bestätigen lediglich, welch ungeheures Risiko Gott eingegangen ist, als er sich auf den Seziertisch legte – und dass er es anscheinend gerne einging: Untersuch mich ganz genau. Überprüf mich, stell mich auf die Probe. Es ist deine Entscheidung.

Der italienische Kinofilm *La Dolce Vita* beginnt mit einer Szene, in der ein Helikopter eine riesige Jesus-Statue nach Rom transportiert: Mit ausgestreckten Armen hängt Jesus in einer Schlinge. Als der Hubschrauber über die Landschaft gleitet, kann die Bevölkerung ihn erkennen. »Mensch, das ist Jesus!«, ruft ein alter Bauer, springt von seinem Traktor und läuft über das Feld. Unweit von Rom winken sonnenbadende Mädchen in Bikinis freundlich, sodass der Pilot näher heranfliegt. Schweigend, mit beinahe trauriger Miene schwebt dieser Jesus aus Beton merkwürdig unpassend über der modernen Welt.

Meine Suche nach Jesus nahm eine andere Richtung, als mir der Filmemacher Mel White seine Sammlung von Filmen über das Leben Jesu lieh. Darunter waren *König der Könige*, der Stummfilmklassiker von Cecil B. DeMille aus dem Jahre 1927, Musicals wie *Godspell* oder auch die moderne französisch-kanadische Produktion *Jesus von Montreal*.

Ich sah mir diese Filme, Szene für Szene, sehr sorgfältig an, und in den folgenden zwei Jahren benutzte ich sie als Anregung für Diskussionen in meinem Seminar über das Leben Jesu.

Dabei gingen wir folgendermaßen vor. Wenn wir zu einem bedeutsamen Ereignis im Leben Jesu kamen, suchte ich sieben oder acht Filmausschnitte aus, die mir bemerkenswert erschienen. Am Anfang einer Sitzung zeigte ich diese zwei- bis vierminütigen Sequenzen und wir begannen mit den komischen und steifen Umsetzungen, gefolgt von denjenigen Ausschnitten mit tiefer gehenden

Aussagen. Indem wir uns dasselbe Ereignis aus dem Blickwinkel von sieben oder acht Regisseuren ansahen, entfernten wir etwas von der Patina der Vorhersagbarkeit, die wir über viele Jahre mit Sonntagsschule und Bibellese angesetzt hatten. Einige der Filminterpretationen mussten, angesichts der eklatanten Widersprüche, falsch sein – aber welche? Was war wirklich geschehen? Nachdem wir die einzelnen Filmausschnitte erörtert hatten, wandten wir uns den Evangelien zu, und damit begann die Diskussion.

Das Seminar fand in den Räumen der *Lasalle Street Church* statt, einer lebendigen Gemeinde in der Chicagoer Innenstadt, zu der Doktoren aus dem Nordwesten genauso kamen wie Obdachlose, die die Gunst der Stunde für ein Schläfchen an einem warmen Ort nutzten. Ich verdanke es hauptsächlich diesem Seminar, dass meine Wahrnehmung von Jesus sich so verändert hat. Walter Kasper schreibt, dass manche extremen Vorstellungen immer noch in den Köpfen vieler Menschen herumschwirren: »Gott verkleidet wie ein Weihnachtsmann; Gott, der in die menschliche Natur wie in eine Art Monteuranzug schlüpft, um die aus dem Leim gegangene Welt wieder zu reparieren u.Ä. Auf jeden Fall ist die biblische und die kirchliche Lehre, dass Jesus wahrer und voller Mensch mit einer menschlichen Geistseele und einer menschlichen Freiheit war, im durchschnittlichen Bewusstsein nicht sehr ausgebildet.«

Ich muss zugeben, dass sie in meinem Kopf jedenfalls nicht ausgebildet war, bis ich dieses Seminar in der *Lasalle Street Church* leitete und versuchte, mich der historischen Person Jesus Christus zu nähern.

Diese Filme halfen mir, die Menschlichkeit Jesu wieder zu entdecken. Die Glaubensbekenntnisse in den Kirchen handeln von dem Christus, der vor aller Zeit war und der in Herrlichkeit kommen wird, aber über sein irdisches Dasein gehen sie hinweg. Die Evangelien wurden Jahre nach seinem Tod verfasst, lange nach Ostern. Worüber die Verfasser berichteten, war von ihnen zeitlich so weit entfernt wie für uns heute der Korea-Krieg. Die Filme halfen mir, noch weiter davon abzurücken, dafür aber Jesus mehr wie seine Zeitge nossen zu sehen. Wie war das wohl, am Rand einer Menge von Zuhörern zu stehen? Wie hätte ich wohl auf diesen Mann reagiert? Hätte ich ihn wie Zachäus zum Essen eingeladen? Oder hätte ich mich traurig abgewandt wie der reiche Jüngling? Ihn gar verraten wie Judas oder Petrus?

Jesus, das erkannte ich allmählich, hatte wenig Ähnlichkeit mit dem lieben Onkel, den ich in der Sonntagsschule kennen gelernt hatte. Und er unterschied sich gewaltig von dem, was mir auf der Akademie vermittelt wurde. Zum Beispiel war er überhaupt nicht lammfromm. Mir wurde bewusst, dass Jesus in meiner bisherigen Vorstellung die Persönlichkeit von Mr Spock, dem Vulkanier in *Raumschiff Enterprise*, hatte: Er blieb immer ruhig und cool und schritt unerschütterlich, fast robotergleich, zwischen leicht erregbaren Menschen auf dem Raumschiff Erde umher. Dieses Bild fand ich allerdings in den Evangelien und den besseren Filmen nicht wieder. Andere Menschen beeinflussten Jesus durchaus, bewegten ihn sehr: Halsstarrigkeit ärgerte ihn, Selbstgerechtigkeit brachte ihn auf, über rückhaltloses Vertrauen freute er sich. Tatsächlich schien er tiefere Gefühle und mehr Spontaneität zu haben als die meisten Menschen, und nicht weniger. Und er war viel leidenschaftlicher.

Aber je mehr ich Jesus erforschte, desto weniger ließ er sich in eine Schublade stecken. Er sagte wenig zu der römischen Besatzung – dem Lieblingsthema seiner Landsleute –, und doch vertrieb er die Profitjäger aus dem Jerusalemer Tempel. Er forderte Gehorsam gegenüber dem mosaischen Gesetz und galt gleichzeitig als Gesetzesbrecher. Ihn konnte die Sympathie für einen völlig Fremden übermannen, aber zu seinem besten Freund konnte er eiskalt sagen: »Geh weg von mir, Satan.« Er hatte eindeutige Meinungen über reiche Männer und Frauen mit unmoralischem Lebenswandel, und doch fühlten diese sich in seiner Gegenwart wohl.

An manchen Tagen vollbrachte er ein Wunder nach dem anderen, während bei anderen Gelegenheiten der Unglaube der Menschen seine Macht blockierte. Manchmal sprach er ausführlich über seine Wiederkunft, und dann wiederum wusste er weder Tag noch

Stunde. Einmal entzog er sich der Verhaftung, ein anderes Mal forderte er sie ganz bewusst heraus. Er sprach beredt über Frieden und forderte doch seine Jünger auf, Schwerter bereitzuhalten. Die außergewöhnlichen Dinge, die er von sich selbst behauptete, machten ihn immer wieder zum Anlass für Auseinandersetzungen. Tat er jedoch wirklich ein Wunder, neigte er dazu es stillschweigend abzutun. Walter Wink hat einmal gesagt, dass, wenn Jesus nie gelebt hätte, wir ihn nicht hätten erfinden können.

Zwei Begriffe sind mit dem Jesus in den Evangelien unvereinbar: langweilig und vorhersagbar. Wie kommt es dann, dass die Kirche seine Persönlichkeit derartig beschnitten oder, wie Dorothy L. Sayers es formulierte, »dem Löwen von Juda die Krallen wirksam gestutzt und ihn dann als geeignetes Haustier für blasse Vikare und fromme, alte Damen empfohlen« hat?

Die Historikerin und Pulitzer-Preisträgerin Barbara Tuchmann besteht bei der Geschichtsschreibung auf einer eisernen Regel: keine Vorwegnahmen. Als sie über die Ardennenoffensive im Zweiten Weltkrieg schrieb, versagte sie sich jegliche Nebenbemerkung wie: »Jeder kennt die weitere Entwicklung der Ereignisse.« Denn die Truppen der Alliierten kannten den Ausgang der Ardennenoffensive *nicht*. So wie sich ihnen die Sachlage darstellte, hätten sie sich gut wieder an die Strände der Normandie zurückziehen können, von wo sie kamen. Möchte ein Historiker die Spannung und Dramatik der einzelnen Ereignisse wahren, darf er keine Vorwegnahmen von einem allwissenden Standpunkt einstreuen. Tut er dies doch, ist alle Spannung dahin. Ein guter Historiker dagegen schafft für den Leser wieder die ursprünglichen Bedingungen und vermittelt ihm so das Gefühl, selbst dabei zu sein.

Das ist vermutlich das Problem, wenn wir über Jesus schreiben und nachdenken. Wir lesen die Evangelien durch die Brille der Konzile von Nicäa und Chalkedon, der kundigen Versuche der Kirche, Jesus zu verstehen.

Jesus war ein Mensch, ein Jude in Galiläa, mit einem normalen Namen und einer Familie. Einerseits war er wie jeder andere. Auf der anderen Seite aber war er völlig anders, wie sonst niemand auf dieser Welt. Die Kirche benötigte fünfhundert Jahre intensiver Debatten, um sich auf eine erkenntnistheoretische Position zwischen diesem »wie jeder andere« und dem »völlig anders« zu einigen. Wer in der Kirche aufgewachsen ist oder auch nur in einer dem Namen nach christlichen Gesellschaft, betont unweigerlich das »völlig anders«. Und Pascal sagte, der Kirche sei es schon immer genauso schwer gefallen, Zweifelnden nahe zu bringen, dass Jesus ein Mensch war, wie zu zeigen, dass er Gott war.

Ich möchte an dieser Stelle betonen, dass das Glaubensbekenntnis für mich gilt. Aber ich hoffe, dass ich in diesem Buch über jene Formulierungen hinausgehen kann. Soweit es möglich ist, hoffe ich, mir das Leben Jesu von »unten« ansehen zu können, als ein Zuschauer unter vielen. Angenommen, ich wäre ein japanischer Filmemacher und hätte bei einem Budget von fünfzig Millionen Dollar nur die Evangelien als Drehbuch: Was für einen Film würde ich drehen? Ich hoffe, ich könnte Christus – um es mit Luther zu sagen – »so tief wie möglich ins Fleisch . . . ziehen«.

Bei meiner Arbeit fühlte ich mich manchmal wie ein Tourist, der ehrfürchtig und überwältigt ein großes Denkmal umschreitet. Ich betrachte dieses Denkmal, das Zeugnis von Jesus, in seinen Bestandteilen – die Geschichten seiner Geburt, seine Lehren, die Wunder, seine Feinde und Nachfolger –, um über den Mann, der die Geschichte so veränderte, nachzudenken und ihn begreifen zu können.

Manchmal fühlte ich mich auch wie ein Restaurator auf einem Gerüst in der Sixtinischen Kapelle, der den Ruß der Geschichte mit einem angefeuchteten Wattestäbchen entfernt. Werde ich unter diesen ganzen Schichten das Original entdecken, wenn ich nur heftig genug schrubbe?

In diesem Buch möchte ich die Geschichte von Jesus erzählen, nicht meine eigene. Und doch ist die Suche nach Jesus unweigerlich von dem jeweiligen Menschen geprägt, der sie unternimmt. Niemand bleibt unverändert, wenn er Jesus begegnet. Ich habe entdeckt, dass die Zweifel, die aus den verschiedensten Bereichen auf mich einwirken – aus der Naturwissenschaft oder den vergleichenden Religionswissenschaften, aus einem angeborenen Skeptizismus oder einer Aversion gegenüber der Kirche – in einem anderen Licht erscheinen, wenn ich sie zu dem Mann namens Jesus bringe. In diesem ersten Kapitel mehr zu sagen, würde bedeuten, Barbara Tuchmanns so wertvolles Prinzip zu missachten.

S. 9: *Dickens:* Charles Dickens, *The Life of Our Lord.* London, 1934.
S. 12: *Milliken:* Bill Milliken, *So long, Sweet Jesus.* New York, o. J.
S. 13: *H. G. Wells:* Zitiert nach *The Geratest Men in History* in Mark Link, S.J. (Hg.), *He is the Still Point of the Turning World.* Chicago, 1971.
S. 13: *»Das sage ich euch«:* Lukas 12,8
S. 14: *Wo ist Gott, wenn es wehtut?* Philip Yancey, *Where ist God when it hurts?* Grand Rapids, 1990.
S. 14: *Von Gott enttäuscht.* Philip Yancey, *Von Gott enttäuscht. Durch Leiden an Gott in der Liebe zu ihm wachsen.* 2. Aufl., Metzingen, 1994.
S. 14: *»Hast du denn Menschenaugen?«:* Hiob 10,4
S. 15: *Barth:* Vgl. Karl Barth, *Das Wort Gottes und die Theologie.* München, 1924.
S. 16: *»Es gibt noch vieles . . .«:* Johannes 21,25
S. 17: *Phillips:* J. B. Phillips, *Ring of Truth.* Wheaton, 1977.
S. 17: *»Aber Jesus . . .«:* Markus 15,37
S. 17: *»Selig ist . . .«:* Matthäus 11,6 (Übersetzung nach Luther 1984, im Folgenden LÜ)
S. 19: *Kasper:* Walter Kasper, *Jesus der Christus.* Mainz, 1981.
S. 20: *»Geh weg . . .«:* Matthäus 16,23 (LÜ)
S. 21: *Wink:* Walter Wink, *Engaging the Powers.* Minneapolis, 1992.
S. 21: *Sayers:* Dorothy L. Sayers, *Christian Letters to a Post-Christian World.* Grand Rapids, 1969.
S. 21: *Tuchmann:* Vgl. Barbara Tuchmann, *In Geschichte denken.* Zürich, 1982.
S. 22: *Pascal:* Blaise Pascal, *Gedanken.* Stuttgart, 1978.
S. 22: *Luther:* zitiert nach Jürgen Moltmann, *Der Weg Jesu Christi.* München, 1989.

2
Die Geburt:
Der heimgesuchte Planet

Beim Sortieren der Weihnachtskarten aus dem vergangenen Jahr fiel mir auf, welche Symbole sich im Laufe der Zeit mit dem Fest verknüpft haben. Die meisten dieser Karten zeigen Schneelandschaften aus Neu-England, oft noch mit einem Pferdeschlitten. Auf anderen findet sich ein fröhliches Tierleben: nicht nur Rehe, sondern auch Backenhörnchen, Waschbären, majestätische Vögel und niedliche graue Mäuse. Auf einer Karte legt ein afrikanischer Löwe seine Vorderpfote zärtlich um ein Lamm.

Engel haben in den vergangenen Jahren ein Comeback erlebt; Kartenhersteller haben sie in ihrem Programm, allerdings als hübsche, niedliche Geschöpfe und nicht die Sorte, die jemals ein »Fürchte dich nicht!« verkünden müsste. Die ausgesprochen religiösen Karten (die eindeutig in der Minderheit sind) konzentrieren sich auf die Heilige Familie und man sieht sofort, dass es sich bei den abgebildeten Personen um einen ganz eigenen Menschenschlag handelt. Sie erscheinen unerschütterlich heiter, und strahlend goldene Heiligenscheine umgeben wie außerirdische Kronen ihre Köpfe.

Im Innenteil verwenden diese Karten freundliche Worte wie Liebe, Wohlwollen, Freude, Glück und Geborgenheit. Vermutlich ist es gut, dass wir einen christlichen Feiertag mit solch positiven Gefühlen verbinden. Aber wenn ich dann in den Evangelien die Schilderung des ersten Weihnachten lese, spüre ich etwas ganz anderes, nämlich hauptsächlich Zerrissenheit.

Ich erinnere mich an eine Folge der Fernsehserie *Die besten Jahre*, in der Hope, eine Christin, sich mit ihrem jüdischen Ehemann Michael über den Urlaub streitet. »Was kümmert dich eigentlich Chanukka?«, fragt sie. »Glaubst du wirklich, eine Handvoll Juden könnte eine riesige Armee aufhalten, nur mit Lampen, die seltsamerweise kein Öl verbrauchen?« Michael explodiert: »Ach ja, und Weihnachten hat mehr Sinn? Glaubst du im Ernst, dass ein Engel einer Halbwüchsigen erscheint, die daraufhin schwanger wird, ohne jemals mit einem Mann geschlafen zu haben, dass sie auf einem Esel nach Bethlehem reist, um in einem Stall ein Kind zur Welt zu bringen, das dann die Welt retten soll?«

Offen gesagt kommt Michaels Skepsis dem ziemlich nahe, was ich in den Evangelien lese. Maria und Josef bekamen die Verachtung und den Spott ihrer Familie und Nachbarn zu spüren, die ähnlich reagierten wie Michael (»Glaubst du im Ernst . . .«).

Selbst jene in ihrem Umfeld, die die übernatürliche Version des Ereignisses glauben, geben zu, dass es ernsthafte Probleme geben wird: Ein alter Onkel betet, »dass er uns errette von unsern Feinden und aus der Hand aller, die uns hassen«. Simeon warnt die Jungfrau finster, dass ein Schwert ihr Herz durchdringen werde. Und in Marias Danklied ist von gestürzten Herrschern und abgewiesenen Mächtigen die Rede.

Im Gegensatz zu dem, was uns die Karten glauben machen wollen, hat Weihnachten das Leben auf der Erde nicht vereinfacht. Vielleicht ist es das, was ich spüre, wenn Weihnachten näher rückt und ich mich von den fröhlichen Karten eher den nüchternen Evangelien zuwende.

Weihnachtliche Kunst zeigt die Familie Jesu wie in Goldfolie geprägte Ikonen. Eine gelassene Maria empfängt die frohe Kunde wie eine Art Segen. Aber so klingt das Ganze bei Lukas keineswegs. Maria war aufgewühlt, das Erscheinen des Engels machte ihr Angst. Und als der Engel die feierlichen Worte über den Sohn des Höchsten verkündete, dessen Herrschaft kein Ende nehmen wird, ging Maria etwas viel Profaneres durch den Kopf: *Aber ich bin doch noch Jungfrau!*

Einmal sah ich, wie sich Cynthia, eine ledige Rechtsanwältin, vor unserer Kirche in Chicago mutig zu einer Sünde bekannte, von der wir längst wussten – schließlich hatten wir ihren hyperaktiven Sohn jeden Sonntag in den Seitengängen hin- und herlaufen sehen. Cynthia hatte sich entschlossen, den einsamen Weg einer Alleinerziehenden zu gehen, nachdem der Vater des Kindes sich aus dem Staub gemacht hatte. Cynthias Vergehen war nicht schlimmer als viele andere, und doch, so sagte sie, habe es so verräterische Folgen. Sie konnte das Ergebnis der kurzen Leidenschaft nicht verbergen, zeigte es sich doch zunächst in Form eines dicken Bauches und dann als Kind, das jeden Tag, jede Stunde ihres weiteren Lebens völlig verändern sollte. Wen wundert es da, dass die junge Jüdin Maria so erschrocken war: Dasselbe stand ihr bevor, sogar ohne die Leidenschaft.

Angesichts der Situation in den Vereinigten Staaten von heute, wo jedes Jahr eine Million junger, lediger Mädchen schwanger wird, erscheint Marias damalige Lage weniger prekär. Aber in einer restriktiven jüdischen Gemeinschaft im ersten Jahrhundert konnte die Ankündigung des Engels kaum ein Grund zur Freude sein. Dem Gesetz zufolge war eine verlobte Frau, die schwanger wurde, des Ehebruchs schuldig und musste gesteinigt werden.

Matthäus schreibt, dass Josef Maria zwar nicht anzeigen, aber sie heimlich verlassen will, bis ein Engel ihm klarmacht, dass sie ihn nicht betrogen hat. Lukas berichtet von der ängstlichen Maria, die zu dem einzigen Menschen eilt, von dem sie Verständnis erwarten kann: Zu ihrer Verwandten Elisabeth, die trotz ihres fortgeschrittenen Alters ebenfalls schwanger ist – und der dies ebenfalls von einem Engel angekündigt wurde. Elisabeth glaubt Maria und freut sich mit ihr. Und doch streicht die Szene die unterschiedliche Situation dieser beiden Frauen heraus: Jeder spricht über Elisabeths gesegneten Leib, während Maria das Wunder, das an ihr geschieht, wie eine Schande verbergen muss.

Wenige Monate danach machte man um die Geburt von Johannes, dem Täufer, viel Aufhebens: Hebammen, gerührte Verwandte und die Dorfbewohner, die wie üblich die Geburt des jüdischen Jungen besingen. Sechs Monate später wurde Jesus fern von zu Hause geboren, und es gab für ihn keine Hebamme, geschweige denn Verwandte oder eine Feier. Anlass für die Reise der jungen Familie war die römische Volkszählung. Doch erforderlich war hierfür lediglich ein männlicher Vertreter pro Haushalt. Hatte Josef seine schwangere Frau mit nach Bethlehem genommen, um ihr die Schmach der Niederkunft in ihrem Heimatdorf zu ersparen?

C. S. Lewis schrieb über Gottes Plan: »Der Kreis der Auserwählten wird kleiner und kleiner, bis er schließlich zu einem Pünktlein zusammengeschrumpft ist, winzig wie eine Nadelspitze: Ein jüdisches Mädchen beim Beten!« Wenn ich heute die Berichte über die Geburt Jesu lese, zittere ich bei der Vorstellung, dass das Schicksal dieser Welt in den Händen zweier Teenager vom Lande lag. Wie oft hat Maria sich wohl die Worte des Engels in Erinnerung gerufen, bis sich der Sohn Gottes zum ersten Mal in ihrem Bauch bewegte? Wie oft mag Josef seine eigene Begegnung mit dem Engel in Zweifel gezogen haben – *vielleicht nur ein Traum? –*, während er die Schande aushielt, inmitten der Dorfbewohner zu leben, die deutlich sehen konnten, wie sich die Figur seiner Verlobten allmählich veränderte?

Wir wissen nichts von den Großeltern Jesu. Was muss wohl in ihnen vorgegangen sein? Reagierten sie wie so viele Eltern unverheirateter Teenager heutzutage? Mit einem Ausbruch moralischer Entrüstung, dann einer Phase des Schmollens, bis dann der neue Erdenbürger das Eis zum Schmelzen bringt und einen zerbrechlichen Waffenstillstand in der Familie herbeiführt? Oder haben sie, wie viele städtische Großeltern heutzutage, großmütig angeboten, das Kind großzuziehen? Neun Monate peinliche Erklärungen und der Geruch von Skandal – es scheint, als habe Gott die erniedrigendsten Umstände gewählt, um auf die Erde zu kommen, als wollte er dem Vorwurf der Bevorzugung von vornherein entgegenwirken. Mich beeindruckt, dass Gottes Sohn nach unbarmherzigen Regeln spielte, als er Mensch wurde: Kleinstädter behandeln kleine Jungs mit dubioser Herkunft nicht gerade freundlich.

Malcolm Muggeridge hat darauf hingewiesen, dass es in der heutigen Zeit, mit Kliniken für Familienplanung, die bei »Fehlern« behilflich sind, extrem unwahrscheinlich sei, dass Jesus unter solchen Bedingungen überhaupt geboren würde. Marias Schwangerschaft, keine finanzielle Absicherung und der Kindsvater unbekannt – das wäre ein klarer Fall für Abtreibung gewesen. Und ihre Behauptung, durch den Heiligen Geist schwanger geworden zu sein, hätte eine psychiatrische Behandlung nach sich gezogen, was die Notwendigkeit einer Abtreibung noch erhärtet hätte. Unsere Zeit, die auf den Retter mehr denn je angewiesen ist, würde ihn aus lauter Humanität gar nicht zur Welt kommen lassen.

Die Jungfrau Maria reagierte jedoch völlig anders, obwohl ihre Mutterschaft alles andere als geplant war. Sie ließ den Engel zu Ende reden, wägte die Folgen ab und sagte dann: »Ich will mich Gott ganz zur Verfügung stellen. (. . .) Alles soll so geschehen, wie du es mir gesagt hast.« Ein Werk Gottes hat oft zwei Seiten und bedeutet zugleich große Freude und großen Schmerz. In ihrer sachlichen Reaktion zeigt Maria beides. Sie war die Erste, die Jesus zu seinen Bedingungen angenommen hat, ungeachtet dessen, welchen Preis sie selbst dafür zahlen musste.

Als der Jesuiten-Missionar Matteo Ricci im siebzehnten Jahrhundert nach China ging, benutzte er religiöse Illustrationen, um die christliche Botschaft für die Menschen zu veranschaulichen, die noch nie mit ihr in Berührung gekommen waren. Die Chinesen fanden sofort einen Zugang zur Jungfrau Maria mit ihrem Kind. Als er jedoch Bilder von der Kreuzigung zeigte und erklärte, dass der Sohn Gottes nur aufwuchs, um gekreuzigt zu werden, reagierten die Zuhörer mit Abscheu und Schrecken. Sie zogen ganz entschieden die Jungfrau Maria vor, und wollten lieber sie anbeten als den gekreuzigten Gott.

An meinen Weihnachtskarten merke ich, dass wir in christlichen Ländern eigentlich dasselbe tun. Wir feiern ein angenehmes, gepflegtes Fest ohne jeden Anflug eines Skandals. Vor allen Dingen verdrängen wir, dass die Geschichte, die in Bethlehem ihren Anfang nahm, auf Golgatha endete.

In den beiden Schilderungen der Geburt Jesu bei Lukas und Matthäus scheint nur einer das Geheimnisvolle zu begreifen, das Gott begonnen hatte: Der alte Simeon erkannte in diesem Baby den Messias und die daraus folgenden Konflikte: »An diesem Kind wird sich das Leben vieler Menschen in Israel entscheiden, denn es wird entweder ihr Richter oder ihr Retter sein. Viele werden sich ihm leidenschaftlich widersetzen ...« Und dann prophezeite er, dass ein Schwert Marias Herz durchdringen werde. Irgendwie begriff Simeon, dass sich unter der unveränderten Oberfläche – nach wie vor regierte der Autokrat Herodes, noch immer erhängten die römischen Truppen Patrioten, und Jerusalem war noch genauso voller Bettler – alles verändert hatte. Eine neue Kraft unterlief die Herrschaftsverhältnisse der Welt.

Zunächst schien Jesus die herrschenden Machtansprüche nicht anzugreifen. Er wurde unter Kaiser Augustus geboren, zu einer Zeit, als das Römische Reich hoffnungsvoll in die Zukunft sah. Mehr als jeder andere erfüllte Augustus die Erwartungen an einen Herrscher und daran, was eine Gesellschaft erreichen konnte. Augustus entlehnte als Erster das griechische Wort »Evangelium« oder »Gute Nachricht«, um damit die neue Weltenordnung seiner Herrschaft zu bezeichnen. Das Reich betrachtete ihn als Gottheit und führte Anbetungsriten ein. Viele glaubten, dass seine aufgeklärte und stabile Herrschaft ewig dauern würde und damit eine endgültige Lösung für das Regierungsproblem gefunden wäre.

Zur gleichen Zeit wurde die Geburt eines Kindes namens Jesus, die in einer abgelegenen Ecke des augustinischen Reiches stattfand, von den damaligen Geschichtsschreibern übersehen. Das meiste über ihn wissen wir aus vier Büchern, die nach seinem Tod verfasst wurden. Zu diesem Zeitpunkt hatte erst ein halbes Prozent des

Römischen Reiches von ihm gehört. Die Biografen Jesu gebrauchten ebenfalls das Wort »Evangelium«, um damit eine völlig neue Weltenordnung zu verkünden. Augustus erwähnen sie nur ein einziges Mal am Rande, um zu erklären, dass Jesus wegen der Volkszählung in Bethlehem zur Welt kam.

Aber schon die frühesten Ereignisse im Leben Jesu deuten bedrohlich auf den ungewöhnlichen Kampf hin, der hier seinen Anfang nimmt. Herodes der Große verstärkte die römische Herrschaft vor Ort, doch wie durch eine Ironie der Geschichte kennen wir ihn hauptsächlich wegen des von ihm angeordneten Kindermordes. Ich habe noch nie eine Weihnachtskarte gesehen, die diesen staatlichen Schreckensakt zeigt, aber auch er war Teil der Ankunft Jesu. Säkulare Historiker berichten zwar nicht von dieser Gräueltat, aber niemand stellt in Abrede, dass Herodes dazu fähig war. Er tötete zwei seiner Schwager, seine Frau Mariamne und zwei Söhne. Fünf Tage bevor er starb, ließ er viele gefangen nehmen und ordnete deren Hinrichtung für seinen Todestag an, denn er wollte sichergehen, dass das Land auch wirklich trauerte. Für einen solchen Despoten war eine Ausrottung in Bethlehem kein Problem.

Unter Herodes verging kaum ein Tag ohne Hinrichtung. Zur Zeit der Geburt Jesu herrschte ein ähnliches politisches Klima wie im Russland der dreißiger Jahre dieses Jahrhunderts unter Stalin. Öffentliche Versammlungen waren verboten und überall lauerten Spione. Herodes sah in der Tötung der männlichen Säuglinge in Bethlehem sicherlich einen vernünftigen Schritt, um sein Königreich zu erhalten und den Gerüchten entgegenzuwirken, die von der drohenden Invasion durch ein anderes Reich sprachen.

In seinem Weihnachtsoratorium *Hier und jetzt* entfaltet W. H. Auden, was in Herodes vorgegangen sein mag, als er den Kindermord befahl:

Heute war einer der vollkommenen Wintertage, eisig, glitzernd und von jener Stille, in der das Bellen eines Wachhundes meilenweit zu hören, das zerklüftete Gebirge nah, sehr nahe an die Stadtmauern gerückt und der Geist hellwach ist.

Und an diesem Abend, jetzt an diesem Fenster hoch oben in der Zitadelle, ist in dem ganzen prachtvollen Panorama der Ebenen und Gebirge nichts zu bemerken, was darauf hindeuten könnte, dass das Reich bedroht ist von einer Gefahr, furchtbarer als ein Einbruch von Tataren auf rasenden Kamelen oder eine Verschwörung der Prätorianergarde ... Um Himmels willen, warum kann dieses unglückselige Kind nicht irgendwo anders auf die Welt kommen?

So kam Jesus Christus in eine Welt voller Zwietracht und Terror und musste sich während seiner Kindheit als Flüchtling in Ägypten verstecken. Matthäus merkt an, dass Politiker vor Ort sogar bestimmten, wo Jesus aufwuchs. Als Herodes der Große starb, erschien Josef ein Engel und teilte ihm mit, dass sie nun unbeschadet nach Israel zurückkehren konnten, allerdings nicht in die Gegend, wo Herodes' Sohn Archelaus herrschte. Josef zog stattdessen mit seiner Familie in den Norden, wo ein anderer Sohn von Herodes regierte: Antipas, den Jesus später einen »Fuchs« nannte und der Johannes, den Täufer, köpfen ließ.

Wenige Jahre später übernahmen die Römer die direkte Verwaltung der südlichen Provinz, die Jerusalem mit einschloss. Der grausamste und berüchtigtste unter den Statthaltern war Pontius Pilatus. Durch seine guten Beziehungen hatte Pilatus die Enkelin von Kaiser Augustus geheiratet. Nach Lukas betrachteten sich Herodes Antipas und der römische Prokurator Pontius Pilatus als Feinde, bis sie an jenem entscheidenden Tag gemeinsame Sache gegen Jesus machten, was sein weiteres Schicksal besiegelte. An diesem Tag taten sie sich zusammen, in der Hoffnung, das zu vollbringen, worin Herodes gescheitert war: Man wollte sich dieses seltsamen Thronanwärters entledigen, um so das Königreich zu erhalten.

Von Anfang an schien der Konflikt zwischen Rom und Jesus absolut einseitig zu sein. Die Hinrichtung Jesu würde jeglicher Bedrohung ein sichtbares Ende setzen, jedenfalls nahm man dies seinerzeit an. Die Tyrannei würde wieder einmal den Sieg davontragen. Es kam niemandem in den Sinn, dass auch nur ein einziger seiner hartnäckigen Anhänger das Römische Reich überleben könnte.

Die Geschehnisse von Weihnachten – in Liedverse gebracht, von Kindern in der Kirche aufgeführt, auf Grußkarten illustriert – sind jedem so vertraut, dass man leicht die Botschaft hinter diesen Ereignissen übersehen kann. Nachdem ich die Geschichten nochmals gelesen hatte, fragte ich mich: *Wenn Jesus gekommen ist, um uns Gott zu offenbaren, was erfahre ich dann durch dieses erste Weihnachten von Gott?*

Die Begriffe, die mir bei dieser Überlegung spontan in den Sinn kommen, überraschen mich. Demütig, zugänglich, benachteiligt, mutig – nicht unbedingt Wörter, mit denen man gewöhnlich eine Gottheit beschreibt.

Demütig. Vor Jesus benutzte niemand den Begriff »demütig« als Kompliment. Und doch weisen die Ereignisse von Weihnachten unausweichlich auf das hin, was wie ein Widerspruch erscheint: auf einen demütigen Gott. Der Gott, der nicht als verwüstender Wirbelsturm oder verschlingendes Feuer auf diese Erde kam. So unvorstellbar es auch ist – der Schöpfer aller Dinge machte sich ganz klein, so klein wie eine Eizelle, ein kleines befruchtetes Ei, das man mit bloßem Auge kaum sehen kann. Ein Ei, das sich teilte und nochmals teilte, bis der Fötus Gestalt annahm, und das schließlich zu einem unsicheren Teenager heranwuchs. Der Dichter John Donne staunte über die ungeheure Größe, die in Marias Leib eingeschlossen war. Prosaischer sah es der Apostel Paulus: »Er wurde wie jeder andere geboren und lebte als Mensch unter uns Menschen.«

Ich erinnere mich daran, wie ich an einem Weihnachtsfest in einem wunderschönen Konzertsaal in London saß und den Klängen von Händels *Messias* lauschte, während der Chor eindringlich den Tag besang, an dem die Herrlichkeit Gottes offenbar werden wird. Ich hatte mir tagsüber in Museen Überreste von Englands Ruhm angesehen – die Kronjuwelen, einen Amtsstab aus massivem Gold und die vergoldete Kutsche des Oberbürgermeisters. Solche Symbole von Reichtum und Macht müssen sich Jesajas Zeitgenossen, die die Verheißung zuerst hörten, vorgestellt haben. Als die Juden Jesajas Worte lasen, dachten sie sicherlich mit Wehmut an die ruhmreichen Tage Salomos zurück, als es »in Jerusalem so viel Silber gab wie Steine«.

Der Messias, der dann kam, besaß jedoch eine andere Herrlichkeit – die Herrlichkeit der Demut. »Gott ist groß!« – dieser Ausruf der Moslems musste den Menschen nicht von einem übernatürlichen Wesen nahe gebracht werden, erklärte Neville Figgis. Aber dass Gott *klein* sei, habe Jesus die Menschen gelehrt. Der wütende Gott, der Armeen und Königreiche wie Bauern auf einem Schachbrett befehligte, erschien in Palästina als Säugling, der nicht sprechen, keine feste Nahrung zu sich nehmen und seine Körperfunktionen nicht kontrollieren konnte. Für Schutz, Nahrung und Liebe war er auf ein Teenager-Pärchen angewiesen.

Als ich im Londoner Konzertsaal die Königin mit ihrer Familie in der königlichen Loge sah, begriff ich etwas davon, wie Herrscher normalerweise durch diese Welt gehen: mit Leibwachen, Fanfaren, prächtigen Kleidern und blitzenden Juwelen. Königin Elisabeth II. hatte kurz zuvor die Vereinigten Staaten besucht und die Presse berichtete begeistert von dem ungeheuren Aufwand, der damit einherging: zweitausend Kilo Gepäck, darunter zwei Kostüme für jeden Anlass, Trauerkleidung für den Fall, dass jemand starb, zwanzig Liter Blutplasma, Toilettenabdeckungen aus weißem Ziegenleder. Sie brachte ihren eigenen Friseur mit, zwei Kammerdiener und Scharen weiterer Bediensteter. Ein kurzer Auslandsbesuch der Königin kann ohne weiteres zwanzig Millionen Dollar kosten.

Wie armselig wirkt dagegen Gottes Ankunft auf der Erde in einem Stall, ohne Bedienstete und nur mit einer Futterkrippe, in die man einen Neugeborenen hinlegen konnte. Und obwohl dieses Ereignis unsere Geschichte und sogar unsere Kalender in zwei Hälften teilte, waren mehr Tiere als Menschen dabei.

Nur einen Augenblick erleuchteten Engel den Himmel, aber wer sah schon dieses Schauspiel? Ungebildete Tagelöhner, die die Herden anderer bewachten, namenlose Niemande. Hirten hatten einen so schlechten Ruf, dass anständige Juden sie zu den Gottlosen zählten, die nur den äußeren Hof des Tempels betreten durften. Es ist bezeichnend, dass Gott ausgerechnet sie für die Geburtsfeier desjenigen auswählte, der als Freund der Sünder bekannt werden sollte.

In Audens Weihnachtsoratorium verkünden die Weisen: Wir sind nun »hier und jetzt ans Ende der Reise gelangt«. Und die Hirten sagen: »Hier und jetzt beginnt unsere endlose Reise.« Die Suche nach weltlicher Weisheit ist beendet, und das wahre Leben hat seinen Anfang genommen.

Zugänglich. Wer in der Tradition des freien oder persönlichen Gebets aufgewachsen ist, weiß vielleicht gar nicht richtig zu schätzen, wie sehr Jesus unser Verhältnis, unseren Zugang zu Gott verändert hat. Hindus bringen im Tempel Opfer dar. Moslems verbeugen sich so tief, dass ihre Stirn den Boden berührt. In den meisten Religionen ist Angst das vorherrschende Gefühl, wenn man sich Gott nähert.

Ohne Zweifel war Anbetung auch für die Juden immer mit Furcht verbunden. Moses brennender Busch, die heißen Kohlen Jesajas, Hesekiels außerirdische Visionen – jeder, dem die »Gnade« einer direkten Begegnung mit Gott gewährt wurde, erwartete dabei versengt zu werden oder, wie Jakob, halb verkrüppelt. Dabei waren diese noch gut davongekommen. Jüdische Kinder lernten auch Geschichten über den heiligen Berg in der Wüste, dessen Berührung für jeden fatale Folgen hatte. Verfuhr man mit der Bundeslade falsch, bedeutete das den Tod. Betrat man im Tempel das Allerheiligste, kam man nicht mehr lebend heraus.

Und inmitten der Menschen, die im Tempel einen heiligen Bereich für Gott abgrenzten und es nicht wagten, seinen Namen auszusprechen oder zu buchstabieren, inszeniert Gott seinen Überraschungsauftritt als Kind in einer Krippe. Was kann weniger Furcht einflößend sein als ein Neugeborenes? Durch Jesus konnte Gott zu den Menschen sprechen, ohne dass Furcht aufkam.

Nüchtern betrachtet hatte die Angst bis dahin selten etwas Gutes bewirkt. Im Alten Testament finden sich wesentlich mehr Tiefschläge als Höhepunkte. Ein anderer Ansatz war nötig, ein »Neuer Bund«, um mit den Worten der Bibel zu sprechen. Die riesige Kluft zwischen Gott und den Menschen sollte nicht hervorgehoben, sondern überbrückt werden.

Meine Freundin Kathy spielte mit ihrem sechsjährigen Sohn Tiere-Raten, damit er die verschiedenen Namen der Tiere lernte. Als er an der Reihe war, sich ein Tier auszudenken, sagte er: »Es ist ein Säugetier, und es ist groß und vollbringt Wunder.« Nach einigem Überlegen gab Kathy auf: »Ich komm nicht drauf.« »Jesus«, trumpfte ihr Sohn auf. Das sei ihr zunächst wenig ehrfürchtig erschienen, erzählte Kathy mir später. Aber je länger sie darüber nachdachte, begriff sie, dass er damit einen beunruhigenden Aspekt der Menschwerdung benannt hatte: Jesus als Säugetier!

Ich lernte etwas über die Menschwerdung, als ich ein Salzwasser-Aquarium hatte. Ein solches Aquarium ist keine einfache Sache. Ich brauchte ein tragbares Labor, um die Nitrat- und Ammoniakwerte zu überprüfen. Ich führte Vitamine, Antibiotika, Sulfonamide und Enzyme zu, damit ein Fels wachsen konnte. Ich filterte das Wasser durch Glasfaser und Kohle und sorgte für ultraviolettes Licht. Man sollte meinen, dass meine Fische mir diesen ganzen Aufwand danken würden. Aber nein, weit gefehlt! Sobald mein Schatten auf das Wasser fiel, tauchten sie ab, um sich in der nächstbesten Muschel zu verstecken. Sie zeigten mir nur ein einziges »Gefühl«: Angst. Obwohl ich die Abdeckung regelmäßig dreimal am Tag anhob, um sie zu füttern, reagierten sie immer so, als wollte ich sie quälen. Ich konnte sie von meiner echten Fürsorge nicht überzeugen.

Für meine Fische war ich eine Gottheit. Ich war für sie zu groß, und meine Handlungen waren für sie unverständlich. Meine wohlwollenden Taten betrachteten sie als Grausamkeit, und meine Versuche, ihnen etwas Gutes zu tun, schienen ihnen wie zerstörerische Eingriffe. Ich begriff allmählich, dass ich eine andere Gestalt annehmen müsste, um ihre Wahrnehmung zu ändern. Ich müsste ein Fisch werden und zu ihnen in einer Sprache »sprechen«, die sie verstehen.

Wenn ein Mensch zu einem Fisch wird, ist das nichts, verglichen damit, dass Gott ein hilfloses Kind wurde. Und doch ist genau das in Bethlehem geschehen, wie die Evangelien uns erzählen. Der Gott, der die Materie erschaffen hat, nimmt selbst in ihr Gestalt an, wie ein Künstler, der in einem Detail seines Gemäldes sein eigenes Abbild sieht, oder ein Schriftsteller, der sich als Figur in seinem eigenen Stück wieder findet. Gott schrieb eine Geschichte, in der nur reale Personen vorkommen, auf Papier aus tatsächlichen Ereignissen. Das Wort wurde Fleisch.

Benachteiligt. Es schmerzt, dieses Wort auch nur zu schreiben, besonders im Zusammenhang mit Jesus. Es klingt brutal. Aber wenn ich aus den Geschichten über die Geburt Jesu schließe, dass sich die Welt den Reichen und Mächtigen zuwendet, so sehe ich auch, dass Gott sich an die Benachteiligten richtet. »Er stürzt Herrscher von ihrem Thron, doch Unterdrückte richtet er auf. Die Hungrigen beschenkt er mit Gütern, und die Reichen schickt er mit leeren Händen weg.« So sagte es Maria in ihrem Lobgesang.

Der rumänische Pastor Laszlo Tokes berichtet von seinem Versuch, im Exil eine Weihnachtspredigt für eine winzige Bergkirche vorzubereiten. Seine Misshandlung hatte die Bevölkerung aufgebracht und die Auflehnung gegen den kommunistischen Herrscher Ceausescu geschürt. Die Staatspolizei trieb landesweit Dissidenten zusammen und überall brach Gewalt aus. Um sein Leben fürchtend, verriegelte Tokes die Tür und las noch einmal die Geschichten in Lukas und Matthäus. Im Gegensatz zu den meisten Pfarrern wählte er für die Weihnachtspredigt die Verse, die den Kindermord des Herodes beschrieben. Dieses Textstück würde seine Gemeindeglieder direkt ansprechen: Unterdrückung, Furcht, Gewalt, das tagtägliche Elend der Entrechteten würden sie gut verstehen.

Am nächsten Tag, Weihnachten, kam die Nachricht, dass Ceausescu gefangen genommen worden war. Kirchenglocken läuteten, und Freude erfüllte ganz Rumänien. Ein weiterer König Herodes war gestürzt worden. Tokes erinnert sich: »Damit bekamen die Ereignisse der Weihnachtsgeschichte die neue, großartige Bedeutung, dass diese Geschichte mit unserem Leben verbunden ist. Denjenigen von uns, die diese Weihnachtstage 1989 erleben durften, erschienen sie wie eine anschauliche Illustration der Weihnachtsgeschichte, eine Zeit, in der die Vorsehung Gottes und die Dummheit der menschlichen Bosheit so leicht zu verstehen waren wie die Sonne und der Mond über den Bergen Transsylvaniens.« Rumänien beging zum ersten Mal nach vier Jahrzehnten Weihnachten als offiziellen Feiertag.

Vielleicht kann man den Aspekt der Benachteiligung bei der Menschwerdung Jesu am besten begreifen, wenn man sie auf heutige Verhältnisse überträgt. Eine ledige, obdachlose Mutter auf der Suche nach einer Unterkunft, während sie eine lange Reise auf sich nehmen musste, um den harten Steuergesetzen einer Kolonialregierung Folge zu leisten. Sie lebte in einem Land, das sich gerade von einem heftigen Bürgerkrieg erholte und noch immer in Aufruhr war. Eine vergleichbare Situation wie im heutigen Bosnien, Ruanda oder Somalia. Wie die Hälfte aller Mütter heutzutage bekam sie ihr Kind in Asien, in dessen westlichstem Ausläufer und einem Teil der Welt, wo ihr Sohn am wenigsten willkommen war. Mit diesem Sohn floh sie nach Afrika, das bis heute der Kontinent mit den meisten Flüchtlingen ist.

Ich frage mich, was Maria während der Jahre in Ägypten über ihr kämpferisches Loblied dachte. Ägypten weckte in jedem Juden gute Erinnerungen an einen mächtigen Gott, der die ägyptische Armee zerschlagen und Befreiung gebracht hatte. Nun floh Maria genau dorthin, verzweifelt, eine Fremde in einem fremden Land, auf der Flucht vor der eigenen Regierung. Konnte ihr kleiner Junge – gejagt, hilflos, auf der Flucht – jemals die überströmenden Hoffnungen ihres Volkes erfüllen?

Sogar seine Muttersprache kennzeichnete Jesus als Außenseiter, als Benachteiligten. Er sprach Aramäisch, eine Handelssprache, die eng mit dem Arabischen verwandt ist, und war so eine ständige Erinnerung an die Unterdrückung der Juden durch fremde Völker.

Einige ausländische Astrologen (vermutlich aus dem heutigen

Irak) besuchten Jesus, aber diese Männer galten bei den Juden jener Zeit als »unrein«. Selbstverständlich hatten sie wie alle Würdenträger zunächst bei dem herrschenden König in Jerusalem Erkundigungen eingezogen, der allerdings nichts über das Kind in Bethlehem wusste. Dann, nachdem sie den Säugling gesehen und begriffen hatten, wer er war, vollzogen diese Männer einen Akt zivilen Ungehorsams: Sie täuschten Herodes und kehrten auf einer anderen Route zurück, um so das Kind zu schützen. Damit hatten sie sich auf die Seite Jesu gestellt – und gleichzeitig gegen die Mächtigen.

Als Jesus aufwuchs, entwickelte er eine große Sensibilität gegenüber den Armen, den Ohnmächtigen, den Unterdrückten – also den Benachteiligten. Heute diskutieren Theologen, ob man zu Recht von einem »Gott der Armen« sprechen könne, um sein Eintreten für die Schwachen und Benachteiligten zu beschreiben. Wenn man jedoch bedenkt, dass Gott selbst die Umstände schuf, unter denen er auf diese Erde kam – nämlich ohne Macht oder Reichtum, ohne Rechte und ohne Gerechtigkeit – so spricht dies wohl Bände.

Mutig. 1993 stand in einem Zeitungsbericht, dass Jesus in Crown Heights, einem Teil von Brooklyn, New York, gesichtet worden sei. Zwanzigtausend chassidische Juden aus Lubawitsch leben in diesem Bezirk, und viele von ihnen glaubten zu diesem Zeitpunkt, dass Jesus in der Person von Rabbi Menachem Mendel Schneerson in ihrer Mitte lebte.

Wenn sich der Rabbiner in die Öffentlichkeit begab, verbreitete sich dies in den Straßen von Crown Heights wie ein Lauffeuer. Die Lubawitscher in ihren schwarzen Mänteln stürzten sogleich in die Synagoge, wo der Rabbi für gewöhnlich betete. Diejenigen, die über Funk an ein Informationsnetz angeschlossen waren, hatten es gut. Bei dem leisesten Piepton gingen sie in Startposition. Hunderte drängten in den Hauptsaal, Ellbogen an Ellbogen. Manche erklommen sogar die Pfeiler, um jeden Platz zu nutzen. Den Saal erfüllte eine erwartungsvolle Spannung und Vorfreude, die man sonst eher bei einer Sportveranstaltung spürt als bei einem Gottesdienst.

Der Rabbiner war einundneunzig Jahre alt. Er hatte ein Jahr

zuvor einen Schlaganfall gehabt und konnte seitdem nicht mehr sprechen. Als der Vorhang endlich aufging, sahen die eilig Herbeigestürmten einen gebrechlichen, alten Mann mit einem langen Bart, der gerade etwas mit der Hand winken, den Kopf neigen oder seine Augenbrauen hochziehen konnte. Aber dies störte offensichtlich niemanden. »Lang lebe unser Meister, unser Lehrer und unser Rabbi, König, Messias, von Ewigkeit zu Ewigkeit!«, sangen sie immer wieder, immer lauter, bis der Rabbiner schließlich eine winzige Bewegung mit seiner Hand machte und der Vorhang sich schloss. Langsam zerstreute sich die Menge, den Augenblick genießend, fast in einem ekstatischen Zustand.*

Als ich diesen Bericht las, hätte ich beinahe laut losgelacht. Das konnte doch wohl nicht ihr Ernst sein – ein stummer, neunzigjähriger Messias in Brooklyn? Und dann begriff ich plötzlich: Ich ging mit Rabbi Schneerson genauso um wie die Menschen im ersten Jahrhundert mit Jesus. Ein Messias aus Galiläa? Der Sprössling eines Zimmermanns?

Die verächtliche Haltung, mit der ich den Artikel über den Rabbi und seine fanatischen Anhänger gelesen hatte, führte mir vor Augen, wie es Jesus zu seinen Lebzeiten ergangen war, welche Reaktionen er hervorgerufen hatte. Seine Nachbarn fragten: »Woher hat er diese Weisheit und die Kraft, Wunder zu tun? Er ist doch der Sohn eines Zimmermanns, und wir kennen Maria, seine Mutter, und seine Brüder Jakobus, Joseph, Simon und Judas.« Andere Landsleute spotteten: »Nazareth? . . . Was kann von da schon Gutes kommen?« Seine eigenen Familienangehörigen versuchten ihn beiseite zu schaffen, weil sie dachten, er sei nicht ganz bei Sinnen. Die religiösen Führer wollten ihn umbringen. Und das launische Volk bezeichnete ihn einmal als »von einem bösen Geist besessen« und »wahnsinnig« und wollte ihn ein anderes Mal gegen seinen Willen zum König krönen.

---

* Rabbi Schneerson starb im Juni 1994. Nun warten viele Lubawitscher auf seine körperliche Auferstehung.

Gott musste viel Mut aufbringen, um Macht und Ruhm aufzugeben, als er sich unter die Menschen begab, die ihm mit derselben Hochnäsigkeit und Skepsis begegneten wie ich, als ich von Rabbi Schneerson aus Brooklyn hörte. Man braucht viel Mut, um zu einem Planeten hinabzusteigen, der berühmt-berüchtigt ist für seine unverhohlene Gewalt, zu einem Volk, das bekanntermaßen seine Propheten ablehnt. Hätte Gott etwas Tollkühneres tun können?

Auch die erste Nacht in Bethlehem verlangte sehr viel Mut. Wie fühlte sich Gott, der Vater – genauso hilflos wie jeder menschliche Vater – wohl, als sein Sohn blutverschmiert auf diese raue, kalte Welt kam?

G. K. Chesterton hat einmal gesagt, das Christentum sei die einzige Religion, die den Mut zu den Tugenden des Schöpfers zählt. Diesen Mut brauchte er in dieser ersten Nacht, als Jesus auf die Welt kam, und würde ihn bis zum letzten Tag seines Sohnes brauchen.

Noch einen Aspekt von Weihnachten habe ich bisher auf keiner Grußkarte gefunden, weil kein Künstler ihm gerecht werden könnte. Das zwölfte Kapitel der Offenbarung gewährt uns einen kurzen Einblick, wie Weihnachten aus riesiger Entfernung ausgesehen haben muss – aus dem Blickwinkel der Engel.

Der Bericht unterscheidet sich gravierend von den Erzählungen über die Geburt, die wir in den Evangelien finden. Die Offenbarung erwähnt weder Hirten noch einen Kinder mordenden König. Sie zeigt einen Drachen, der im Himmel einen grimmigen Kampf ausficht. Eine Frau – mit der Sonne bekleidet und mit einer Krone aus zwölf Sternen – schreit vor Schmerzen, weil sie kurz vor der Niederkunft steht. Plötzlich taucht der gewaltige rote Drache auf. Mit seinem Schwanz fegt er ein Drittel aller Sterne vom Himmel und schleudert sie auf die Erde. Gierig kauert er sich vor die Frau, um das Kind, sobald es geboren ist, zu verschlingen. Im letzten Moment wird das Kind weggerissen und in Sicherheit gebracht, die Frau flieht in die Wüste. Und der totale, weltumfassende Krieg beginnt.

Die Offenbarung ist in jeder Hinsicht ein seltsames Buch. Man muss den Stil begreifen, um etwas von diesem außergewöhnlichen Schauspiel zu verstehen. Im normalen Alltag geschehen zwei parallele Geschichten gleichzeitig, eine auf der Erde und eine im Himmel. Die Offenbarung betrachtet sie jedoch zusammen, indem sie einen kurzen Blick hinter die Kulissen gestattet. Auf der Erde wurde ein Kind geboren, ein König erfuhr davon und setzte eine Verfolgungsjagd an. Im Himmel hatte die große Invasion begonnen, der gewagte Angriff des Herrschers des Guten auf den Sitz des Universums des Bösen.

John Milton fasste diese Sicht der Ereignisse in seinen Werken *Das verlorene Paradies* und *Wiedereroberte Paradies* meisterhaft in Worte. In diesen Dichtungen spielen Himmel und Hölle die zentralen Rollen, und die Erde dient lediglich als Schlachtfeld für die Kämpfe der beiden Widersacher. Der zeitgenössische Autor J. B. Phillips versuchte sich – wenn auch auf niedrigerem epischem Niveau – ebenfalls an dieser Perspektive. Vergangenes Weihnachten machte ich mir Phillips' Vorstellungskraft zunutze, um mich von meinem irdischen Standpunkt zu lösen.

In der Version von Phillips zeigt ein älterer Engel einem sehr viel jüngeren Kollegen das großartige Universum. Sie sehen wirbelnde Galaxien und glühende Sonnen, die über schier unendliche Entfernungen huschen, bis sie endlich in eine besondere Galaxie von fünfhundert Milliarden Sternen eintreten.

Als die beiden näher an den Stern mit den umkreisenden Planeten, den wir unsere Sonne nennen, herankamen, zeigte der ältere Engel auf eine kleine und recht unscheinbare Kugel, die sich langsam um ihre eigene Achse drehte. In den Augen des kleinen Engels sah sie eher wie ein dreckiger Tennisball aus. Er war noch immer ganz überwältigt von der Herrlichkeit, die er gerade erlebt hatte.

»Sieh dir vor allem diesen Planeten an«, sagte der ältere Engel, als er mit dem Finger darauf zeigte.

»Na ja, auf mich wirkt er sehr klein und ziemlich schmutzig«, meinte der kleine Engel. »Was ist denn so besonders an ihm?«

Phillips' Beschreibungen erinnerten mich an die Bilder, die die Astronauten der Apollo von der Erde machten. Sie beschrieben unseren Planeten als »ganz und rund und schön und klein«, ein blaugrün-hellbrauner Globus im Weltraum. Als Jim Lovell später an diesen Anblick zurückdachte, sagte er: »Es war wirklich nur ein Himmelskörper unter anderen, ungefähr viermal größer als der Mond. Aber er stand für all die Hoffnung und das ganze Leben und die Dinge, die die Mannschaft der Apollo 8 kannte und liebte.« So sah das ein Mensch.

Für den kleinen Engel war die Erde jedoch nicht beeindruckend. Erstaunt hörte er von dem älteren Engel, dass dieser kleine, unbedeutende, nicht besonders saubere Planet der berühmte heimgesuchte Planet sei.

»Willst du damit sagen, dass unser großer und herrlicher Prinz . . . persönlich auf diesen drittklassigen kleinen Ball hinuntergestiegen ist? Warum sollte er denn so etwas tun?« . . .

Empört verzog der kleine Engel sein Gesicht. »Willst du mir wirklich weismachen, dass er sich so weit herabließ, eines von diesen widerlichen, kriecherischen Wesen auf diesem freischwebenden Ball zu werden?«

»Ja, genau. Und ich denke nicht, dass er es mögen würde, wenn du sie in einem solchen Ton ›widerliche, kriecherische Wesen‹ nennst. Denn, so seltsam es für uns scheinen mag, er liebt sie. Er ist dort hinuntergestiegen, um sie zu besuchen und um ihnen aufzuhelfen, damit sie so werden wie er.«

Der kleine Engel machte ein verdutztes Gesicht. Solch ein Gedanke ging wirklich über seinen Horizont.

Auch ich konnte das nie begreifen. Und doch erkenne ich, dass dies der Schlüssel für das richtige Verständnis von Weihnachten ist und auch der Prüfstein für meinen Glauben. Als Christ glaube ich, dass wir in parallelen Welten leben. Eine Welt besteht aus Hügeln, Seen, Scheunen, Politikern und Hirten, die nachts ihre Herde bewachen. Die andere besteht aus Engeln und finsteren Mächten, und irgendwo liegen diese Orte, die wir Himmel und Hölle nennen. In einer kalten, finsteren Nacht, in den zerfurchten Bergen von Bethlehem, überschnitten sich diese beiden Welten in einem dramatischen Ereignis. Gott, der kein Vorher und kein Nachher kennt, trat in Zeit und Raum ein. Gott, der keine Grenzen kennt, schlüpfte in den wehrlosen Körper eines Säuglings und nahm damit die bedrohlichen Einschränkungen der Sterblichkeit auf sich.

»Christus ist das Abbild seines Vaters; in ihm wird der unsichtbare Gott für uns sichtbar. Vor Beginn der Schöpfung war er da«, schrieb später ein Apostel. »Denn Christus war vor allem anderen; und nur durch ihn besteht alles.« Aber die wenigen Augenzeugen jener Nacht begriffen nichts davon. Sie sahen nur ein Neugeborenes, das sich Mühe gab, seine noch ungeübten Lungen zu gebrauchen.

Kann sie wahr sein, diese Geschichte von Bethlehem, von einem Schöpfer, der auf einem winzigen Planeten geboren wurde? Falls ja, ist dies keine Geschichte wie jede andere. Dann brauchen wir nie mehr zu fragen, ob die Ereignisse auf diesem dreckigen, kleinen Tennisball Bedeutung für das übrige Universum haben. Und dann ist es auch kein Wunder, dass ein Engelschor in spontanen Gesang ausbrach und nicht nur ein paar Hirten, sondern das ganze Universum aufrüttelte.

S. 26: »*dass er uns . . .*«: Lukas 1,71 (LÜ)

S. 27: »*Aber ich bin . . .*«: Vgl. Lukas 1,34

S. 28: *Lewis:* C. S. Lewis, »Das große Wunder«, 1945, in: Ders., *Gott auf der Anklage-bank.* Basel, Gießen, 1995.

S. 29: *Muggeridge:* Malcolm Muggeridge, *Jesus, der Mann der lebt.* Freiburg, 1980.

S. 29: »*Ich will mich . . .*«: Lukas 1,38

S. 29: *Ricci:* Vgl. Jonathan D. Spence, *The Memory Palace of Matteo Ricci.* New York, 1984.

S. 30: »*An diesem Kind . . .*«: Lukas 2,34

S. 30: *Augustus:* John Dominic Crossan, *Der historische Jesus.* München, 1991.

S. 31: *Auden:* W. H. Auden, *Hier und jetzt. Ein Weihnachtsoratorium.* München, 1992.

S. 33: *Donne:* John Donne, »Nativity«, in: *The Complete English Poems.* New York, 1971.

S. 33: »*Er wurde . . .*«: Philipper 2,7

S. 34: »*in Jerusalem . . .*«: 1. Könige 10,27 (LÜ)

S. 34: *Figgis:* Neville Figgis, *The Gospel and Human Needs.* London, 1909.

S. 35: »*Hier und jetzt*«: W. H. Auden, *Hier und jetzt.*

S. 37: »*Er stürzt Herrscher . . .*«: Lukas 1,52-53

S. 37: *Tokes:* Laszlo Tokes, *The Fall of Tyrants.* Wheaton, 1990.

S. 39: *Crown Heights:* David Remnick, »Waiting for the Apocalypse in Crown Heights«. In: *The New Yorker* vom 21.12.1993.

S. 40: »*Woher hat er . . .*«: Matthäus 13,54-55

S. 40: »*Nazareth?*«: Johannes 1,46

S. 40: »*von einem bösen . . .*«: Johannes 10,20

S. 41: *Chesterton:* Gilbert K. Chesterton, *Orthodoxie.* München, 1909.

S. 42: *Phillips:* J. B. Phillips, *New Testament Christianity,* London, 1958.

S. 43: *Astronauten der Apollo:* Vgl. William M. Justice, *Our Visited Planet.* New York, 1973.

S. 44: »*Christus ist das Abbild . . .*«: Kolosser 1,15.17

3
Der Hintergrund: Jüdische Wurzeln in jüdischem Boden

Ich bin in einer Gesellschaft von weißen, angelsächsischen Protestanten aufgewachsen, deshalb kannte ich als Junge keinen einzigen Juden. Für mich waren Juden Ausländer mit starkem Akzent und seltsamen Hüten, die in Brooklyn oder sonstwo weit entfernt lebten, wo sie studierten, um Psychiater oder Musiker zu werden. Ich wusste, dass Juden irgendetwas mit dem Zweiten Weltkrieg zu tun hatten, aber über den Holocaust hatte ich nur wenig gehört. Ganz sicher hatten diese Leute nichts mit meinem Jesus zu tun.

Erst mit Anfang Zwanzig freundete ich mich mit einem jüdischen Fotografen an, der mich von so manchem Vorurteil über seine Rasse befreite. Einmal hatten wir bis spät in die Nacht geredet, als er mir erzählte, was es bedeutet, siebenundzwanzig Familienangehörige im Holocaust zu verlieren. Später machte er mich mit Elie Wiesel, Chaim Potok, Martin Buber und anderen jüdischen Autoren bekannt. Nach diesen Begegnungen sah ich das Neue Testament mit anderen Augen. Wie hatte ich das nur übersehen können! Die jüdische Herkunft Jesu springt einem schon beim ersten Satz des Matthäusevangeliums ins Auge, der ihn als Davids und Abrahams Nachkommen einführt.

In der Kirche bekräftigten wir Jesus als »den einen und denselben Sohn ... vor aller Zeit wurde er aus dem Vater der Gottheit nachgezeugt . . .« Solche Glaubensbekenntnisse sind Lichtjahre entfernt von den Evangelien, die berichten, dass Jesus in einer jüdischen Familie in der landwirtschaftlich geprägten Stadt Nazareth aufwuchs. Später erfuhr ich, dass noch nicht einmal bekehrte Juden, die Jesus vielleicht fester in jüdischem Boden verankert hätten, zu dem Konzil von Chalkedon eingeladen wurden, das dieses Bekenntnis festlegte. Wir Nichtjuden verlieren das Judentum Jesu schnell aus den Augen – genauso wie sein Menschsein.

Genau genommen ist es *ihr* Jesus, den wir uns angeeignet haben. Als ich mich intensiver mit Jesus beschäftigte, wurde mir allmählich bewusst, dass er sein Leben im ersten Jahrhundert wohl kaum unter Juden verbracht hatte, nur um im zwanzigsten Jahrhundert Amerikaner oder Europäer zu retten. Als Einziger in der Geschichte konnte er frei wählen, wann und wo er geboren wurde. Und er suchte sich eine fromme jüdische Familie aus, die in einem rückständigen Nest in einem Protektorat einer Heidenherrschaft wohnte. Ich kann Jesus ohne sein Judentum genauso wenig verstehen, wie Gandhi mir unbegreiflich bleibt, wenn ich seine indische Herkunft außer Acht lasse. Ich muss zurückgehen, zurück zu den Anfängen, und mir Jesus als Juden im ersten Jahrhundert vorstellen, mit Gebetsriemen an seinem Handgelenk und palästinischem Staub an seinen Sandalen.

Martin Buber hat einmal darauf hingewiesen, dass Juden die Gefühle und Reaktionen Jesu auf dem Hintergrund seines Judentums verstehen. Dieser Zugang bleibe seinen nichtjüdischen Nachfolgern verwehrt. Damit hatte er natürlich Recht. Um die Geschichte Jesu zu begreifen, muss ich – wie bei jedem anderen auch – etwas über seine Kultur, seine Familie, seinen Hintergrund herausfinden.

Deshalb beginnt Matthäus sein Evangelium auch nicht mit einem Aufmacher, wie ich es vielleicht gemacht hätte, etwa: »Dieses Buch wird Ihr ganzes Leben verändern.« Nein, Matthäus beginnt mit einer recht trockenen Auflistung von Namen, der Abstammung Jesu. Matthäus führt eine repräsentative Auswahl von zweiundvierzig jüdischen Generationen an, um die königliche Abstammung von Jesus zu verdeutlichen. Wie die meisten niedrigen Abkömmlinge eines abgesetzten Königshauses in Europa konnte auch die Bauernfamilie von Josef und Maria ihre Herkunft von ehrwürdigen Vorfahren herleiten. Darunter waren auch Israels mächtigster König David und der Begründer des Volkes, Abraham.*

Jesus wuchs in einer Zeit heran, als das jüdische Selbstbewusstsein wieder erwachte. Im Gegenzug zu der Unterdrückung durch die griechische Kultur nahmen Familien nun Namen an, die in die Zeit der Patriarchen und des Auszugs aus Ägypten zurückreichten (vergleichbar mit Amerikanern afro- und lateinamerikanischer Herkunft, die heutzutage ihren Kindern afrikanische bzw. spanische Namen geben). So wurde Maria nach Miriam, der Schwester Moses, benannt und Josef erhielt seinen Namen nach einem der zwölf Söhne Jakobs, wie auch die vier Brüder von Jesus.

Der Name Jesus kommt von Joschua – »er wird erretten« – und war zu jener Zeit sehr verbreitet. Er war damals so gewöhnlich wie heutzutage »Michael« oder »Thomas« und ist in spanischsprachigen Ländern immer noch sehr beliebt. Gerade die Tatsache, dass er einen so gewöhnlichen Namen hatte, muss den Juden des ersten Jahrhunderts wie ein Hohn vorgekommen sein, als sie Jesu Worte hörten. Juden sprachen den ehrwürdigen Namen Gottes nicht laut aus. Er

---

* Matthäus' Geschlechtsregister bringt manches ans Tageslicht. Man beachte die Frauen (sie werden nur selten in jüdischen Genealogien aufgeführt). Wenigstens drei von den vier genannten waren Ausländerinnen, womit Matthäus vielleicht darauf hinweisen wollte, dass Jesus die Hoffnung auch für Nichtjuden war. In dem jüdischen Messias floss heidnisches Blut!
Die kinderlose Witwe Tamar musste sich wie eine Prostituierte kleiden, um ihren Schwiegervater zu verführen und so ihren Beitrag für die Abstammungslinie Jesu zu leisten. Rahab gab es nicht nur vor, sondern sie verdiente wirklich ihren Lebensunterhalt als Prostituierte. Und »Urias Frau«, also Batseba, war das Lustobjekt von David, was zu dem bekanntesten königlichen Skandal im Alten Testament führte. Diese zweifelhaften Vorfahren zeigen, dass Jesus die Geschichte der Menschheit von der ungeschönten Seite her betrat. Er war mit Absicht Abkömmling ihrer Schande. Im Gegensatz dazu zerstörte der König, der zum Zeitpunkt der Geburt Jesu regierte, Herodes der Große, aus Eitelkeit seine Ahnenreihen, damit seine Herkunft nicht mit anderen verglichen werden konnte.

war dem Hohen Priester vorbehalten, doch auch er tat dies nur einmal im Jahr. Für Menschen, die in einer solchen Tradition aufgewachsen waren, war der Gedanke, dass ein gewöhnlicher Mensch namens Jesus Sohn Gottes und Retter der Welt sein sollte, einfach ungeheuerlich. Schließlich war Jesus doch ein ganz normaler Mann, der Sohn von Maria!

Anzeichen für das Judentum Jesu tauchen überall in den Evangelien auf. Er wurde als Säugling beschnitten. Bemerkenswerterweise wird nur eine Begebenheit aus der Kindheit Jesu berichtet, als die Familie mehrere Tagesreisen von ihrem Heimatort entfernt an einem Fest in Jerusalem teilnimmt. Als Erwachsener ging Jesus in die Synagoge und in den Tempel, um dort Gottesdienst zu feiern, er befolgte die jüdischen Riten und verwendete Begriffe, die seinen jüdischen Mitbrüdern geläufig waren. Selbst seine Auseinandersetzungen mit anderen Juden, wie etwa den Pharisäern, unterstreichen, dass diese erwarteten, dass er ihre Wertvorstellungen teilte und sich dementsprechend verhielt.

Der Theologe Jürgen Moltmann hat darauf hingewiesen, dass Jesus, wenn er im Dritten Reich gelebt hätte, sicherlich genauso gebrandmarkt und in einer Gaskammer umgekommen wäre wie die anderen Juden. Ein Pogrom zu seinen Lebzeiten – Herodes' Kindermord – zielte direkt auf Jesus ab.

Ein befreundeter Rabbi sagte einmal, dass Christen den Schrei Jesu am Kreuz, »Mein Gott, mein Gott, warum hast du mich verlassen?«, als einen Kampf zwischen Vater und Sohn begreifen. Juden verstünden diesen Ausruf jedoch als Todesschrei eines weiteren jüdischen Opfers. Jesus war mit Sicherheit nicht der erste und auch nicht der letzte Jude, der in größter Qual Psalmworte herausschrie.

Allerdings fand eine seltsame Wendung in den nachfolgenden Generationen statt. Nur wenige Juden zählten noch zu seinen Anhängern, und die Kirche bestand gänzlich aus Nichtjuden. Wie kam es dazu? Anscheinend erfüllte Jesus nicht die jüdischen Erwartungen an den Messias.

Man kann die Wirkung des Wortes »Messias« auf gläubige Juden wohl kaum überschätzen. Die Schriftrollen, die man 1947 am Toten Meer entdeckte, bekräftigen, dass die Gemeinschaft in Qumran fest mit dem unmittelbaren Erscheinen eines messias-ähnlichen Wesens rechnete. Jeden Tag reservierten sie bei Tisch einen leeren Stuhl für ihn. Es mag unverfroren erscheinen, dass eine unbedeutende Provinz, umgeben von Großmächten, davon träumte, dass gerade aus ihr ein weltweiter Herrscher hervorgehen sollte. Und doch glaubten die Juden dies. Sie setzten ihre Hoffnung auf einen König, der ihr Volk wieder zum Ruhm führen würde.

Zu Lebzeiten Jesu lagen Revolutionen in der Luft. Immer wieder tauchten Männer auf, die vorgaben, der Messias zu sein und zettelten Rebellionen an, die dann schonungslos niedergeschlagen wurden. Um nur ein Beispiel anzuführen: Ein Prophet, den man den »Ägypter« nannte, lockte Menschenmengen in die Wüste, wo er verkündete, dass die Jerusalemer Mauern auf sein Geheiß fallen würden. Der römische Prokurator entsandte ein Sonderkommando Soldaten, das viertausend Rebellen niedermetzelte.

Als dann wiederum berichtet wurde, der lang erwartete Prophet sei in der Wüste gesichtet worden, eilten die Massen dorthin, um den mit Kamelhaar bekleideten, wilden Mann zu sehen. »Ich habe doch immer wieder erklärt, dass ich nicht Christus bin, der von Gott gesandte Retter«, betonte Johannes der Täufer. Seine Ausführungen ließen jedoch die Erwartungen an denjenigen, der bald kommen sollte, noch höher steigen. Johannes' Frage an Jesus, »Bist du wirklich der Retter, der kommen soll, oder müssen wir auf einen andern warten?«, beschäftigte jedermann.

Jeder hebräische Prophet hatte gelehrt, dass Gott eines Tages sein Königreich auf der Erde errichten würde. Aus diesem Grunde schürten die Gerüchte vom »Sohn Davids« derartig die Hoffnung der Juden. Gott würde in seiner eigenen Person beweisen, dass er sie nicht aufgegeben hatte. Er sollte schnell kommen, wie Jesaja gefleht hatte: »Ach Herr, reiß doch den Himmel auf und komm zu uns herab!

Lass vor deiner Erscheinung die Berge ins Wanken geraten ... Die Völker sollen vor dir zittern.«

Aber wir sollten ehrlich sein. Als Johannes auftrat, zitterten weder die Berge noch die Nationen. Jesus erfüllte die überschwänglichen Hoffnungen der Juden nicht im Geringsten. Genau das Gegenteil geschah: Innerhalb einer Generation machten römische Soldaten Jerusalem dem Erdboden gleich, und die junge christliche Kirche sah in der Zerstörung des Tempels ein Zeichen dafür, dass der Bund zwischen Gott und Israel beendet war. Im ersten Jahrhundert bekehrten sich nur sehr wenige Juden zum Christentum. Christen eigneten sich jüdische Schriften an, nannten sie »Altes Testament« und setzten die meisten jüdischen Bräuche außer Kraft.

Aus der Kirche verstoßen und für den Tod Jesu verantwortlich gemacht, begannen einige Juden eine Kampagne gegen die Christen. Sie verbreiteten das Gerücht, Jesus sei der uneheliche Sohn aus Marias Beziehung zu einem römischen Soldaten. Und sie verfassten eine unbarmherzige Parodie der Evangelien. Jesus sei am Vorabend des Passa-Festes hingerichtet worden, denn er habe »Zauberei betrieben und Israel betört und in die Irre geführt«. Der Mann, dessen Geburt die Engel mit der Verkündigung des Friedens gefeiert hatten, teilte die Geschichte der Menschheit.

Vor ein paar Jahren war ich dabei, als zehn Christen, zehn Juden und zehn Moslems sich in New Orleans trafen. Auf Einladung des Psychiaters und Schriftstellers M. Scott Peck sollten wir herausfinden, ob sich trotz aller Unterschiede eine gemeinsame Basis finden ließ. Jede religiöse Gemeinschaft hielt einen Gottesdienst ab – die Moslems am Freitag, die Juden am Samstag und die Christen am Sonntag – und die anderen waren eingeladen, daran teilzunehmen. Die Gottesdienste wiesen bemerkenswerte Ähnlichkeiten auf und erinnerten uns daran, wie viel die drei Religionen gemeinsam haben. Vielleicht rühren die heftigen Gefühle zwischen ihnen daher, dass sie ein gemeinsames Erbe haben: Streitigkeiten innerhalb einer Familie sind stets die hartnäckigsten und Bürgerkriege die blutigsten.

In New Orleans wurde mir zum ersten Mal richtig bewusst, wie sehr die Ansicht, das Christentum habe das Judentum abgelöst, die Juden kränkt. »Ich fühle mich wie ein Kuriosum der Geschichte – als ob mein Glaube ins Altersheim abgeschoben werden sollte«, erklärte einer. »Es schmerzt mich, den Ausdruck ›Gott des Alten Testaments‹ oder auch nur ›Altes‹ Testament zu hören.« Christen hätten auch das Wort »Messias« für sich beansprucht oder zumindest das griechische Äquivalent »Christus«. Ein Rabbi erzählte, wie er in dem einzigen jüdischen Haushalt in einer Kleinstadt in Virginia aufwuchs. Jedes Jahr wurde sein Vater von den Christen gebeten, den Preisträger der schönsten Weihnachtsdekoration zu bestimmen, weil er als Jude unparteiisch war. Als kleiner Junge fuhr dieser Rabbi mit seinem Vater die Häuser der ganzen Stadt ab. Die strahlende Weihnachtsbeleuchtung erfüllte ihn mit Sehnsucht und Verwirrung zugleich.

Mir war nicht bewusst gewesen, dass Moslems die beiden anderen Religionen für überholt halten. Ihrem Verständnis nach stammte das Christentum aus dem Judentum und integrierte Bestandteile davon, und genauso entstand der Islam aus diesen zwei Religionen und nahm Elemente aus beiden auf. Abraham war wie Jesus nur *ein* Prophet, Mohammed war jedoch *der* Prophet. Das Alte Testament hat wie das Neue Testament im Islam seine Berechtigung, aber der Koran ist die »endgültige Offenbarung«. Als man so herablassend über meinen Glauben sprach, verstand ich zum ersten Mal, wie sich die Juden seit zweitausend Jahren fühlen müssen.

Als ich hörte, wie die drei Religionen ihre Unterschiede vorbrachten, wurde mir auch bewusst, wie tief der Graben ist, den Jesus verursacht hat. Der muslimische Gottesdienst bestand zum Großteil aus Anbetung des Allmächtigen. Der jüdische Gottesdienst verband Lesungen aus den Psalmen und der Thora mit Gesängen, die zu Herzen gingen. All diese Komponenten fanden sich auch in dem christlichen Gottesdienst. Was uns aber trennte, war die Feier des

Abendmahls. »Dies ist mein Leib, der für euch gegeben wird«, hörten wir die Einsetzungsworte, bevor das Brot ausgeteilt wurde. Der Leib Christi ist der Punkt, an dem sich die Geister scheiden.

Als die Moslems Kleinasien eroberten, funktionierten sie viele christliche Kirchen zu Moscheen um, indem sie für die noch übrig gebliebenen Christen die strenge Inschrift anbrachten: »Gott hat nicht gezeugt – Gott ist nicht gezeugt.« Denselben Ausspruch könnte man an Synagogen aufmalen. Die große Scheidung in der Geschichte kann man bis nach Bethlehem und Jerusalem zurückverfolgen. War Jesus wirklich der Messias, der Sohn Gottes? Die Juden in New Orleans erklärten: Ein Messias, der bereits mit dreiunddreißig Jahren stirbt, eine Nation, mit der es nach dem Tod ihres Erretters immer weiter bergab geht, eine Welt, die in immer mehr Teile zerfällt – all dies seien Tatsachen, die dem Volk Jesu nicht gerade viel gebracht hätten.

Und trotz alledem, trotz der zweitausend Jahre Trennung und des gewalttätigen Antisemitismus in diesem Jahrhundert interessieren sich Juden wieder zunehmend für Jesus. Als sich der jüdische Forscher Joseph Klausner 1925 entschloss, ein Buch über Jesus zu schreiben, gab es lediglich drei ausführlichere Abhandlungen über das Leben Jesu von zeitgenössischen jüdischen Gelehrten. Mittlerweile gibt es hunderte, darunter sehr aufschlussreiche Veröffentlichungen. Heutzutage lernen Schüler in Israel, dass Jesus ein großer Lehrer war, wenn nicht gar der größte jüdische Lehrer, der aus diesem Grunde von den Nichtjuden ausgewählt wurde.

Kann man die Evangelien überhaupt ohne Scheuklappen lesen? Juden lesen sie misstrauisch, sind auf Erschütterungen gefasst. Christen lesen sie durch die korrigierende Brille der Kirchengeschichte. Beide täten gut daran, sich die Eingangsworte von Matthäus bewusst zu machen: »Dieses Buch berichtet die Geschichte von Jesus Christus. Er ist Davids und Abrahams Nachkomme.« »Nachkomme Davids« ist ein Indiz für die messianische Herkunft Jesu, was die Juden nicht unterschlagen sollten. C. H. Dodd hat darauf hingewiesen, dass der Titel »Messias« für Jesus nicht bedeutungslos gewesen sein kann. Denn er habe auch nicht darauf verzichtet, um sein Leben zu retten. »Nachkomme Abrahams« bezeichnet die jüdische Herkunft Jesu, die auch wir Christen nicht ableugnen können. Jaroslav Pelikan schreibt dazu:

Hätte es den Antisemitismus gegeben, hätte es Pogrome gegeben, hätte es Auschwitz gegeben, wenn die Christen und die christlichen Kirchen ihre Marienverehrung nicht nur der Gottesmutter und Himmelskönigin, sondern auch dem jüdischen Mädchen und einer neuen Mirjam gezollt hätten? Und auf ihren Bildern Christus nicht nur als den Pantokrator verherrlicht hätten, sondern auch als den Rabbi Jeshua bar-Joseph, Rabbi Jesus von Nazareth, den Sohn Davids, als Verkörperung des leidenden Volkes Israel und der leidenden Menschheit?

In meiner Kindheit kannte ich nicht einen einzigen Juden. Aber heute kenne ich welche und weiß etwas über ihren kulturellen Hintergrund; über die enge Verbindung der Menschen zu dieser Kultur, die Familien die Feiertage einhalten lässt, selbst wenn sie nicht mehr an ihre Bedeutung glauben; über die leidenschaftlichen Diskussionen, die mich zunächst einschüchterten, mich aber bald anzogen, da sich so viel persönliches Engagement darin zeigte; über den Respekt, ja, die Ehrfurcht vor Gesetzestreue inmitten einer Gesellschaft, die in erster Linie auf Selbstbestimmung setzt; über die Tradition der Wissenschaft, die eine Kultur aufrecht erhält, trotz der unablässigen Versuche anderer sie zu vernichten; über die Fähigkeit, sich zu Tanz, Gesang und Lachen zusammenzufinden, selbst zu Zeiten, wenn die Situation in der Welt wenig Grund zum Feiern bietet.

Das war die Kultur, in der Jesus aufwuchs, eine jüdische Kultur. Ja, er veränderte sie, aber er tat es aus seinen jüdischen Wurzeln heraus. Wenn ich mich nun frage, wie Jesus als Teenager war, denke ich an jüdische Jungen, die ich aus Chicago kenne. Und dann erinnere ich mich daran, dass die Menschen zu Jesu Lebzeiten genau entgegengesetzt auf ihn reagierten, als wir es heute tun: Ein jüdischer Teenager, zweifellos – aber Gottes Sohn?

Jesus wählte nicht nur seine Zugehörigkeit zu einer ethnischen Gruppe, er bestimmte auch Zeit und Ort seiner Geburt. Manchmal frage ich mich, warum Jesus nicht in den modernen Zeiten auf die Erde kam. Er hätte dann die Massenmedien nutzen können. Oder zu Lebzeiten Jesajas, als man den Messias mit Spannung erwartete und Israel noch eine unabhängige Nation war. Warum war für Gott ausgerechnet das erste Jahrhundert der richtige Zeitpunkt, um sich zu den Menschen zu begeben?

Jede Ära besitzt ihren eigenen Zeitgeist: die optimistische Zuversicht des neunzehnten Jahrhunderts oder das gewalttätige Chaos im zwanzigsten Jahrhundert. Als Jesus geboren wurde, befand sich das Römische Reich auf seinem Höhepunkt und Hoffnung und Optimismus hatten Hochkonjunktur. Wie in der Sowjetunion vor ihrem Zusammenbruch oder dem britischen Empire unter Königin Victoria war der Friede der Römer mit militärischen Mitteln erzwungen, doch im Großen und Ganzen kooperierten selbst die eroberten Völker. Außer in Palästina.

Zu der Zeit, als Jesus geboren wurde, lag eine Aufbruchstimmung in der Luft, man erwartete eine neue Ordnung der Zeit, wie sie der römische Dichter Vergil heraufbeschworen hatte. Fast klang er wie ein Prophet aus dem Alten Testament, als er von einem neuen Spross sprach, der aus himmlischen Höhen entsandt worden sei. Allerdings meinte Vergil damit nicht Jesus, sondern Kaiser Augustus, dem es gelungen war, das Reich wieder zu vereinigen, nachdem die Ermordung von Julius Cäsar einen Bürgerkrieg entfacht hatte.

Treuen römischen Untertanen bot Augustus Frieden, Sicherheit und Unterhaltung, kurz: Brot und Spiele. Das kaiserliche Friedensprogramm, die *Pax Romana*, gewährte den Bürgern Schutz vor Feinden und die Annehmlichkeiten der römischen Justiz und der Zivilregierung. Gleichzeitig erfüllte der griechische Geist die Politik des Römischen Reiches. Man baute im griechischen Stil, kleidete sich wie die Griechen, übte ihre Sportarten aus und übernahm die griechische Sprache. Außer in Palästina.

Palästina, das einzige Gebiet, das sich nicht vereinnahmen ließ, war Rom ein ständiger Dorn im Auge. Im Gegensatz zu der römischen Toleranz gegenüber vielen Gottheiten hielten die Juden beharrlich an einem einzigen Gott fest, ihrem Gott, der sich ihnen als dem auserwählten Volk offenbart hatte.

Die Juden widersetzten sich der aufgezwungenen griechischen Kultur, dem Hellenismus, ebenso hartnäckig, wie sie gegen die römischen Legionen kämpften, und die Rabbinen bestärkten sie darin, indem sie an die Versuche des verrückten Seleukiden Antiochus erinnerten, der ihnen ein Jahrhundert zuvor den Hellenismus hatte überstülpen wollen. Antiochus hatte junge Männer genötigt, ihre Beschneidung durch einen weiteren Eingriff rückgängig zu machen, damit sie, wie es bei den Griechen üblich war, nackt an sportlichen Wettkämpfen teilnehmen konnten. Einen alten Priester hatte er zu Tode prügeln lassen, weil dieser sich weigerte, Schweinefleisch zu essen. Er hatte eine Mutter mit ihren sieben Kindern abgeschlachtet, weil sie sich nicht vor einem Götzenbild verbeugten, und selbst vor dem Allerheiligsten des Tempels hatte er nicht Halt gemacht, als er dort dem griechischen Gott Zeus ein unreines Schwein geopfert und das Heiligtum mit dem Blut des Opfertieres beschmiert hatte.

Allerdings war Antiochus' Kampagne kläglich gescheitert, da sich die Juden daraufhin zu einer offenen Revolte erhoben, die von den Makkabäern angeführt wurde. In Erinnerung an diesen Sieg feiern die Juden noch heute das Chanukka-Fest. Fast ein Jahrhundert lang hielten die Makkabäer fremde Eindringlinge fern, bis die Römer Palästina schließlich mit unaufhaltsamer Gewalt überrollten. Dreißig Jahre brauchten die römischen Truppen, um alle Anzeichen der Rebellion auszumerzen. Dann setzten sie den Haudegen Herodes als »König der Juden« ein, der lediglich eine Marionette der Römer war. Als er den Thron bestieg, lag nicht nur Jerusalem, sondern das ganze Reich in Schutt und Asche.

Herodes der Große war noch an der Macht, als Jesus geboren wurde. Unter seiner eisernen Herrschaft blieb Palästina vergleichsweise ruhig, weil die langen Kriegsjahre den Mut und die Kräfte der Juden erschöpft hatten. Bei einem Erdbeben im Jahre 31 v. Chr.

kamen dreißigtausend Menschen und unzählige Tiere um, sodass die Not noch größer wurde. Und die Juden flehten Gott um einen Erlöser an.

Seit dem Zusammenbruch des Ostblocks findet man nur schwer eine moderne Situation, die derjenigen der Juden unter der römischen Herrschaft vergleichbar wäre. Tibet unter China vielleicht? Die Schwarzen in Südafrika, bevor sie sich von der Apartheid befreien konnten? Den provokantesten Vergleich ziehen vielleicht Israel-Reisende, die nicht umhin können, das ähnliche Schicksal der galiläischen Juden zur Zeit Jesu und der Palästinenser dieser Tage zu bemerken: Damals wie heute den wirtschaftlichen Interessen ihrer reicheren Nachbarn unterworfen, in kleinen Dörfern oder Flüchtlings-Lagern inmitten einer moderneren und fremden Kultur lebend und von Ausgangssperren, hartem Durchgreifen und Diskriminierung betroffen.

Malcolm Muggeridge erklärte dazu in den siebziger Jahren, dass die israelische Armee die Rolle der römischen Legionäre übernommen habe. Nun würden die Araber unterdrückt, die zwar – wie die Juden zu Zeiten Jesu – ihre Gottesdienste besuchen und ihren Glauben ausüben dürften, aber ansonsten wie Bürger zweiter Klasse behandelt würden.

Beide Gruppen, die heutigen Palästinenser und die galiläischen Juden, waren empfänglich für Hitzköpfe, die zum bewaffneten Widerstand aufriefen. Man denke etwa an den gegenwärtigen Mittleren Osten mit seinen Gewalttätigkeiten, Intrigen und zerstrittenen Gruppierungen. In eine solch unruhige Umgebung hinein wurde Jesus geboren.

Die Reise von Judäa nach Galiläa ist im Frühjahr eine Reise von Brauntönen ins Grüne, von einem öden, felsigen Gebiet zu den üppigsten Feldern des mediterranen Beckens. Obst und Gemüse gedeihen hier im Überfluss, Fischer arbeiten auf dem See Genezareth, hinter sich sanft erhebenden Bergen schimmert im Westen das blaue Mittelmeer. Nazareth – die Heimatstadt Jesu – lag so zurückgezogen auf einem Hang, eintausenddreihundert Meter über dem Meeresspiegel, dass es unter den dreiundsechzig Städten in Galiläa, die der Talmud aufzählt, nicht aufgeführt wird. Der Blick von einer Hügelkette bietet ein weites Panorama von dem Berg Karmel am Mittelmeer bis hin zu dem schneebedeckten Gipfel des Hermon im Norden.

Mit seinem fruchtbaren Land, den wunderschönen Aussichten und einem gemäßigten Klima hatte Galiläa durchaus seine Reize, und sicherlich genoss Jesus seine Kindheit dort. Die wilden Blumen und das Unkraut zwischen den Nutzpflanzen, die Schweiß treibende Arbeit, die Spreu vom Weizen zu trennen, die Feigenbäume und die verstreuten Weinreben an den Hängen, die Felder reif zur Ernte – all diese Eindrücke tauchten später in seinen Gleichnissen und Aussprüchen wieder auf. Andere, ebenso typische Merkmale von Galiläa hob er jedoch nicht hervor. So lag kaum drei Meilen nördlich von Nazareth die Stadt Sepphoris, die man gerade wieder aufbaute. Die Nachbarn Jesu – vielleicht sogar sein eigener Vater – fanden dort im Baugewerbe Arbeit.

Als Jesus aufwuchs, baute man gerade an dieser schönen griechisch-römischen Metropole mit von Säulen eingefassten Straßen, einem Forum, einem Palast, einem Bad und einem Gymnasium, mit luxuriösen Villen – alles aus weißem Kalkstein oder farbigem Marmor. In einem imposanten Theater mit viertausend Sitzplätzen unterhielten griechische Schauspieler ein internationales Publikum. Sie hatte Jesus wohl im Sinn, als er später jemandem vorwarf, in der Öffentlichkeit eine bestimmte, aufgesetzte Rolle zu spielen. Zu Lebzeiten Jesu war Sepphoris die Hauptstadt von Galiläa, deren Bedeutung für Palästina nur von Jerusalem übertroffen wurde. Allerdings berichten die Evangelien kein einziges Mal, dass Jesus diese Stadt aufsuchte, ja, sie erwähnen sie noch nicht einmal. Auch nach Tiberias am See Genezareth kam er nie; hierher zog sich Herodes im Winter zurück. Jesus machte um wohlhabende oder politisch wichtige Zentren einen großen Bogen.

Herodes der Große machte Galiläa zwar zu der reichsten Provinz in Palästina, aber nur wenige profitierten davon. Besitzlose Bauern wurden von den reichen Landbesitzern ausgebeutet. Auch diese Tatsache schlug sich in den Gleichnissen Jesu nieder. Ein Krankheitsfall oder eine anhaltende Schlechtwetterperiode bedeuteten für die meisten Familien eine Katastrophe. Wir wissen, dass Jesus in Armut aufwuchs: Seine Familie konnte sich für das Tempelopfer kein Lamm leisten und brachte stattdessen Tauben.

Galiläa stand in dem Ruf, eine Brutstätte für Revolutionen zu sein. Um 4 v. Chr., also um die Zeit der Geburt Jesu, brach ein Rebell in das Waffenlager von Sepphoris ein und plünderte es, um seine Anhänger damit zu bewaffnen. Doch die römischen Truppen nahmen die Stadt ein und brannten sie nieder – weshalb sie anschließend wieder aufgebaut werden musste – und kreuzigten zweitausend Juden, die an dem Aufstand beteiligt gewesen waren. Zehn Jahre danach zettelte ein anderer Aufrührer namens Judas eine Revolte an, indem er seine Landsmänner drängte, dem römischen Kaiser keine Steuern zu zahlen. Er war Mitbegründer der Zeloten, die Rom für die folgenden sechs Jahrzehnte bedrängen sollten. Zwei seiner Söhne wurden nach dem Tod Jesu gekreuzigt. Sein jüngster Sohn eroberte dann endgültig die Festung von Massada von den Römern und schwor, sie bis auf den letzten Mann zu verteidigen. So gingen schließlich neunhundert jüdische Männer, Frauen und Kinder in den Tod, um nicht den Römern in die Hände zu fallen. Die Galiläer liebten ihre Freiheit über alles.

Das übrige Land zollte Galiläa jedoch trotz seines Reichtums und seiner politischen Aktivitäten wenig Respekt. Diese Provinz war von Jerusalem am weitesten entfernt und kulturell eher zurückgeblieben. Rabbinische Literatur aus dieser Zeit beschreibt die Galiläer als Bauerntrampel, die immer genügend Stoff für Spott und Witze lieferten. Lernte ein Galiläer Hebräisch, war seine Aussprache so schlecht, dass man ihn in anderen Synagogen nie bat, aus der Thora zu lesen. Die Handelssprache Aramäisch sprachen die meisten so schludrig, dass sie damit sofort ihre galiläische Herkunft preisgaben.

Diese Erfahrung machte auch Simon Petrus, als ihn sein ländlich gefärbter Akzent im Tempelvorhof verriet. Die aramäischen Worte in den Evangelien beweisen, dass auch Jesus mit nördlichem Dialekt sprach, was die Skepsis ihm gegenüber selbstverständlich nur noch größer machte. »Soll der Christus etwa aus Galiläa kommen?« »Nazareth? ... Was kann von da schon Gutes kommen?«

Nach Meinung anderer Juden gingen die Galiläer außerdem zu nachlässig mit geistlichen Dingen um. Ein Pharisäer klagte nach achtzehn Jahren fruchtloser Arbeit: »Galiläa, Galiläa, du hasst die Thora!« Als Nikodemus für Jesus eintrat, brachte man ihn mit folgender Entgegnung zum Verstummen: »Bist du etwa auch aus Galiläa? ... Du brauchst nur in der Heiligen Schrift nachzulesen. Dann weißt du: Kein Prophet kommt aus Galiläa.« Und selbst die Brüder Jesu ermutigten ihn, Galiläa zu verlassen: »Mach dich auf von hier und geh nach Judäa.« Vom Standpunkt des religiösen Machtzentrums in Jerusalem aus gesehen war es mehr als unwahrscheinlich, dass der Messias aus Galiläa kam.

Wenn ich in den Evangelien lese, versuche ich mich in die beschriebene Zeit zu versetzen. Wie wäre ich mit der Unterdrückung umgegangen? Hätte ich mich bemüht, ein vorbildlicher Bürger zu sein? Hätte ich mich aus allem heraus gehalten, nach dem Motto: Leben und leben lassen? Hätten mir wild entschlossene Aufständler wie die Zeloten zugesagt? Oder hätte ich mich eher versteckt gewehrt, etwa indem ich keine Steuer gezahlt hätte? Oder hätte ich meine ganze Energie in eine religiöse Bewegung eingebracht und politische Auseinandersetzungen vermieden? Was für ein Jude wäre ich im ersten Jahrhundert gewesen?

Acht Millionen Juden lebten zu dieser Zeit im Römischen Reich, mehr als ein Viertel davon in Palästina*, und zuweilen stellten sie

---

* 1900 Jahre später ist – hauptsächlich aufgrund des Holocausts – ihre Zahl annähernd gleich, und auch heute lebt ein Viertel von ihnen in Palästina.

die Geduld der Römer auf eine harte Probe. Die Römer betrachteten die Juden als »Atheisten«, weil sie sich weigerten, griechische und römische Gottheiten zu ehren. Außerdem empfand man sie aufgrund ihrer seltsamen Bräuche als sozial unangepasst: Juden aßen kein »unreines« Essen von ihren Nachbarn, vermieden jegliche Arbeit an Freitagabenden und Samstagen und verschmähten öffentliche Ämter. Dennoch hatte Rom dem Judaismus einen legalen Status zugesichert.

In vielerlei Hinsicht ähnelte die Lage der jüdischen Führer der russischen Kirche unter Stalin. Sie konnten kooperieren, was bedeutete, dass sie sich der staatlichen Einmischung unterwerfen mussten. Oder sie konnten eigene Wege gehen, was aber eine harte Verfolgung bedeutet hätte. Herodes den Großen selbst kann man ebenfalls durchaus mit Stalin vergleichen, denn er hielt die religiöse Gemeinschaft durch ein Netzwerk von Spionen in Angst und Schrecken. Und die Hohen Priester – so klagte ein jüdischer Schriftsteller – wechsle Herodes so häufig wie seine Kleider.

Deshalb spalteten die Juden sich in verschiedene Lager, die unterschiedliche Wege der Kollaboration oder des Separatismus beschritten. Das waren die Gruppen, die Jesus folgten, ihm zuhörten, ihn auf die Probe stellten, sich ein Urteil über ihn bildeten.

Die Essener distanzierten sich besonders von anderen. Als Pazifisten widersetzten sie sich Herodes oder den Römern nicht aktiv. Stattdessen zogen sie sich in ordensähnlichen Gemeinschaften in die Höhlen einer unfruchtbaren Wüste zurück. In der festen Überzeugung, dass die römische Invasion eine Strafe dafür war, dass sie das Gesetz nicht richtig eingehalten hatten, weihten sie sich der Reinheit. Die Essener nahmen täglich rituelle Bäder, befolgten eine strikte Diät, verrichteten am Sabbat nicht einmal ihre Notdurft, trugen keinen Schmuck, legten keinerlei Schwüre ab und teilten alle materiellen Güter. Mit ihrer Gewissenhaftigkeit hofften sie das Kommen des Messias zu beschleunigen.

Die Zeloten vertraten eine andere Form des Separatismus: Sie befürworteten bewaffneten Widerstand, um unreine Ausländer zu vertreiben. Eine Gruppierung spezialisierte sich auf terroristische Anschläge auf die Römer, während eine andere Gruppe sozusagen als »Moralpolizei« vorging, damit ihre jüdischen Glaubensgenossen nicht aus der Reihe tanzten. In einer frühen Version ethnischer Säuberung befürworteten die Zeloten die Lynchjustiz an jedem, der in eine andere Rasse einheiratete. In den Predigerjahren Jesu blieb es sicherlich nicht unbemerkt, dass auch Simon, der Zelot, zu seinen Jüngern zählte. Andererseits müssen die Kontakte Jesu mit Nichtjuden und Ausländern – ganz zu schweigen von dem Gleichnis des barmherzigen Samariters – die chauvinistischen Zeloten zur Weißglut getrieben haben.

Als Extrem auf der anderen Seite gab es Kollaborateure, die sich so weit wie möglich mit dem System arrangierten. Die Römer hatten einer jüdischen Ratsversammlung – dem Sanhedrin – eine beschränkte Macht eingeräumt, wofür dieser im Gegenzug den Römern behilflich war, jedem Anzeichen für einen Aufstand nachzuspüren. Es lag in ihrem eigenen Interesse, Aufstände und die Repressalien, die diese garantiert nach sich zogen, zu verhindern.

Der jüdische Historiker Josephus berichtet von einem geisteskranken Bauern, der mitten bei einem Fest ausrief: »Wehe Jerusalem!« und damit die Menge aufwiegelte. Der Sanhedrin versuchte vergeblich ihn zu bestrafen, also übergaben sie ihn dem römischen Statthalter für eine Prügelstrafe. Er wurde bis auf die Knochen ausgepeitscht und es kehrte wieder Frieden ein. Auf dieselbe Art schickte der Sanhedrin Vertreter zu Johannes, dem Täufer, und zu Jesus, um sie unter die Lupe zu nehmen. Waren sie eine Bedrohung für den Frieden? Und falls dies so war, sollte man sie den Römern übergeben? Der Hohe Priester Kaiphas begriff den Standpunkt der Kollaborateure genau: »Für uns alle ist es besser, wenn einer für das Volk stirbt, als dass ein ganzes Volk zugrunde geht.«

Die Sadduzäer waren die unverfrorensten Kollaborateure. Unter den Griechen hatten sie den Hellenismus propagiert, dann hatten sie sich mit den Makkabäern zusammengeschlossen und danach mit den Römern und Herodes. Die Sadduzäer vertraten eine humanistische Theologie und glaubten nicht an ein Leben nach dem Tod oder an ein Eingreifen Gottes auf der Erde. Was geschehen musste, geschah, und da in der Zukunft weder Belohnung noch Bestrafung zu erwarten war, konnte man die begrenzte Zeit auf der Erde genauso gut in vollen Zügen genießen. Aus den palastartigen Häusern und den silbernen und goldenen Küchenutensilien, die Archäologen gefunden haben, kann man schließen, dass die Sadduzäer in der Tat ein gutes Leben führten. Von allen Gruppierungen in Palästina hatten die führenden Sadduzäer am meisten zu verlieren, falls sich die Situation ändern sollte.

Die Pharisäer gehörten meistens der Mittelklasse an und fühlten sich oft an den Rand gedrängt. Oft schwankten sie zwischen Separatismus und Kollaboration. Sie legten großen Wert auf hohe Reinheitsstandards, besonders im Zusammenhang mit dem Sabbat, der rituellen Reinheit und dem genauen Einhalten von Festzeiten. Wenn Juden den Vorschriften nicht Folge leisteten, betrachteten die Pharisäer sie als »Heiden«, schlossen sie aus den Räten aus, boykottierten ihre Geschäfte, verbannten sie von den Mahlfeiern und anderen Treffen. Und doch hatten die Pharisäer schon unter Verfolgung gelitten – einmal waren an einem einzigen Tag achthundert Pharisäer gekreuzigt worden. Obwohl sie leidenschaftlich an das Kommen des Messias glaubten, misstrauten sie Wundertätern und selbst ernannten Auserwählten, die das Volk ruinieren könnten.

Die Pharisäer gingen nicht auf Konfrontationskurs, sondern setzten ihr Leben nur ein, wenn es unvermeidbar war. Einmal missachtete Pontius Pilatus ein Abkommen mit den Juden, das besagte, dass die Römer Jerusalem nicht mit Fahnen betreten durften, die das Bildnis des Kaisers zeigten. Für die Pharisäer war das Götzendienst. Aus Protest versammelte sich eine Menschenmenge – hauptsächlich Pharisäer – fünf Tage und Nächte lang vor dem Palast des Pilatus in einer Art Sitzstreik und drangen auf Änderung. Pilatus ließ sie zum Hippodrom, einem großen Platz für Reiterwettkämpfe, führen, wo sich Soldaten versteckt hielten. Wer den Protest nicht unterließ, musste den Tod fürchten. Wie auf Kommando warfen die Demonstranten sich zu Boden, entblößten ihre Hälse und erklärten, dass sie lieber sterben würden, als dass ihr Gesetz gebrochen werde. Pilatus gab nach.

Wenn ich diese Gruppierungen betrachte, denke ich, dass ich höchstwahrscheinlich bei den Pharisäern gelandet wäre. Mir hätte ihr pragmatischer Umgang mit der Regierung gefallen, der durch ihre Bereitschaft, für ihre Prinzipien einzustehen, ausgewogen wurde. Als disziplinierte Menschen waren die Pharisäer auch gute Bürger.* Radikale wie die Essener und die Zeloten hätten mich nervös gemacht, die Sadduzäer hätte ich als Opportunisten abgelehnt. Also hätte ich als Sympathisant der Pharisäer am Rande der Zuhörerschaft Jesu gestanden und hätte beobachtet, wie er mit den brennenden Fragen der Zeit verfuhr.

Hätte Jesus mich für sich einnehmen können? So gerne ich es auch tun würde, ich kann diese Frage nicht so einfach beantworten. Jesus gelang es immer wieder, die vorherrschenden Gruppen in Palästina zu verblüffen und vor den Kopf zu stoßen. Er bot über Separatismus und Kollaboration hinaus einen dritten Weg an, indem er den Schwerpunkt radikal verlagerte – von der Herrschaft Herodes' oder Cäsars zur Herrschaft Gottes.

Heute ist es schwierig zu beurteilen, was die einzelnen Gruppen damals voneinander trennte, oder zu verstehen, warum eigentlich nebensächliche Aspekte der Lehren Jesu solchen Unmut auslösten. Doch über all ihre Unterschiede hinaus teilten die Essener, Zeloten, Pharisäer und sogar die Sadduzäer ein gemeinsames Anliegen:

---

* Wissenschaftler sind der Frage nachgegangen, warum die Evangelien von so vielen Konflikten zwischen Jesus und den Pharisäern berichten, wo er mit ihnen doch viel mehr gemeinsam hatte als mit den Sadduzäern, den Essenern oder den Zeloten. Eine mögliche Erklärung wäre, dass die Evangelien mehrere Jahrzehnte nach dem Tod Jesu verfasst wurden. Zu dieser Zeit war Jerusalem bereits zerstört und einige Gruppierungen gab es nicht mehr. Verständlicherweise konzentrierten sich die Evangelien deshalb auf die einzige noch existierende Gruppe, die das Christentum bedrohte – und das waren die Pharisäer.

Sie wollten das Judentum um jeden Preis bewahren. Und dieses Bestreben gefährdete Jesus. Das hätte ich genauso gesehen.

Die Juden errichteten tatsächlich einen Zaun um ihre Kultur in der Hoffnung, ihre kleine Nation mit den hohen Idealen vor der heidnischen Umgebung zu schützen. Konnte Gott sie vor Rom retten, genauso wie er sie damals aus Ägypten gerettet hatte? Eine Überlieferung stellte die baldige Erlösung durch den Messias in Aussicht, wenn ganz Israel einen Tag lang Buße tat oder wenn zwei Sabbate richtig eingehalten wurden. Der wundervolle neue Tempel gab einer aufkeimenden geistlichen Erneuerungsbewegung zusätzlichen Auftrieb. Auf seiner riesigen Plattform, die ganz Jerusalem beherrschte, war der Tempel Dreh- und Angelpunkt des nationalen Stolzes und der Hoffnung für die Zukunft geworden.

Auf diesem Hintergrund hätte ich – wie andere Juden auch – die Äußerungen Jesu über Legalität, das Sabbatgebot und den Tempel beurteilt. Wie hätte ich meine Wertschätzung für die Familie mit einer Aussage wie der folgenden vereinbaren können: »Wenn einer mit mir gehen will, so muss ich für ihn wichtiger sein als alles andere in seinem Leben: wichtiger als seine Eltern, seine Frau, seine Kinder, seine Geschwister . . . Nur so kann er mein Jünger sein.« Was wollte Jesus wohl damit sagen? In ähnlicher Weise klang die Behauptung »Ich kann den Tempel Gottes abreißen und in drei Tagen wieder aufbauen« in den Ohren des Sanhedrins nicht nur hochmütig, sondern sie war Gotteslästerung und ein Verrat an dem, was die Juden zusammenhielt. Das Angebot Jesu, die Sünden der Menschen zu vergeben, muss für sie ungeheuerlich und anmaßend gewesen sein, so als würde sich heutzutage eine Privatperson anbieten, einen Personalausweis auszustellen oder eine Baugenehmigung zu erteilen. Für wen hielt er sich eigentlich, dass er die ganze Tempelordnung in Frage stellte?

Wie sich herausstellte, waren die jüdischen Befürchtungen eines kulturellen Untergangs durchaus berechtigt. Jedoch nicht Jesus, sondern andere charismatische Figuren führten zu Aufständen, die die Römer schließlich dazu brachten, im Jahre 70 n. Chr. den Tempel zu zerstören und Jerusalem dem Erdboden gleich zu machen. Später wurde die Stadt dann als römische Kolonie wieder aufgebaut, mit einem Tempel für den Gott Jupiter an der Stelle, wo einst der jüdische Tempel gestanden hatte. Den Juden war der Zutritt zur Stadt bei Todesstrafe verboten. Rom setzte ein Exil in Gang, das bis heute andauert und das Judentum für immer veränderte.

S. 47: »*den einen und . . .*«: Zitiert nach Geschichte des Christentums. Wuppertal, 1979.

S. 48: *Buber:* Vgl. Geza Vermes, *Jesus der Jude. Ein Historiker liest die Evangelien.* Neukirchen-Vluyn, 1993.

S. 50: *Moltmann:* Jürgen Moltmann, *Der Weg Jesu Christi.*

S. 50: »*Mein Gott, mein Gott, . . .*«: Matthäus 27,46

S. 51: »*Ich habe doch . . .*«: Johannes 3,28

S. 51: »*Bist du wirklich . . .*«: Matthäus 11,3

S. 51: »*Ach Herr, . . .*«: Jesaja 63,19b; 64,1b

S. 52: »*Zauberei betrieben . . .*«: Vgl. Josef Klausner, Jesus of Nazareth.

S. 54: »*Gott hat nicht gezeugt*«: Jürgen Moltmann, *Der gekreuzigte Gott.* München, 1972.

S. 54: *Dodd:* C. H. Dodd, *The Founder of Christianity,* London, 1970.

S. 55: *Pelikan:* Jaroslav Pelikan, *Jesus Christus. Erscheinungsbild und Wirkung in 2000 Jahren Kulturgeschichte.* Zürich u.a., 1986.

S. 56: *Vergil:* Vgl. Jaroslav Pelikan, *Jesus Christus.*

S. 58: *Muggeridge:* Malcolm Muggeridge, *Jesus, der Mann, der lebt.*

S. 61: »*Soll der Christus . . .*«: Johannes 7,41

S. 61: »*Nazareth?*«: Johannes 1,46

S. 61: »*Galiläa, Galiläa, . . .*«: Vgl. Vermes, Geza, *Jesus, der Jude.*

S. 61: »*Bist du etwa . . .*«: Johannes 7,52

S. 61: »*Mach dich auf . . .*«: Johannes 7,3 (LÜ)

S. 63: *Josephus:* A. N. Wilson, *Der geteilte Jesus.* Munchen, 1995.

S. 63: »*Für uns alle . . .*«: Johannes 11,50

S. 66: »*Wenn einer . . .*«: Lukas 14,26

S. 66: »*Ich kann den Tempel . . .*«: Matthäus 26,61

4
Die Versuchung:
Showdown in der Wüste

Die Evangelien behaupten, dass der Jude Jesus, der in dem bäuerlichen Galiläa aufwuchs, Gottes Sohn war, der vom Himmel gesandt wurde, um gegen das Böse zu kämpfen. Dieser Auftrag wirft unweigerlich die Frage nach den Prioritäten Jesu auf. Ganz oben auf der Liste stehen Naturkatastrophen: Wenn Jesus Krankheiten heilen und Tote wieder auferstehen lassen konnte, warum befasst er sich nicht mit einigen Riesenproblemen, die die gesamte Menschheit betreffen, mit Erdbeben, Wirbelstürmen oder den unheimlichen mutierenden Viren, die diese Welt plagen.

Philosophen und Theologen geben der menschlichen Entscheidungsfreiheit die Schuld. Damit öffnet sich aber nur ein neuer Fragenkatalog. Wollen wir wirklich so viel Freiheit? Wir sind frei, anderen wehzutun und sie sogar zu töten, wir können Weltkriege führen oder unseren Planeten ausbeuten. Wir sind sogar so frei, uns Gott zu widersetzen, ja, wir können ohne weiteres so leben, als existiere die andere Welt gar nicht. Jesus hätte doch irgendeinen unwiderlegbaren Beweis liefern können, der alle Skeptiker zum Schweigen bringt, sodass Gott besser dagestanden hätte. Aber so wie es ist, kann man Gott anscheinend einfach ignorieren oder ableugnen.

Bei seiner ersten »offiziellen« Handlung als Erwachsener war Jesus genau mit diesen Problemen konfrontiert, als er in der Wüste dem Widersacher begegnete. Satan führte den Sohn Gottes mit einer blendenden Patentlösung in Versuchung, um die Regeln zu ändern und sein Ziel zu erreichen. Aber nicht nur die Charakterfestigkeit Jesu stand in den sandigen Ebenen Palästinas auf dem Spiel. Es ging um die ganze Menschheitsgeschichte.

In John Miltons Fortsetzung zu seinem Epos *Das verlorene Paradies* ist die Versuchung – und nicht die Kreuzigung – das entscheidende Ereignis in dem Bemühen Jesu, die Welt zurückzugewinnen. In einem Garten hatten sich ein Mann und eine Frau von Gott abgewandt, weil Satan ihnen in Aussicht gestellt hatte, dass sie ihren Status verbessern könnten. Ein Jahrtausend später hatte ein anderer – der zweite Adam, wie Paulus ihn nannte – eine ähnliche Prüfung zu bestehen. Allerdings war sie seltsam abgewandelt. *Kannst du wie Gott sein?*, hatte die Schlange im Paradies gefragt. *Kannst du menschlich sein?*, fragte der Versucher in der Wüste.

Wenn ich den Bericht über die Versuchung lese, wird mir bewusst, dass alle Informationen über den Verlauf dieser Begegnung von Jesus stammen müssen, da es ja keine Augenzeugen gab. Jesus wollte aus irgendeinem Grund seinen Jüngern diese Augenblicke des Kampfes und der persönlichen Schwäche offenbaren. Ich denke, die Versuchung war für Jesus ein echter Konflikt und kein Spiel mit bekanntem Ausgang. Derselbe Versucher, der bei Adam und Eva den schwachen Punkt gefunden hatte, holte auch bei Jesus mit treffsicherer Genauigkeit zum Stoß aus.

Lukas untertreibt bei seiner Beschreibung der eigentlich dramatischen Szene. »Erfüllt vom Heiligen Geist, kam Jesus vom Jordan zurück. Und der Geist Gottes führte ihn in die Wüste, wo er sich vierzig Tage aufhielt. Dort war er den Versuchungen des Teufels ausgesetzt. Jesus aß nichts während dieser ganzen Zeit, und der Hunger quälte ihn.« Wie Einzelkämpfer treffen zwei Riesen der Welt an einem trostlosen Ort aufeinander. Einer, gerade am Anfang seines Auftrags auf feindlichem Gebiet, ist in einem äußerst geschwächten Zustand. Der andere, siegessicher und auf Heimatboden, ergreift die Initiative.

Manche Einzelheiten der Versuchungsgeschichte bereiten mir Kopfzerbrechen. Satan forderte Jesus auf, Steine in Brot zu verwandeln, bot ihm alle Königreiche der Welt an und drängte ihn, in die Tiefe zu springen um zu überprüfen, ob Gott ihn bewahren würde. Was ist das Böse an diesen Forderungen? Die drei Versuchungen entsprechen doch eigentlich den Vorrechten Jesu und zielen haargenau auf die Eigenschaften, die man vom Messias erwartet. Sollte Jesus nicht bald mit einem viel beeindruckenderen Schauspiel Brot für fünftausend Menschen vermehren? Er würde selbst den Tod überwinden und wieder auferstehen um König der Könige zu werden. Demnach sind die drei Versuchungen an sich nicht böse. Und doch geschah in der Wüste ganz offensichtlich etwas Entscheidendes.

In den Berichten der Evangelien begegnen sich die beiden Einzelkämpfer mit einer Art wachsamem Respekt, wie zwei sich umkreisende Boxer in einem Ring. Jesus fiel es vermutlich besonders schwer, die Versuchung nicht sofort zu unterbinden. Warum nicht einfach den Versucher vernichten und so die Menschheit von seiner bösen Plage befreien? Aber Jesus blieb standhaft.

Satan bot als Handel an, seine Herrschaft über die Welt abzutreten, wenn er dafür über den Sohn Gottes herrschen durfte. Obwohl der Teufel die Prüfungen stellte, war er es, der am Ende durchfiel. Bei den ersten beiden Aufgaben forderte er Jesus lediglich auf, sich zu beweisen; bei der dritten verlangte er Anbetung, zu der Gott niemals seine Einwilligung geben würde.

Die Versuchung entlarvte den Teufel, aber Gott blieb verborgen. *Wenn du Gott bist*, sagte Satan, *dann beeindrucke mich. Handle, wie Gott es tun würde.* Jesus erwiderte: *Nur Gott trifft diese Entscheidungen, deshalb tue ich nichts auf deinen Befehl.*

In Wim Wenders' Filmen über Engel *(Himmel über Berlin* und *In weiter Ferne, so nah!)* überlegen himmlische Wesen mit kindlichem Staunen, wie es wohl sein mag, wenn man Kaffee oder Diätnahrung zu sich nimmt, Wärme und Schmerz spürt; wie man die Knochen beim Gehen wahrnimmt; wie sich die Berührung eines anderen Menschen anfühlt; wie man »Ah« und »Oh« ausruft, weil man noch nicht alles im Voraus weiß; wie man mit Minuten und Stunden lebt und so dem »Jetzt« begegnet und nicht ständig dem »Ewig«. Ungefähr mit dreißig Jahren, als Jesus in der Wüste zum ersten Mal gegen Satan in Kampfstellung ging, hatte er alle diese »Vorteile« des Menschseins kennen gelernt. Er fühlte sich wohl in seiner Haut.

Wenn ich die drei Versuchungen noch einmal näher betrachte, fällt mir auf, dass Satan eine verlockende Verbesserung vorschlug. Er führte Jesus in Versuchung, die guten Seiten des Menschseins zu genießen, ohne dass die negativen Aspekte das Vergnügen trübten: den Geschmack des Brotes zu genießen, ohne den festen Regeln von Hunger oder Landwirtschaft unterworfen zu sein, sich einem Risiko auszusetzen, ohne wirklich gefährdet zu sein, Ruhm und Macht auszukosten, ohne die Gefahr, später abgelehnt zu werden – kurz: die Krone ohne das Kreuz zu tragen. Jesus widerstand dieser Versuchung, die für viele von uns nach wie vor verlockend scheint.

Die apokryphen Evangelien, die von der Kirche als unecht abgelehnt werden, zeigen die Folgen, falls Jesus den teuflischen Versuchungen nachgegeben hätte. Diese phantastischen Berichte zeigen Jesus als Kind, wie er Spatzen aus Lehm machte, wie er mit seinem Atem Leben einhaucht, wie er getrocknete Fische ins Wasser wirft und diese urplötzlich schwimmen. Er verwandelt seine Spielkameraden in Ziegen, um ihnen eine Lektion zu erteilen oder lässt Menschen erblinden oder taub werden, nur damit er sie anschließend heilen kann. Die apokryphen Evangelien sind sozusagen die Comics des zweiten Jahrhunderts, wie heute *Superman* oder *Batgirl*. Die Bedeutung dieser Texte liegt in erster Linie in ihrem Unterschied zu den biblischen Evangelien, die einen Messias zeigen, der seine Wunder nicht für eigennützige Zwecke einsetzt. Angefangen bei der Versuchung widersetzt Jesus sich den herrschenden Regeln auf der Erde.

Als Malcolm Muggeridge einen Dokumentarfilm in Israel drehte, machte er sich über die Versuchung Gedanken. In seinen Augen dreht sich die Versuchung um die vorherrschenden Fragen der jüdischen Zeitgenossen Jesu: Wie würde der Messias aussehen? Würde er ein Messias des Volkes sein, der Steine zu Brot machen konnte, um damit die Massen zu speisen? Ein Messias der Thora, der sich hoch von der Tempelzinne erhebt? Ein königlicher Messias, der nicht über Israel, sondern über die ganze Welt regiert? Satan bot Jesus die Möglichkeit, dieser mächtige Messias zu sein, den wir vermeintlich haben wollen.

Wir wollen alles andere als einen leidenden Messias – und so ging es Jesus bis zu einem gewissen Grad auch. Satan lag mit seinem Vorschlag, Jesus möge sich hinunterstürzen, um Gottes Schutz zu testen, nur knapp daneben. Diese Versuchung sollte sich später wiederholen. Einmal wies Jesus in aufflackerndem Ärger Petrus zurecht: »Geh weg, Satan! Du willst mir eine Falle stellen. Du denkst, wie Menschen denken, und verstehst Gottes Gedanken nicht.« Als Jesus seinen Leidensweg und Tod ankündigte, war Petrus aufgefahren: »Um Himmels willen! So etwas darf dir nicht zustoßen!« Diese instinktiv beschützende Reaktion hatte einen Nerv getroffen. Jesus hatte aus den Worten des Jüngers nochmals die Versuchung Satans herausgehört, doch den einfacheren Weg zu gehen.

Ans Kreuz genagelt, bekam Jesus die letzte Versuchung nochmals als höhnische Bemerkung zu hören. Ein Krimineller spottete: »Bist du nun der Messias? Dann beweise es! Hilf dir selbst und uns!« Umstehende griffen das auf: »Wenn er wirklich der König Israels ist, soll er doch vom Kreuz heruntersteigen. Dann wollen wir an ihn glauben! Er hat sich doch immer auf Gott verlassen; jetzt wollen wir sehen, ob Gott sich zu ihm bekennt und ihm hilft.« Aber da gab es keine Hilfe, kein Wunder, keinen einfachen, schmerzlosen Weg. Wenn er andere retten wollte, konnte Jesus sich nicht einfach selbst der Gefahr entziehen. Dieser Tatsache muss er ins Auge geblickt haben, als er Satan in der Wüste begegnete.

Meine eigenen Versuchungen liegen mehr im Bereich der allgemein verbreiteten Laster wie Lust und Gier. Bei den Versuchungen

Jesu ging es jedoch um seine Beweggründe, auf die Erde zu kommen, und um das, was man als seinen »Arbeitsstil« bezeichnen könnte. Satan stellte Jesus das verlockende Angebot in Aussicht, seinen Auftrag schneller auszuführen. Er könnte die Menschen schneller gewinnen, wenn er ihnen Nahrung verschaffte und die Herrschaft in den Königreichen der Welt übernähme. Und er selbst würde dabei nicht in Gefahr geraten.

Diese Sichtweise begegnete mir zum ersten Mal in den Werken von Dostojewski, der die Versuchung zur zentralen Szene seines großen Romans *Die Brüder Karamasoff* macht. Der Agnostiker Iwan Karamasoff verfasst eine Art Gedicht mit dem Titel »Der Großinquisitor«, das im Sevilla des sechzehnten Jahrhunderts zum Höhepunkt der Inquisition spielt. In diesem »Gedicht« besucht der verkleidete Jesus die Stadt, in der täglich Ketzer auf dem Scheiterhaufen verbrannt werden. Der Großinquisitor, ein Kardinal, »ist ein fast neunzigjähriger Greis, groß und aufrecht, mit vertrocknetem Gesicht, eingesunkenen Augen«, er erkennt Jesus und lässt ihn ins Gefängnis werfen. Dort treffen sich die beiden in einer Szene, die bewusst an die Versuchung in der Wüste erinnert.

Der Inquisitor bringt seine Anklage vor, Jesus habe, indem er die drei Versuchungen ausschlug, die drei größten Mächte verspielt: »das Wunder, das Geheimnis und die Autorität«. Er hätte dem Rat des Teufels folgend die Wunder vollbringen sollen, um so beim Volk Ansehen zu erlangen. Er hätte das Angebot von Autorität und Macht annehmen sollen. Hatte Jesus denn nicht begriffen, dass es der größte Wunsch der Menschen war, etwas Unumstößliches anzubeten? »Statt dich der menschlichen Freiheit zu bemächtigen, hast du sie ihnen noch vergrößert, hast du sie vervielfacht und hast mit ihren Qualen das Seelenreich der Menschen auf ewig belastet. Dich gelüstete nach der freien Liebe des Menschen, auf dass er dir frei folge, von dir verführt und verrückt.«

Der Großinquisitor behauptet, Jesus habe es sich zu leicht gemacht, als er den Versuchungen des Teufels widerstand, die menschliche Freiheit außer Kraft zu setzen. Er habe damit den größten Vorteil aufgegeben: die Macht, den Glauben zu erzwingen. Glücklicherweise, fährt der schlaue Inquisitor fort, habe die Kirche den Fehler erkannt. Sie habe ihn korrigiert, indem sie sich seither auf Wunder, Geheimnis und Autorität verlasse. Aus diesem Grunde müsse der Inquisitor Jesus ein weiteres Mal hinrichten, ansonsten behindere er das Werk der Kirche.

Diese Szene erhält durch den Zeitpunkt ihres Entstehens – die kommunistischen Revolutionäre organisierten sich gerade in Russland – eine zusätzliche Brisanz. Dostojewski merkte dazu an, dass auch die Kommunisten die Methoden der Kirche übernahmen. Sie versprachen, Steine in Brot zu verwandeln, garantierten allen Bürgern Sicherheit im Tausch gegen eine einzige Sache: ihre Freiheit. Der Kommunismus wurde zur neuen Kirche Russlands, und er gründete sich ebenfalls auf Wunder, Geheimnis und Autorität.

Über ein Jahrhundert, nachdem Dostojewski diesen abschreckenden Dialog verfasst hatte, konnte ich seine Heimat besuchen und das Ergebnis einer siebzigjährigen Herrschaft des Kommunismus in Augenschein nehmen. Ich fuhr im November 1991 dorthin, als sich die Sowjetmacht auflöste. Michail Gorbatschow machte soeben Boris Jelzin Platz, und das ganze Volk versuchte wieder zu sich zu finden. Die eiserne Daumenschraube hatte sich gelockert und die Menschen freuten sich, nun sagen zu können, was sie wollten.

In lebhafter Erinnerung ist mir ein Gespräch mit den Herausgebern der *Prawda*, dem früheren offiziellen Organ der Kommunistischen Partei. Die *Prawda* war wie keine andere Einrichtung der kommunistischen »Kirche« zu Diensten gewesen. Doch nun fielen die Auflagenzahlen, im Einklang mit dem allgemeinen Fall des Kommunismus, drastisch (von elf Millionen auf siebenhunderttausend). Die Herausgeber der *Prawda* machten einen ernsten, aufrichtig suchenden Eindruck, und offensichtlich waren sie bis ins Mark erschüttert. Sie waren so bestürzt, dass sie nun Vertreter einer Religion, die ihr Gründer als »Opium fürs Volk« verhöhnt hatte, um Rat baten.

Die Herausgeber argumentierten zögernd, dass das Christentum und der Kommunismus doch viele gemeinsame Ideale hätten:

Gleichheit, Teilen des Besitzes, Gerechtigkeit und Harmonie zwischen den Völkern. Allerdings mussten sie nun eingestehen, dass die marxistische Umsetzung dieser Vision schlimme Alpträume hervorgebracht hatte. Warum?

»Wir wissen nicht, wie wir Menschen zu Mitgefühl motivieren können«, antwortete der Chefredakteur. »Wir haben versucht, Geld für die Kinder in Tschernobyl zu sammeln, aber die meisten Russen vertrinken ihr Geld lieber. Wie verändert und motiviert man Menschen? Wie bringt man sie dazu, gut zu sein?«

Vierundsiebzig Jahre Kommunismus haben unwiderlegbar bewiesen, dass Güte nicht vom Kreml verordnet und dann mit Gewalt durchgesetzt werden kann. Paradoxerweise erzeugten die Versuche, Moral zu erzwingen, aufsässige Staatsbürger und tyrannische Herrscher, die ihren moralischen Halt verloren. Ich kam von Russland mit der Erkenntnis zurück, dass wir Christen gut daran täten, die grundlegende Lektion der Versuchung nochmals zu wiederholen. Güte lässt sich nicht von außen, von oben herab, befehlen – sie muss im Innern wachsen, von unten.

Die Versuchung offenbart den entscheidenden Unterschied zwischen der Macht des Teufels und der Macht Gottes. Der Teufel hat die Macht zu verführen, zu blenden, Gehorsam zu erzwingen und zu vernichten. Die Menschen haben viel von dieser Macht übernommen und Regierungen greifen auf dieses Repertoire zurück. Mit einer Peitsche, einem Totschläger oder einer Kalaschnikow können Menschen andere Menschen dazu bringen, alles zu tun, was sie möchten. Die Macht des Teufels kommt von außen und ist erzwungen.

Gottes Macht kommt dagegen von innen und aus freien Stücken. Jesus wollte, wie der Großinquisitor ihm in Dostojewskis Roman vorwirft, »den Menschen nicht durch ein Wunder zum Sklaven machen (. . .), weil dich nach freiwilliger und nicht nach durch Wunder erzwungener Liebe verlangte.« Eine solche Macht mag zuweilen wie Schwäche erscheinen. In seiner Entscheidung für eine langsame Verwandlung von innen her und der selbst auferlegten Abhängigkeit von der menschlichen Zustimmung ähnelt Gottes Macht unter

Umständen einem Verzicht. Wie jedes Elternteil und jeder Liebende weiß, wird Liebe machtlos, wenn der Geliebte sie verschmäht.

»Gott ist kein Nazi«, erklärte Thomas Merton. Nein, das ist Gott mit Sicherheit nicht. Der Herr des Universums sollte dessen Opfer werden, machtlos vor einem Trupp Soldaten in einem Garten. Gott machte sich aus einem einzigen Grunde schwach: damit Menschen aus freien Stücken wählen können, was sie mit ihm tun.*

Ich muss zugeben, dass es mir manchmal lieber wäre, wenn Gott nicht so sanft wäre, wenn er mich härter anpacken würde. Mein Glaube leidet unter zu viel Freiheit, zu vielen Versuchungen, denen ich standhalten muss. Manchmal wünsche ich mir, dass Gott mich überwältigt, dass er meine Zweifel mit Sicherheiten ausräumt, dass er mir ein für alle Mal beweist, dass er existiert und sich um mich sorgt.

Ich möchte auch, dass Gott eine aktivere Rolle in menschlichen Belangen übernimmt. Wenn Gott doch nur Saddam Hussein vom Thron geholt hätte – wie viele Menschen hätten dann im Golfkrieg gerettet werden können! Und wie viele Juden wären verschont geblieben, wenn Gott dasselbe mit Hitler getan hätte? Warum muss Gott untätig zusehen?

Ich möchte auch, dass Gott in meinem persönlichen Leben eine aktivere Rolle spielt. Ich möchte schnelle und Aufsehen erregende Gebetserhörungen, er soll mich gesund machen, und meine Lieben soll er bewahren. Ich will einen Gott ohne Zweideutigkeiten, einen Gott, auf den ich meine zweifelnden Freunde hinweisen kann.

Wenn mir solche Gedanken kommen, höre ich in mir das schwache, hohle Echo der Provokation, die der Teufel Jesus vor zweitau-

---

* In dem Hörspiel *Zum König geboren* von Dorothy Sayers sagt König Herodes zu den drei Weisen: »Man kann nicht Menschen mit Liebe regieren. Sagt das eurem König, wenn Ihr ihn findet. Drei Dinge nur regieren ein Volk: Furcht und Gier und das Versprechen von Sicherheit.« König Herodes verstand die Prinzipien des Managements, nach denen der Teufel verfährt. Es sind dieselben, die Jesus in der Wüste ablehnte.

send Jahren entgegenschleuderte. Gott widersteht diesen Versuchungen, ebenso wie Jesus ihnen auf der Erde widerstand, und hat sich stattdessen für ein langsameres und sanfteres Vorgehen entschieden.

»Jerusalem! O Jerusalem!«, rief Jesus einmal. »Du tötest die Propheten und erschlägst die Boten, die Gott zu dir schickt. Wie oft habe ich deine Kinder sammeln wollen, so wie eine Henne ihre Küken unter ihre Flügel nimmt! Aber ihr habt es nicht gewollt!« Die Jünger hatten Jesus vorgeschlagen, Feuer über bußunwillige Städte kommen zu lassen. Im krassen Gegensatz dazu stieß Jesus nur einen hilflosen Schrei aus. Er drängte sich niemandem auf, der ihn nicht wollte.

Je mehr ich Jesus kennen lerne, desto mehr beeindruckt mich, was Iwan Karamasoff das »Wunder der Selbstbeherrschung« nennt. Die Wunder, die Satan vorschlug, die Zeichen und Wunder, die die Pharisäer haben wollten, die letzten Beweise, nach denen ich mich sehne – all das wäre für einen allmächtigen Gott nichts Besonderes. Viel erstaunlicher ist seine *Weigerung*, uns mit Wundern zu beeindrucken. Gottes schreckliches Beharren auf der menschlichen Freiheit ist so absolut, dass er uns ermächtigt hat, so zu leben, als existiere er nicht. Wir können ihm ins Gesicht spucken und ihn sogar kreuzigen. All das muss Jesus gewusst haben, als er dem Versucher in der Wüste begegnete und seine unendliche Macht darauf verwandte, diese Macht eben nicht einzusetzen.

Ich glaube, dass Gott auf einer solchen Zurückhaltung besteht, weil keine noch so brillante Demonstration seiner Allmacht erreichen könnte, was er möchte. Macht kann vielleicht Gehorsam erzwingen, aber nur Liebe kann Liebe hervorbringen. Und Liebe ist das Einzige, was Gott von uns möchte und wofür er uns erschaffen hat. »Wenn ich aber erhöht sein werde, will ich alle zu mir ziehen«, sagte Jesus. Für den Fall, dass uns entgehen sollte, worauf es dabei ankommt, fügt Johannes hinzu: »Auf diese Weise deutete Jesus seinen Kreuzestod an.« Es liegt in Gottes Natur, sich selbst zu geben; die Grundlage seines Angebots ist aufopfernde Liebe.

Ich erinnere mich an einen Nachmittag in Chicago, als mir ein bedrückter Mann in einem Restaurant von seinem verlorenen Sohn erzählte. Sein Sohn Jake hatte keine Arbeitsstelle länger als ein paar Tage. Er gab sein ganzes Geld für Drogen und Alkohol aus. Er kam nur selten nach Hause und bereitete seinen Eltern wenig Freude, aber sehr viel Kummer. Jakes Vater fasste seine Hilflosigkeit in ähnliche Worte, wie Jesus sie mit Blick auf Jerusalem gebrauchte. »Wenn ich ihn nur zurückholen könnte, ihn beschützen könnte und ihm zeigen könnte, wie sehr ich ihn liebe«, klagte er. Nach einer kurzen Pause, in der er versuchte, seiner zitternden Stimme Herr zu werden, fügte er hinzu: »Das Seltsame ist: Obwohl Jake mich abweist, bedeutet mir seine Liebe mehr als die meiner anderen drei Kinder, die alle verantwortungsbewusst sind. Merkwürdig, nicht wahr? Aber so ist Liebe.«

Dieser letzte Satz enthält in meinen Augen mehr Erkenntnis über Gottes freiwillige Selbstbeherrschung als jedes theologische Buch über die Rechtfertigung Gottes. Warum gibt Gott sich mit diesem langsamen, frustrierenden Weg zufrieden, Rechtschaffenheit wachsen zu lassen, anstatt sie einzuklagen. *Aber so ist Liebe.* Liebe besitzt eine ganz eigentümliche Macht, die einzige Macht, die endgültig von einem menschlichen Herz Besitz ergreifen kann.

Vermutlich machte sich Satan nach dieser Konfrontation trotz der momentanen Niederlage mit hämischem Grinsen davon. Denn die standhafte Weigerung Jesu, nach den Regeln des Teufels zu spielen, bedeutete gleichzeitig, dass dieser auch weiterhin danach spielen konnte: Die Königreiche dieser Welt standen ihm nach wie vor zur Verfügung, und außerdem hatte er erfahren, dass Gott sich selbst eine Beschränkung auferlegte. Gottes Zurückhaltung eröffnet denjenigen, die ihn ablehnen, Möglichkeiten.

Andere Zusammenstöße würden folgen. Jesus wurde Dämonen austreiben, aber der Geist, den er an ihre Stelle setzte, würde weit weniger besitzergreifend und zudem abhängig von dem Willen des einzelnen Menschen sein. So boten sich zahlreiche Gelegenheiten, Schaden anzurichten. Jesus selbst gab das zu, als er davon sprach, dass das Reich Gottes mitten im Bösen wachsen würde, wie der Weizen inmitten von Unkraut.

Aus der Sicht Satans bedeutete der Ausgang der Versuchung eine Schonfrist. Die Menschen konnten, scheinbar frei von jeder elterlichen Autorität, noch eine Weile ungestraft tun, was sie wollten. Mehr noch: Man konnte Gott dafür verantwortlich machen, wenn etwas schief ging. Wenn Gott bei solch teuflischen Dingen wie den Kreuzzügen und dem Holocaust untätig zusah, warum sollte man dann nicht dem Schöpfer anstelle seiner Geschöpfe die Schuld geben?

Wenn ich es recht bedenke, hat Jesus Gottes guten Ruf aufs Spiel gesetzt, als er in der Wüste den Versuchungen widerstand. Gott hatte versprochen, die Vollkommenheit der Erde eines Tages wieder herzustellen, aber was würde in der Zwischenzeit geschehen? Der Sumpf der Menschheitsgeschichte, die Brutalität sogar in der Kirchengeschichte, der nahende Weltuntergang – lohnte sich dafür die göttliche Zurückhaltung? Oder um es ganz offen auszusprechen: Ist die menschliche Freiheit diesen Preis wert?

Niemand, der sich mitten in diesem Prozess der Vervollkommnung befindet, anstatt an seinem Ende, kann diese Frage beantworten. Alles, was ich tun kann, ist, mir zu sagen, dass Jesus in der direkten Konfrontation mit dem Bösen, obwohl er ihn hätte zerstören können, einen anderen Weg wählte. Ihm schien der Preis für die Freiheit einer notorisch unzulänglichen Spezies nicht zu hoch. Die Wahl dürfte nicht leicht gewesen sein, denn sie bedeutete für ihn wie auch für seine Nachfolger Qualen.

Das Muster der Selbstbeherrschung und Zurückhaltung, das in der Wüste seinen Anfang nahm, setzt sich im weiteren Leben Jesu fort. An keiner Stelle zwang er die Menschen zu irgendetwas. Vielmehr zeigte er die Konsequenzen der jeweiligen Entscheidung auf und ließ seinem Gegenüber die Wahl. Er gab einem Reichen eine klare Antwort und ließ ihn dann gehen. Und Markus fügt extra noch hinzu: »Jesus sah ihn an und gewann ihn lieb.« Jesus schätzte realistisch ein, wie man auf ihn reagieren würde: »Und weil Gottes Gebote missachtet werden, setzt sich das Böse überall durch. Und die Liebe wird bei vielen verlöschen.«

Man spricht manchmal von dem Helfer-Syndrom und meint damit die krankhafte Sucht, sich um die Probleme anderer zu kümmern. Aber der, der als Einziger wirklich helfen konnte, war von einem solch übertriebenen Drang erstaunlich frei. Er fühlte sich nicht genötigt, die ganze Welt zu seinen Lebzeiten zu bekehren oder Menschen zu heilen, die (noch) nicht geheilt werden wollten.

Kurz gesagt: Jesus hatte eine ungeheure Achtung vor der Freiheit des Menschen. Selbst als der Teufel verlangte, Petrus auf die Probe stellen zu dürfen, schlug Jesus dies nicht aus. Seine einzige Antwort: »Aber ich habe für dich gebetet, damit du den Glauben nicht verlierst.« Als sich die Menge abwandte und viele Jünger Jesus verließen, fragte er die Zwölf fast wehmütig: »Wollt ihr auch weggehen und mich verlassen?« Als er sich seinem Schicksal in Jerusalem näherte, entlarvte er Judas, aber er versuchte keineswegs, dessen Tat zu verhindern – auch das eine Folge seiner selbst auferlegten Zurückhaltung.

»Wer mir nachfolgen will, darf nicht mehr an sich selber denken, sondern muss sein Kreuz willig auf sich nehmen und mir nachfolgen«, sagte Jesus in der wohl am wenigsten einladenden Einladung, die jemals ausgesprochen wurde.

Diese Art der Zurückhaltung in der Person Jesu – man könnte sie beinahe göttliche Schüchternheit nennen – überraschte mich. Erst jetzt, während ich die Geschichte Jesu in den Evangelien richtig in mich aufnahm, wurde mir bewusst, dass ich von ihm dieselben Eigenschaften erwartete, die mir als Kind in der fundamentalistischen Kirche der Südstaaten begegnet waren. Dort hatte ich mich oft gefühlsmäßig unter Druck gesetzt gefühlt. Man bekam Lehren aufgetischt mit der Anweisung: »Glaub und stell keine Fragen!« Wo die Macht von Wundern, Geheimnis und Autorität ausgeübt wird, ist kein Platz für Zweifel. Ich lernte auch Methoden der Manipulation kennen, um »Seelen zu gewinnen«. Dazu gehörte, dass ich meinem Gegenüber ein anderes Bild von mir zeigte. Aber in dem Leben Jesu kann ich so ein Verhalten nicht entdecken.

Wenn ich die Kirchengeschichte richtig interpretiere, widerstanden viele Anhänger Jesu nicht wie er den Versuchungen. Dostojewski hat die Versuchung geschickt in der Folterzelle des Großinquisitors platziert. Wie konnte die Kirche, deren Gründer der Versuchung widerstanden hatte, ein halbes Jahrtausend lang die Inquisition des erzwungenen Glaubens durchführen? Währenddessen erklärten die offiziellen Vertreter in einer milderen protestantischen Version in Genf den Kirchenbesuch für zwingend und stellten die Weigerung, das Abendmahl zu feiern, unter Strafe. Auch dort verbrannte man Ketzer.

Zu ihrer eigenen Schande enthüllt die Geschichte der Christenheit die unverminderten Versuche, die Art Jesu zu verbessern. Manchmal macht die Kirche gemeinsame Sache mit der Regierung, um so schneller Macht zu erlangen. »Die Erfolgsanbetung ist überhaupt die Form des Götzendienstes, die der Teufel am sorgfältigsten kultiviert«, schrieb Helmut Thielicke über die frühe Verblendung der deutschen Kirche durch Adolf Hitler.

Manchmal zieht die Kirche gar ihre eigenen »Hitler in Miniaturausgabe« heran, Männer wie David Koresch, die nur zu genau die Möglichkeiten von Wunder, Geheimnis und Autorität kennen. Und manchmal borgt sich die Kirche Manipulationsinstrumente von Politikern, Verkäufern und Werbetextern.

Diese Mängel zu kritisieren fällt mir nicht schwer. Aber wenn ich mich von der Kirchengeschichte meiner eigenen Person zuwende, muss ich feststellen, wie schnell ich selbst der Versuchung erliege. Mir fehlt die Willenskraft, Patentlösungen für menschliche Bedürfnisse zu widerstehen. Mir fehlt auch die Geduld, Gott in seiner langsamen, sanften Art wirken zu lassen. Ich will die Dinge selbst in die Hand nehmen und andere dazu bringen, dass sie das, wovon ich überzeugt bin, unterstützen. Ich würde bestimmte Freiheiten eintauschen gegen garantierte Sicherheit und Bewahrung. Und für die Verwirklichung meiner Ziele würde ich sogar noch mehr eintauschen.

Wenn ich merke, wie diese Versuchungen in mir aufsteigen, kehre ich zurück zu der Geschichte von Jesus und Satan in der Wüste. Dass Jesus den Versuchungen des Teufels widerstanden hat, gibt mir erst die Freiheit zur Entscheidung, wenn ich meinen eigenen Versuchungen gegenüberstehe. Ich bete um dasselbe Vertrauen und dieselbe Geduld, die Jesus gezeigt hat. Und ich freue mich über das, was im Hebräerbrief steht: »Doch er gehört nicht zu denen, die unsere Schwächen nicht verstehen und zu keinem Mitleiden fähig sind. Jesus Christus musste mit denselben Versuchungen kämpfen wie wir, auch wenn er nie gesündigt hat. (. . .) Denn weil er selbst gelitten hat und denselben Versuchungen des Satans ausgesetzt war wie wir Menschen, kann er uns in allen Versuchungen helfen.«

S. 70: »*Erfüllt vom Heiligen Geist,* . . .«: Lukas 4,1-2
S. 72: *Muggeridge:* Malcolm Muggeridge, *Jesus, der Mann der lebt.*
S. 73: »*Geh weg,* . . .«: Matthäus 16,23
S. 73: »*Um Himmels willen!*«: Matthäus 16,22
S. 73: »*Bist du nun* . . .«: Lukas 23,39
S. 73: »*Wenn er wirklich* . . .«: Matthäus 27,42-43
S. 74: *Karamasoff:* F. M. Dostojewski, *Die Brüder Karamasoff.* Frankfurt, 1975, Bd. 1.
S. 77: *Sayers:* Dorothy L. Sayers, *Zum König geboren.* Moers, 1990.
S. 78: »*Jerusalem!*«: Matthäus 23,37
S. 78: »*Wenn ich aber* . . .«: Johannes 12,32-33
S. 81: »*Jesus sah ihn an* . . .«: Markus 10,21 (LÜ)
S. 81: »*Und weil Gottes* . . .«: Matthäus 24,12
S. 81: »*Aber ich habe* . . .«: Lukas 22,32
S. 81: »*Wollt ihr auch* . . .«: Johannes 6,67
S. 81: »*Wer mir nachfolgen will* . . .«: Matthäus 16,24
S. 82: *Thielicke:* Helmut Thielicke, *Das Gebet, das die Welt umspannt.* Stuttgart, 13. erw. Aufl., 1973
S. 83: »*Doch er gehört* . . .«: Hebräer 4,15; 2,18

5
Die Person:
Was wäre mir aufgefallen?

Das Apostolische Glaubensbekenntnis eilt in einem einzigen Absatz durch das Leben Jesu. Es beginnt mit der Geburt, um dann sofort zu seinem Tod zu kommen, dann folgen der Abstieg zur Hölle und der Aufstieg in den Himmel. Einen Augenblick mal – fehlt da nicht etwas? Was geschah denn in der Zwischenzeit, nachdem er von der Jungfrau Maria geboren wurde und bevor er schließlich unter Pontius Pilatus zu leiden hatte? Irgendwie wird alles, was Jesus in dreiunddreißig Jahren auf der Erde gesagt und getan hat, beiseite gefegt, um möglichst schnell sein Leben zu deuten. Aber wie hat er seine Zeit hier auf Erden verbracht?

Wenn ich versuche, mir den Alltag Jesu vorzustellen, sind meine Erinnerungen an die Sonntagsschule eher hinderlich, denn dort tauchte Jesus nur in leblosen Szenen aus Flanell auf. Da ist er als Lehrer zu sehen. Dort hält er ein Lamm auf seinen Armen. Nun spricht er mit einer Frau aus Samaria. Und sieh mal, dort gibt es noch ein Gespräch mit einem Mann namens Nikodemus. So etwas wie Handlung kam am ehesten vor, wenn die Jünger mit ihrem Miniatur-Segelboot über das blaue Flanellmeer schaukelten. Ich erinnere mich an ein Bild, auf dem Jesus mit einer Peitsche im Tempel stand. Aber das passte nicht zu dem, was ich sonst über ihn erfahren hatte. Auf jeden Fall habe ich ihn nie bei einer Feier gesehen. Ich mag in der Sonntagsschule manche Tatsache über das Leben Jesu gelernt haben, aber als Person blieb er fremd und zweidimensional.

Kinofilme über Jesus haben einiges dazu beigetragen, ihn für mich zum Leben zu erwecken. Manche von ihnen – wie etwa *Jesus von Nazareth* von Zeffirelli – bemühen sich um eine Darstellung, die den Berichten der Evangelien möglichst genau folgt. Anders als die beschaulichen Flanellbilder zeigen diese Filme Jesus in Aktion, umringt von ungebärdigen Zuschauern, die sich gegenseitig anrempeln, um besser sehen zu können und Jesus mit ihren Anliegen zu belagern.

Wenn ich diese Filme sehe und mich dann wieder den Evangelien zuwende, versuche ich die mir vertraute Rolle des Journalisten zu übernehmen oder zumindest dessen, was dem im ersten Jahrhundert entsprochen hätte. Ich stehe da am Rand, höre zu, mache Notizen und möchte in meinen Berichten etwas von Jesus einfangen. Gleichzeitig ist mir bewusst, dass er auf mich persönlich wirkt. Was nehme ich wahr? Was beeindruckt mich? Was stört mich? Und wie kann ich das meinen Lesern vermitteln?

Ich kann nicht mit dem beginnen, womit ich normalerweise anfange, wenn ich über einen Menschen berichte: mit dem Aussehen. Niemand kennt es. Die ersten halbrealistischen Beschreibungen tauchten erst im fünften Jahrhundert auf und waren reine Spekulation. Bis dahin hatten die Griechen ihn als eine junge, bartlose Gestalt dargestellt, die dem Gott Apollo ähnelte.

Im Jahre 1514 fälschte jemand unter dem Namen Publius Lentulus – so hieß der Nachfolger von Pontius Pilatus – eine dubiose Urkunde mit folgender Beschreibung Jesu:

> Er ist ein großer Mann von guter Statur und liebenswürdig und ehrerbietig, sein Haar ist von einer Farbe, die ihresgleichen sucht, es fällt in sanften Locken ... In der Mitte gescheitelt, fällt es üppig ins Gesicht nach der Art der Nazarener; seine Stirn ist hoch, groß und beeindruckend; seine Wangen, ohne Flecken oder Falten, sind von angenehmer Röte, seine Nase und sein Mund von exzellentem Ebenmaß; sein Bart, von derselben Farbe wie sein

Haar, reicht bis unter das Kinn und ist in der Mitte geteilt wie eine Gabel; seine Augen hellblau, klar und heiter ...

Diesen Jesus kenne ich von dem Ölgemälde, das an der Betonwand in der Kirche meiner Kindheit hing. Allerdings entlarvt sich der Fälscher mit seinem nächsten Satz: »Niemand hat ihn jemals lachen sehen.« Hat er dieselben Evangelien gelesen wie ich? Sie verlieren kein einziges Wort über das Erscheinungsbild Jesu. Dafür beschreiben sie aber, wie er auf einer Hochzeit sein erstes Wunder vollbringt, wie er seinen Jüngern schelmische Spitznamen gibt und dass er aus irgendeinem Grunde den Ruf hatte, ein »Fresser und Säufer« zu sein. Als die frommen Juden die mangelnde geistliche Disziplin der Jünger kritisierten, entgegnete Jesus: »Wie können die Hochzeitsgäste fasten, während der Bräutigam bei ihnen ist?« Von allen möglichen Vergleichen, die er hätte heranziehen können, wählte Jesus für sich das Bild des Bräutigams, dessen Glück die ganze Hochzeitsgesellschaft in Hochstimmung versetzt.

Ich zeigte einmal in einem Seminar eine Reihe von Kunst-Dias, die Jesus in unterschiedlicher Weise porträtierten – afrikanische, koreanische, chinesische. Danach sollten die Studenten beschreiben, wie sie sich Jesus vorstellten. Nahezu jeder meinte, er sei groß gewesen (was für einen Juden im ersten Jahrhundert eher unwahrscheinlich ist). Die meisten glaubten, dass er schön war, und niemand kam auf die Idee, dass er Übergewicht hatte. Ich zeigte dann einen BBC-Film über das Leben Jesu mit einem untersetzten, rundlichen Schauspieler in der Titelrolle, was einige anstößig fanden. Uns ist ein großer, gut aussehender und vor allem schlanker Jesus lieber.

Eine Überlieferung im zweiten Jahrhundert legte nahe, dass Jesus einen Buckel hatte. Im Mittelalter glaubten viele Christen, Jesus habe an Lepra gelitten. Die meisten Christen fänden solche Vorstellungen heutzutage abstoßend oder gar ketzerisch. War er nicht ein vollkommener Vertreter der Menschheit? Und doch kann ich in der gesamten Bibel nur eine einzige Beschreibung von ihm finden, und das ist eine Prophezeiung, die Hunderte von Jahren vor seiner Geburt verfasst wurde. Jesajas Schilderung befindet sich mitten in einem Abschnitt, den das Neue Testament auf Jesus bezieht:

> Viele waren entsetzt, als sie ihn sahen. Denn in der Tat: Er war völlig entstellt und kaum mehr als Mensch zu erkennen. (. . .) Er war weder stattlich noch schön. Nein, wir fanden ihn unansehnlich, er gefiel uns nicht! Er wurde verachtet, von allen gemieden. Von Krankheit und Schmerzen war er gezeichnet. Man konnte seinen Anblick kaum ertragen. Wir wollten nichts von ihm wissen, ja, wir haben ihn sogar verachtet.

Weil die Evangelien darüber schweigen, können wir nicht mit Sicherheit sagen, wie Jesus ausgesehen hat. Aber ich denke, das ist auch gut so. Unsere idealisierten Darstellungen sagen mehr über uns aus als über ihn. Er hatte nichts Übernatürliches an sich: Johannes der Täufer gab zu, dass er ihn ohne eine besondere Offenbarung nicht erkannt hätte. Jesaja zufolge können wir die Anziehungskraft Jesu nicht mit seinem guten Aussehen, seiner würdigen Ausstrahlung oder sonst etwas an seiner äußeren Erscheinung erklären. Der Schlüssel liegt woanders.

***

Ich gehe nun über die äußere Erscheinung hinaus, um herauszufinden, was für ein Mensch Jesus war. Wie hätte er wohl bei einem Persönlichkeits-Test abgeschnitten?

Sein Charakter, wie er in den Evangelien beschrieben wird, unterscheidet sich grundlegend von dem Bild von Jesus, mit dem ich aufgewachsen bin – einem Bild, das ich in einigen Hollywood-Filmen wieder finde, in denen er seine Aussprüche gleichmütig und ohne jede Gefühlsregung vorträgt. Er schreitet als Einziger ruhig zwischen aufgescheuchten Statisten durch das Leben. Nichts bringt ihn aus der Fassung. Mit gleichbleibend sanfter Stimme teilt er Weisheiten aus.

Im krassen Gegensatz dazu zeichnen die Evangelien das Bild eines Mannes, der eine solche Ausstrahlungskraft besitzt, dass Menschen drei Tage lang bei ihm saßen, ohne zu essen, und seinen fesselnden Worten lauschten. Die Evangelien zeigen die ganze Bandbreite der Gefühlsregungen Jesu: spontanes Mitgefühl für einen Aussätzigen, überschwängliche Freude über den Erfolg seiner Jünger, einen Wutanfall über hartherzige Gesetzeshüter, Kummer über die ablehnende Haltung einer Stadt und diese schrecklich qualvollen Aufschreie in Gethsemane und am Kreuz. Er hatte nahezu unerschöpfliche Geduld mit einzelnen Menschen, aber nicht die geringste Nachsicht gegenüber Institutionen und Ungerechtigkeit.

Ich habe einmal an einer Rüstzeit teilgenommen, die Männern helfen sollte, »ihre Gefühle kennen zu lernen« und einengende, stereotype männliche Verhaltensweisen aufzubrechen. Während ich in einer kleinen Gruppe von Männern saß, die von ihren Kämpfen erzählten, sich auszudrücken und wahre Nähe zu erfahren, wurde mir bewusst, dass Jesus das Ideal männlicher Erfüllung auslebte, das fast zweitausend Jahre später noch den meisten Männern fehlt. Mindestens dreimal weinte er vor seinen Jüngern. Er machte aus seinen Zweifeln keinen Hehl und hatte keine Probleme damit, um Hilfe zu bitten: »Ich zerbreche beinahe unter der Last, die ich zu tragen habe. Bleibt bei mir und lasst mich nicht allein.« Wie viele Männer in Führungspositionen würden sich heutzutage so verwundbar zeigen?

Anders als die meisten mir bekannten Männer lobte Jesus gerne andere. Wenn er ein Wunder vollbracht hatte, führte er dies oft auf den Empfangenden zurück: »Dein Glaube hat dich geheilt.« Von Nathanael sagte er, er sei »ein aufrichtiger Mensch, ein wahrer Israelit«. Und von Johannes dem Täufer sagte er, es sei kein Größerer von einer Frau geboren worden. Dem impulsiven Petrus gab er den Namen »der Fels«. Als eine anhängliche Frau ihm ihre Verehrung deutlich zeigen wollte und deshalb von anderen angegriffen wurde, verteidigte Jesus sie und versicherte, ihre Großzügigkeit werde niemals in Vergessenheit geraten.

Die Evangelien zeigen, dass Jesus bei Begegnungen schnell eine persönliche Beziehung zu den Menschen aufbauen konnte. Ob er nun mit einer Frau am Brunnen sprach, einem religiösen Führer in einem Garten oder einem Fischer an einem See, er kam unmittelbar auf den zentralen Punkt der jeweiligen Angelegenheit zu sprechen und schon nach wenigen Sätzen offenbarten diese Menschen Jesus ihre bestgehüteten Geheimnisse. In jener Zeit wahrte man Rabbinen oder »heiligen Männern« gegenüber in der Regel eine ehrfürchtige Distanz. Doch Jesus entlockte den Menschen etwas anderes – eine Sehnsucht, die so tief war, dass sie sich um ihn drängten, nur um ihn zu berühren.

Jesus richtete sich nicht mechanisch nach einer »To-do«-Liste. Ich glaube, er würde unsere Vorliebe für Pünktlichkeit und sorgfältige Planung kaum schätzen. Er feierte Hochzeiten mit, die drei Tage dauerten. Er ließ sich von jedem »Dahergelaufenen« ablenken, ob nun von einer an Blutfluss leidenden Frau, die nur schüchtern seine Kleidung berührte, oder von einem blinden Bettler, der sich ihm aufdrängte. Zwei seiner beeindruckendsten Wunder (die Auferweckung von Lazarus und von Jairus' Tochter) geschahen, weil er zu spät kam, um die Kranken zu heilen.

Jesus war der Mann für andere, wie Bonhoeffer es einmal so treffend ausdrückte. Er hielt sich selbst frei, um für andere da zu sein. Er ließ sich von fast jedem zum Essen einladen, weshalb er wie kein anderer die unterschiedlichsten Freunde hatte. Unter ihnen befanden sich Reiche, etwa römische Zenturionen, und Pharisäer ebenso wie Zöllner, Prostituierte und Aussätzige. Menschen waren *gerne* mit Jesus zusammen: Wo er war, war Freude.

Und doch, obwohl diese Eigenschaften auf das hinweisen, was Psychologen Selbstverwirklichung nennen, sprengt Jesus auch dieses Schema. Er entspreche, schrieb C. S. Lewis, nicht im Geringsten dem Bild der Psychologen von einem integrierten, ausgeglichenen, angepassten, glücklich verheirateten, arbeitenden Normalbürger. Man könne jemanden, den die Welt für besessen hielt und den sie schließlich an ein Kreuz nagelte, wohl kaum als »angepasst« bezeichnen.

Wie die meisten seiner Zeitgenossen wäre auch ich angesichts dieser seltsamen Kombination – extravagante Forderungen aus dem Mund eines so gewöhnlich aussehenden Juden – sicherlich skeptisch gewesen. Er behauptete, Gottes Sohn zu sein, und doch aß und trank er wie alle anderen, wurde sogar müde und war einsam. Was für ein Wesen war er?

In gewisser Weise schien Jesus sich hier auf der Erde »zu Hause« zu fühlen, und in anderer Hinsicht doch unweigerlich fremd. Ich denke etwa an die Begebenheit, als er als Heranwachsender in Jerusalem verschwand und seine Mutter ihm Vorwürfe machte. Die knappe Wiedergabe der wohl typischen Frage einer jüdischen Mutter, »Kind, wie konntest du uns nur so etwas antun?«, wird der Situation wahrscheinlich nicht ganz gerecht. Schließlich wussten seine Eltern drei Tage lang nicht, wo er war. »›Warum habt ihr mich gesucht?‹ erwiderte Jesus. ›Ihr hättet doch wissen müssen, dass ich dort sein muss, wo es um Gottes Sache geht.‹« Schon zu diesem Zeitpunkt trennte eine Kluft, der Loyalitätskonflikt, Jesus und seine Familie.

Auf einem Planeten, wo freier Wille und Auflehnung regierten, muss Jesus sich oft fremd gefühlt haben. Zu solchen Zeiten zog er sich zurück und betete, so als müsse er reinen Sauerstoff einatmen, um auf dieser verschmutzten Erde überleben zu können. Aber er bekam nicht immer vorgefertigte Antworten auf seine Gebete. Lukas berichtet, dass er die ganze Nacht betete, bevor er seine Jünger auswählte – und trotzdem befand sich ein Verräter unter ihnen. In Gethsemane betete er darum, dass der Leidenskelch an ihm vorübergehen möge, was aber, wie wir wissen, nicht geschah. Diese Szene im Garten zeigt einen Mann, der ganz entschieden nicht »zu Hause« war. Und doch widersteht er der Versuchung, sich mit übernatürlicher Hilfe zu retten.

Eine Begebenheit in den Evangelien fügt, wie ich finde, beide Seiten Jesu zusammen. Eines Tages kam ein Sturm auf dem See Genezareth auf und brachte das Boot, in dem Jesus schlief, fast zum Kentern. Er richtete sich auf, schrie in den Wind und die Gischt: »Sei still!

Schweige!« Die Jünger waren erschrocken. Was war das für ein Mensch, der das Wetter wie ein ungezogenes Kind zur Räson brachte?

Diese Demonstration von Macht inmitten des Sturms half den Jüngern zu verstehen, dass Jesus nicht wie andere Männer war. Und doch weist es auch auf die Tiefen der Menschwerdung. »Gott ist verletzlich«, formulierte der Philosoph Jacques Maritain. Jesus war aus purer Erschöpfung eingeschlafen. Mehr noch, der Sohn Gottes war – abgesehen von dem einen Augenblick, in dem das Wunder schließlich geschah – selbst unter den Betroffenen: Auf den Schöpfer der Wolken regnete es, der die Sterne erschaffen hatte, litt unter der heißen und Schweiß treibenden Sonne Palästinas. Jesus unterwarf sich den Naturgesetzen auch dann, wenn sie für ihn von Nachteil waren (». . . wenn es möglich ist, so bewahre mich vor diesem Leiden«). Er lebte und starb nach den Regeln der Erde.

John Dominic Crossan beschreibt Jesus so:

> Er kommt, noch unbekannt, in einen Weiler in Untergaliläa. Die kalten, harten Augen der Bauern, die sich lange genug mit dem Lebensnotwendigen haben begnügen müssen, um genau zu wissen, wo die Armut aufhört und das Elend anfängt, beobachten ihn. Er sieht aus wie ein Bettler, doch vermisst man bei ihm den unterwürfig niedergeschlagenen Blick, die winselnde Stimme und den schlurfenden Gang des Bettlers. Er redet vom Reich Gottes, und wenn sie sich auch davon nicht viel versprechen, hören sie ihm doch zu, hauptsächlich wohl aus Neugier. Sie wissen Bescheid über Macht und Herrschaft, Imperien und Königreiche, aber was sie davon wissen, betrifft Steuern und Schulden, Hunger und Krankheit, Unterdrückung des Landmanns, dämonische Besessenheit. Was denn, so wollen sie wissen, haben das lahme Kind, die blinde Verwandte, die arme von einem Dämon gequälte Seele, die zwischen den Gräbern am Ortsrand ihre Verzweiflung herausschreit, von Gottes Reich zu hoffen?

Die Nachbarn Jesu fanden bald heraus, was er für sie tun konnte. Er heilte das lahme Kind und die blinden Eltern, er vertrieb Dämonen aus dem verwirrten Menschen, der zwischen den Gräbern lebte. Als Jesus immer mehr lehrte und Wunder tat, kratzten die Nachbarn sich am Kopf und fragten erstaunt: »Woher hat er diese Weisheit und die Kraft, Wunder zu tun? Er ist doch der Sohn eines Zimmermanns, und wir kennen Maria, seine Mutter . . .«

Zu Beginn seines Wirkens war Jesus etwa ein Jahr lang sehr beliebt und erfolgreich. Er lockte so viele Menschen an, dass er sich manchmal auf ein Boot flüchten musste. Natürlich waren es in erster Linie die Heilungen, mit denen er sich einen Namen machte. Die Juden, die daran glaubten, dass der Teufel Krankheiten verursachte und dass Gott deshalb durch heilige Männer eingreifen konnte, hatten eine lange Tradition von Wunderheilern. Jesus wusste offenbar, dass er Rivalen hatte, denn er wies seine Jünger an, diese nicht zu verdammen.

Ungefähr ein Drittel der Begebenheiten um Jesus in den Evangelien dreht sich um Heilungen. Mein journalistischer Instinkt hätte mich wahrscheinlich veranlasst, diese näher zu untersuchen. Ich hätte medizinische Berichte gewälzt und die Angehörigen derjenigen befragt, die ein Wunder erlebt haben wollten. Die Heilungen verliefen sehr unterschiedlich und zeigten kein durchgängiges Muster. Wenigstens einen Menschen heilte Jesus auf größere Entfernung, manche Heilungen erfolgten direkt, andere vollzogen sich allmählich, und in manchen Fällen musste der Betroffene bestimmten Anweisungen folgen.

Ich hätte bei Jesus eine eigenartig ambivalente Haltung gegenüber Wundern festgestellt. Zum einen heilte Jesus spontan bei menschlicher Not: Wenn er jemanden leiden sah, hatte er Mitgefühl und heilte denjenigen. Kein einziges Mal schlug er eine Bitte um Hilfe aus. Auf der anderen Seite ging Jesus mit seinen Fähigkeiten nicht hausieren. Er verurteilte »böse, gottlose Menschen«, die unbedingt Beweise sehen wollten, und er widerstand in der Wüste der Versuchung, Schauvorführungen zu geben. Markus berichtet von sieben Gelegenheiten, bei denen Jesus den Geheilten anwies, nicht darüber zu sprechen. In den Gegenden, wo niemand glaubte, tat Jesus keine Wunder.

Vermutlich hätte ich darüber spekuliert, was ein Mann mit solchen Fähigkeiten in Rom, Athen oder Alexandria hätte ausrichten können. Die Brüder Jesu schlugen vor, dass er sich zumindest auf Jerusalem als Hauptstadt Israels konzentrieren sollte. Jesus selbst bewegte sich jedoch lieber außerhalb des Rampenlichts. Da er Menschenmengen und der öffentlichen Meinung misstraute, hielt er sich meist in kleinen Städten von geringer Bedeutung auf.

Trotzdem nutzte Jesus die Wunder, die er vollbrachte, um den Menschen klarzumachen, wer er war. »Glaubt mir doch, dass der Vater und ich eins sind. Und wenn ihr schon meinen Worten nicht glaubt, dann glaubt doch meinen Taten«, sagte er zu seinen Jüngern. Als sein Vetter, Johannes der Täufer, im Gefängnis Zweifel bekam, ob Jesus wirklich der Messias war, gab Jesus den Anhängern des Täufers diese Nachricht mit auf den Weg: »Geht zu Johannes zurück und erzählt ihm, was ihr miterlebt habt: Blinde sehen, Gelähmte gehen, Leprakranke werden geheilt, Taube hören, Tote werden wieder lebendig, und den Armen wird die frohe Botschaft verkündet.«

Hätte ich Jesus für seine Zeitgenossen mit einem einzigen Begriff beschreiben müssen, hätte ich »Rabbi« oder »Lehrer« gewählt. Ich glaube, heutzutage gibt es nichts Vergleichbares zum Leben Jesu, zumindest nicht in den Vereinigten Staaten. Er hatte einen völlig anderen Stil als die modernen Massen-Evangelisten mit ihren Zelten und Stadien, mit ihren Vorbereitungsteams, Reklametafeln, Werbebrief-Kampagnen und elektronisch ausgefeilten Vorführungen. Und seine wenigen Anhänger hatten keine Zentrale, die alles organisierte. Sie zogen ohne erkennbare Strategie einfach von Stadt zu Stadt.

»Die Füchse haben ihren Bau, und die Vögel haben ihre Nester; aber der Menschensohn hat keinen Platz, an dem er ausruhen kann«, sagte Jesus. Hätten sie heute gelebt, in einer Zeit, die hart gegen Obdachlose durchgreift, dann hätte die Polizei Jesus und seine Jünger wahrscheinlich aufgegriffen und gezwungen weiterzuziehen. Damals gab es allerdings viele solcher Lehrer, die auf der Wanderschaft ihre Weisheiten weitergaben.

In Indien hatte ich die Gelegenheit, einmal mit eigenen Augen einen ähnlichen Lebensstil wie den von Jesus zu sehen. Dort folgen christliche Evangelisten der Tradition umherziehender Hindus und Buddhisten. Manche halten sich in Bahnhöfen auf und sprechen dort wartende Reisende an, ob sie etwas von Gott erfahren möchten. Andere wandern mit ihren Anhängern von einer Stadt zur nächsten. Oder man trifft sich mit anderen Gläubigen in *Aschrams*, um gemeinsam zu beten und die Bibel zu lesen.

Die Gruppe, die Jesus anführte, funktionierte ohne Zentrale oder Grundbesitz und offenbar auch ohne Ämter – abgesehen von dem des Schatzmeisters, das Judas innehatte. Finanziell kamen sie wahrscheinlich gerade so über die Runden. Um Geld für Steuern aufzutreiben, schickte Jesus Petrus fischen. Er lieh sich eine Münze, um sein Verhältnis zum Kaiser darzulegen. Und als er nicht zu Fuß reisen wollte, musste er sich einen Esel borgen. Als seine Jünger durch Getreidefelder gingen, ernährten sie sich von den Körnern und beriefen sich dabei auf das mosaische Gesetz, das den Armen dies erlaubte. Wenn Jesus mit einflussreichen Leuten wie Nikodemus oder dem reichen Jüngling zusammentraf, erweckte er nie den Eindruck, dass er sich ihrer bedienen wollte.

Wie sorgte Jesus für sich? In jener Zeit lebten Lehrer im Mittleren Osten von den Spenden ihrer Zuhörer. Lukas betont, dass einige Frauen, die Jesus geheilt hatte – darunter war auch die Frau des Finanzministers von Herodes! – ihn unterstützten. Es macht betroffen, dass einige dieser Frauen die lange, gefährliche Reise von Galiläa nach Jerusalem zum Passafest unternahmen und bei Jesus am Kreuz blieben, nachdem seine Jünger ihn verlassen hatten, die ihm doch eigentlich näher standen.

Allen Berichten zufolge muss Jesus ein sehr guter Lehrer gewesen sein – seine Worte zogen Menschen unweigerlich an und bewegten viele, ihm zu folgen. Seine nachhaltigsten Unterweisungen gab Jesus spontan als direkte Antwort auf eine Frage. Eine Frau hatte nacheinander sieben Männer: Wessen Frau wird sie im zukünftigen Leben sein? Soll man heidnischen Machthabern Steuern zahlen? Was muss ich tun, um das ewige Leben zu bekommen? Wer ist im Himmelreich der Größte? Wie kann ein alter Mann noch einmal geboren werden?

Jaroslav Pelikan erzählt von einem alten Rabbi, der von seinem Schüler gefragt wurde: »Warum formuliert ihr Rabbinen eure Lehren so oft als Fragen?« Worauf der Rabbi konterte: »Was hast du gegen Fragen?« Auch Jesus antwortete oft mit einer Frage, um so den Fragenden auf den entscheidenden Punkt zu bringen. Seine Antworten treffen den Kern der Frage und das Herz der Zuhörer. Ich glaube kaum, dass ich von einer Begegnung mit Jesus selbstzufrieden oder gar überheblich weggegangen wäre.

Die Gleichnisse Jesu hätten mich fasziniert, diese Vergleiche, die sozusagen sein Markenzeichen wurden. Seitdem haben Schriftsteller seine Fähigkeit bewundert, tiefe Wahrheiten durch alltägliche Geschichten zu vermitteln. Eine hartnäckige Frau erschöpft die Geduld eines Richters. Ein König stürzt sich in einen aussichtslosen Krieg. Eine Gruppe Kinder streitet sich auf der Straße. Ein Mann wird auf der Straße ausgeraubt und halbtot zurückgelassen. Eine ledige Frau verliert einen Pfennig und verhält sich so, als wäre dies ihr ganzer Besitz. In den Gleichnissen Jesu gibt es keine phantastischen Wesen und keine gewundenen Handlungsverläufe. Er beschreibt nur das alltägliche Leben um ihn herum.

Die Gleichnisse waren für Jesus der perfekte Weg, sein Anliegen zu vermitteln. Jeder hört gerne eine gute Geschichte, und das erzählerische Talent Jesu hielt die weitgehend ungebildete Gesellschaft von Bauern und Fischern in seinem Bann. Da man sich besser an Geschichten als an theoretische Ausführungen erinnert, dienten die Gleichnisse auch dazu, dass die Botschaft nicht verloren ging – noch Jahre später kamen den Menschen die Erzählungen in allen Einzelheiten wieder in den Sinn. Selbstverständlich kann man über die unendliche und grenzenlose Liebe Gottes auch in abstrakten Begriffen sprechen. Aber es ist etwas ganz anderes, wenn man von einem Mann berichtet, der sein Leben für seine Freunde einsetzt, oder von dem unglücklichen Vater, der jede Nacht den Horizont nach seinem eigenwilligen Sohn absucht.

Jesus kam »voller Gnade und Wahrheit« auf diese Erde – so steht es im Johannesevangelium, und diese Formulierung fasst seine Botschaft gut zusammen. Zunächst die Gnade: Im Gegensatz zu denjenigen, die den Glauben komplizierter machen wollten und ihn in Gesetzlichkeit erstarren ließen, predigte Jesus die einfache Botschaft von Gottes Liebe. Ohne ersichtlichen Grund – jedenfalls bestimmt nicht, weil wir es verdient hätten – hat Gott beschlossen, uns seine Liebe zu schenken, ohne Bezahlung, ohne Verpflichtung, sozusagen »aufs Haus«.

In einer zeitgenössischen rabbinischen Erzählung geht ein Bauer in die Stadt, um dort Aushilfskräfte für die Ernte einzustellen. Der Tag schreitet fort und noch um die elfte Stunde engagiert er die letzten Arbeiter, die nur noch eine Stunde lang beweisen können, was in ihnen steckt. In der bekannten Version dieser Geschichte strengen sich die spät Dazugekommenen so sehr an, dass der Vorarbeiter sie dafür mit einem ganzen Tageslohn belohnen will. Jesus geht in seiner Version jedoch gar nicht auf den Fleiß der Arbeiter ein. Er hebt nur die Großzügigkeit des Arbeitgebers – das heißt Gottes – hervor, der seine Barmherzigkeit Veteranen und Neulingen gleichermaßen zukommen lässt. Niemand wird betrogen, aber jeder wird belohnt, weit über das hinaus, was man verdient hätte.

Trotz dieser Betonung der Gnade Gottes konnte niemand Jesus vorwerfen, er würde die Heiligkeit Gottes verwässern. Ich wäre sicherlich über die Wahrheit, die Jesus verkündigte, gestolpert. Diese Wahrheit war kompromissloser als die Lehren der strengsten Rabbinen jener Zeit. Die anderen Lehrer waren bemüht, der Gesellschaft keine Auflagen zu machen, die nicht von der Mehrheit der Menschen erfüllt werden konnten. Jesus war eine solche Zurückhaltung fremd. Er betrachtete Ärger bereits als Mord, Lust als Ehebruch und Neid als Diebstahl. »Ihr aber sollt so vollkommen sein wie euer Vater im Himmel«, forderte er und legte damit die Messlatte so hoch, dass niemand sie erreichen konnte.

Wie Elton Trueblood beobachtet hat, haben die wichtigsten Symbole, die Jesus verwendete, einen strengen, ja, sogar abstoßenden Charakter: das Joch der Last, der Kelch des Leidens, das Tuch des Dienens und schließlich das Kreuz der Hinrichtung. Jesus selbst riet denjenigen, die es wagen wollten, ihm nachzufolgen, vorher die »Kosten« zu überschlagen.

Der Rabbi Jacob Neusner, der weltweit als bedeutendster Kenner des Judentums der frühchristlichen Zeit gilt, behandelt in einem seiner fünfhundert Bücher, *Ein Rabbi spricht mit Jesus*, die Frage, wie wir auf Jesus reagiert hätten. Neusner achtet Jesus und das Christentum sehr und er gibt zu, dass ihn die Bergpredigt beeindruckt und bewegt. Sie hätte sein Interesse so gefesselt, sagt er, dass er sich vermutlich der Menge angeschlossen hätte, die Jesus begleitete und seine Weisheit in sich aufsog.

Letzten Endes, kommt Neusner dann zu dem Schluss, hätte er sich jedoch von dem Rabbi aus Nazareth getrennt. Dieser habe einen entscheidenden Schritt getan, und zwar in die falsche Richtung, als er sich von dem »Wir« der jüdischen Gemeinschaft zu dem subjektiven »Ich« gewandt habe. Neusner konnte den Schritt von der Thora zu Jesus als ausschlaggebende Autorität nicht vollziehen. Es gehe dabei gar nicht um die Lehre, sondern um die Person Jesu. Zuletzt habe Jesus verlangt, was nur Gott verlangen könne. Ehrfürchtig wendet Neusner sich ab, unfähig diesen Sprung im Glauben zu machen.

Neusner hat Recht, wenn er sagt, dass die Lehre Jesu nicht in das Schema anderer Rabbinen passt, geschweige denn in das Bild umherziehender Lehrer wie Konfuzius oder Sokrates. Er suchte weniger die Wahrheit, als dass er auf sie hinwies, indem er auf sich selbst hinwies. Matthäus formuliert es so: »Er lehrte sie mit Vollmacht und nicht wie ihre Schriftgelehrten.« Die Schriftgelehrten bemühten sich, keine eigene Meinung zu äußern, vielmehr stützten sie ihre Aussagen auf die Schrift und allgemein anerkannte Auslegungen. Jesus sagte seine persönliche Meinung und gebrauchte die Schrift als Kommentar. »Ihr habt gehört, dass es im Gesetz des Mose heißt . . . Doch ich sage euch . . .« tauchte wie ein Refrain immer wieder auf. *Er* war die Quelle, und wenn er sprach, machte er zwischen seinen und Gottes Worten keinen Unterschied. Seine Zuhörer verstanden genau, was das bedeutete, auch wenn sie es ablehnten. »Dieser Gotteslästerer!«, erbosten sie sich.

Furchtlos, wie er war, wich Jesus keinem Konflikt aus. Er nahm es mit jedem Zwischenrufer oder Spötter auf. Einmal löste er eine Menge auf, die eine Ehebrecherin steinigen wollte. Ein anderes Mal kehrten Wachen, die ihn dingfest machen wollten, mit leeren Händen in den Tempel zurück. »Noch nie hat ein Mensch so geredet wie dieser Mann!«, sagten sie, von seiner Ausstrahlung beeindruckt. Jesus erteilte selbst Dämonen Befehle: »Schweig und verlass den Mann!« Oder: »Ich befehle dir, verlass dieses Kind und kehre nie wieder zu ihm zurück!« Interessanterweise erkannten die Dämonen ihn immer als »Gottes Gesandten« oder »Sohn des Höchsten« – nur Menschen stellten seine Identität in Frage.

Die Aussagen Jesu über sich und seinen Vater (ich und der Vater sind eins; ich kann Sünden vergeben; ich werde den Tempel in drei Tagen aufbauen) waren beispiellos und brachten ihm ständig Ärger ein. Seine Lehre war so sehr mit seiner Person verknüpft, dass viele seiner Worte ihn nicht hätten überdauern können. Die großen Ansprüche starben mit ihm am Kreuz. Die Jünger, die ihm gefolgt waren, kehrten zu ihrem vorherigen Leben zurück, während sie traurig murmelten: »Dabei hatten wir gehofft, dass er der von Gott verheißene Retter ist, der Israel befreien sollte.« Erst die Auferstehung machte den Verkünder der Wahrheit zu dem Verkündigten.

Ich habe mich einmal an den Rand der Menge um Jesus gestellt, als ein aufrichtig Suchender, der zwar von dem Rabbi fasziniert ist, aber dem es widerstrebt, sich auf ihn einzulassen. Wenn ich nun mein Interesse von Jesus auf die Menschen um mich herum richte, kann ich unterschiedliche Zuschauer ausmachen, die ihn in konzentrischen Kreisen umgeben.

Am weitesten entfernt, im äußersten Kreis, befindet sich das gemeine Volk – Neugierige und solche, die wie ich versuchen, Jesus zu begreifen. Die bloße Anwesenheit dieser Leute ist ein Schutz für Jesus. »Alle Welt rennt ihm hinterher!«, murren seine Feinde und zögern deshalb, ihn zu verhaften. Gerade in jenen frühen Tagen warteten jüdische Patrioten darauf, dass Jesus eine Rebellion gegenüber Rom ankündigen würde. Mir fällt auf, dass Jesus nie direkt auf diese äußere Gruppe eingeht. Und doch predigt er ihnen. Das allein unterscheidet ihn schon von den Essenern oder anderen Gruppierungen, bei deren Treffen nur Eingeweihte dabei sein durften.

Etwas näher bei Jesus lässt sich eine Gruppe von etwa hundert aufrichtigen Anhängern ausmachen. Viele dieser Reisegefährten sind nach der Gefangennahme von Johannes dem Täufer dazugestoßen. Johannes' Jünger klagten darüber, dass »alle« zu Jesus übergelaufen seien. Jesus, dem an Popularität nichts liegt, wendet sich mit seinen Kommentaren nicht an die Massen, sondern an die aufrichtig Suchenden. Er führt sie zu einem immer tiefer gehenden Engagement mit energischen Worten, die jeden innehalten lassen. Man kann nicht zwei Herren dienen, sagt er. Hör auf, Reichtum und die Vergnügungen der Welt zu lieben. Verleugne dich selbst. Diene anderen. Nimm dein Kreuz auf dich.

Dieser letzte Satz ist keine leere Metapher. Die Römer hängten als abschreckendes Beispiel für die Juden die schlimmsten Verbrecher entlang den Straßen von Palästina auf. Welchen Eindruck mag also diese »Aufforderung« auf seine Nachfolger gemacht haben? Wollte er eine Prozession von Märtyrern anführen? Es sah zumindest so aus. Einen Satz wiederholte Jesus immer wieder: »Wer sich an sein Leben klammert, der wird es endgültig verlieren. Wer es aber für mich einsetzt, der wird ewig leben.«

Der engste Kreis von Anhängern, bestehend aus den zwölf Jüngern, brüstete sich, ein solches Opfer gerne zu bringen. Darauf erwiderte Jesus: »Könnt ihr denn das schwere Leiden ertragen, das auf mich wartet?« Und in ihrer Naivität beharren sie darauf: »Jawohl, das können wir.«

Manchmal frage ich mich, ob ich gerne zu den Zwölfen gehört hätte. Aber die Frage stellt sich eigentlich gar nicht. Anders als andere Rabbinen hatte Jesus den engsten Kreis seiner Jünger sorgfältig selbst ausgesucht, anstatt sich von ihnen wählen zu lassen. Die Anziehungskraft Jesu war so groß, dass sie nach wenigen Sätzen von ihm ihre Arbeit und ihre Familie verließen, um ihm zu folgen. Zwei Brüderpaare – Jakobus und Johannes und Petrus und Andreas – arbeiteten zusammen als Fischer. Als er sie zu sich rief, ließen sie alles stehen und liegen (paradoxerweise, nachdem Jesus ihnen den größten Fang aller Zeiten verschafft hatte). Alle außer Judas Iskariot kamen aus Galiläa, der Heimatprovinz Jesu. Judas stammte aus Judäa, woran deutlich wird, wie weit sich der Ruf Jesu im ganzen Land verbreitet hatte.

Mich hätte die seltsame Zusammensetzung der Zwölf verwirrt. Der Zelot Simon gehörte zu der Partei, die sich Rom energisch widersetzte, wohingegen Matthäus als Zolleinnehmer dem König, der Marionette Roms unterstand. Aber Gelehrte wie Nikodemus oder reiche Grundbesitzer wie Josef von Arimathäa gehörten nicht zu den Jüngern. Man muss sehr gründlich suchen, um in dieser Gruppe irgendwelche Führerqualitäten zu entdecken.

In meinen Augen zeichnen sich die Jünger eigentlich nur durch ihre offenkundige Begriffsstutzigkeit aus. »Versteht ihr das denn auch nicht?«, fragte Jesus sie, oder: »Wie lange muss ich noch bei euch sein und euch ertragen?« Während er versucht, ihnen dienende Leiterschaft beizubringen, zanken sie sich, wer von ihnen die beste

Position verdient hat. Ihr Kleinglaube bringt Jesus zur Verzweiflung. Nach jedem Wunder quengeln sie schon begierig nach dem nächsten. Ob er wohl fünftausend Menschen speisen konnte – oder wenigstens viertausend? Die meiste Zeit trennt ein Nebel des Unverständnisses die Jünger von Jesus.

Warum investiert Jesus so viel in diese offensichtlichen Versager-Typen? Für die Antwort ziehe ich Markus' Bericht heran, der auf die Motive Jesu für die Auswahl der Jünger eingeht: »Sie sollten ständig bei ihm bleiben und von ihm lernen. Er wollte sie mit dem Auftrag aussenden, die Heilsbotschaft zu predigen.«

Sie sollten ständig bei ihm bleiben. Jesus machte keinen Hehl daraus, dass er einsam und von anderen Menschen abhängig war. Er ernannte die Jünger nicht zu seinen Dienern, sondern zu Freunden. Er teilte mit ihnen Augenblicke der Freude und des Kummers, fragte in Notzeiten nach ihnen. Sie waren seine Familie, wurden für ihn wie Mutter, Schwestern und Brüder. Sie gaben für ihn alles auf, ebenso wie er alles für sie aufgab. Er liebte sie schlicht und ergreifend.

Er wollte sie aussenden. Von Anfang an, als er seine erste Einladung an die Zwölf aussprach, dachte Jesus daran, was eines Tages auf Golgatha passieren würde. Er wusste, dass seine Zeit auf der Erde kurz war, und der Erfolg hing nicht davon ab, was er in diesen Jahren erreichte, sondern davon, was die Zwölf – bzw. Elf, aus denen bald Tausende und dann Millionen werden sollten – machen würden, nachdem er gegangen war.

Seltsam, wenn ich aus heutiger Sicht auf die Zeit Jesu sehe, macht mir gerade die Gewöhnlichkeit der Jünger Hoffnung. Offenbar wählt Jesus seine Nachfolger nicht wegen ihres angeborenen Talents, ihrer Fähigkeit, Vollkommenheit zu erlangen oder ihrem Potenzial zu besonderer Größe. Auf der Erde umgab er sich mit ganz normalen Menschen, die ihn nicht verstanden, denen es an geistlicher Reife fehlte, und die sich manchmal wie ungezogene Schulkinder aufführten. Drei seiner Nachfolger, Jakobus, Johannes und Petrus, musste Jesus besonders zurechtweisen – und doch wurden zwei davon die herausragendsten Führer der frühen Christen.

Ich habe wirklich den Eindruck, dass Jesus lieber mit wenig Erfolg versprechenden Neulingen arbeitet. Als Jesus einmal zweiundsiebzig Jünger auf eine Übungsmission geschickt hatte, freute er sich über ihre Erfolge. Keine andere Stelle in den Evangelien zeigt ihn so überschäumend: »Erfüllt vom Heiligen Geist, betete Jesus nun voller Freude: ›Mein Vater, Herr über Himmel und Erde! Ich danke dir, dass du die Wahrheit vor denen verbirgst, die sich für klug halten; aber den Unwissenden hast du sie enthüllt. Ja, Vater, das war deine Absicht.‹« Mit ganz gewöhnlichen Menschen gründete Jesus seine Kirche, die seitdem immer weiter wächst.

S. 86: *Lentulus:* Vgl. Sherwood Wirt, *Jesus, Man of Joy.* Nashville, 1991.

S. 87: *»Fresser und Säufer«:* Lukas 7,34

S. 87: *»Wie können die . . .«:* Markus 2,19 (LÜ)

S. 88: *»Viele waren entsetzt, . . .«:* Jesaja 52,14; 53,2-3

S. 88: *Johannes der Täufer:* Johannes 1,33

S. 89: *»Ich zerbreche beinahe . . .«:* Matthäus 26,38

S. 89: *»Dein Glaube . . .«:* Matthäus 9,22

S. 89: *»ein aufrichtiger Mensch, . . .«:* Johannes 1,47

S. 90: *Lewis:* C. S. Lewis, *Was man Liebe nennt.* Basel, Gießen, 1987.

S. 91: *»Kind, wie konntest . . .«:* Lukas 2,48-49

S. 91: *»Sei still!«:* Markus 4,39

S. 92: *Maritain:* Zitiert nach John S. Dunne, *The Church of the Poor Devil.* New York, 1982.

S. 92: *»Wenn es möglich ist, . . .«:* Matthäus 26,39

S. 92: *Crossan:* John Dominic Crossan, *Der historische Jesus.* München, 2. Aufl., 1995.

S. 93: *»Woher hat er . . .«:* Matthäus 13,55.

S. 93: *»böse, gottlose Menschen«:* Matthäus 12,39

S. 94: *»Glaubt mir doch, . . .«:* Johannes 14,11

S. 94: *»Geht zu Johannes . . .«:* Matthäus 11,4-5

S. 94: *»Die Füchse haben . . .«:* Matthäus 8,20

S. 96: *Pelikan:* Jaroslav Pelikan, *Jesus Christus.*

S. 97: *»voller Gnade . . .«:* Johannes 1,14 (LÜ)

S. 98: *»Ihr aber sollt . . .«:* Matthäus 5,48

S. 98: *Trueblood:* Elton Trueblood, *The Yoke of Christ.* Waco, 1958.

S. 98: *»Kosten«:* Lukas 14,28

S. 98: *Neusner:* Jacob Neusner, *Ein Rabbi spricht mit Jesus. Ein jüdisch-christlicher Dialog.* München, 1977.

Teil II

Warum er kam

6
Die Seligpreisungen: Glücklich sind die Unglücklichen

Die Bergpredigt verfolgte mich in meiner Jugend. Ich schwor feierlich, so »wie Jesus zu handeln« und las dann Matthäus 5-7 als Anleitung. Aber was soll man mit solchen Ratschlägen machen! Sollte ich mich nach einem feuchten Traum selbst verstümmeln? Sollte ich mich von den Motorrad-Rowdies in der Schule bereitwillig vertrimmen lassen? Sollte ich meine Zunge herausreißen, wenn ich meinem Bruder Schimpfwörter an den Kopf geworfen hatte?

Einmal war ich so überzeugt, von materiellen Dingen abhängig zu sein, dass ich einem Freund meinen wertvollsten Besitz, meine Sammlung von mehr als tausend Baseball-Sammelkarten, schenkte. Anstelle einer göttlichen Belohnung für diesen Verzicht musste ich die himmelschreiende Ungerechtigkeit miterleben, dass mein Freund die komplette Sammlung mit ungeheurem Gewinn verkaufte. »Glücklich sind, die deshalb verfolgt werden, weil sie Gottes Willen tun«, tröstete ich mich.

Doch auch jetzt, wo ich erwachsen bin, habe ich noch ein Problem mit der Bergpredigt. Ich habe schon manches Mal überlegt, sie als rhetorische Übertreibung abzutun, aber je mehr ich mich mit Jesus beschäftige, desto deutlicher muss ich erkennen, dass die Aussagen genau im Zentrum seiner Botschaft stehen. Wenn ich diese Predigt nicht begreife, kann ich auch Jesus nicht verstehen.

Jesus hielt diese berühmte Predigt, als seine Popularität auf dem Höhepunkt war. Menschenmengen folgten ihm, wohin er auch ging, besessen von einer einzigen Frage: *Ist der Messias nun endlich gekommen?* In dieser außergewöhnlichen Situation verzichtete Jesus auf seine gewohnten Gleichnisse und lieferte seinen Zuhörern stattdessen eine durchdachte »Philosophie des Lebens« – als würde ein Präsidentschaftskandidat sein neues Grundsatzprogramm enthüllen. Und was für ein Grundsatzprogramm!

Als ich in meinem Seminar in der *Lasalle Street Church* die Seligpreisungen durchnehmen wollte, sah ich mir wie gewohnt zunächst die Jesus-Filme an. Da ich das mit fünfzehn Kinofilmen durchexerzierte, verbrachte ich jede Woche sehr viel Zeit damit, die entsprechenden Szenen zu finden. Oft musste ich warten, bis der Videorekorder im Schnelllauf zu den betreffenden Stellen kam. Um mir diese Zeit zu verkürzen, ließ ich gleichzeitig den Nachrichtensender CNN im Fernseher laufen. Während der Rekorder z.B. zu der 8-Minuten-20-Sekunden Stelle in Cecil B. DeMilles *König der Könige* spulte, sah ich die aktuellen Nachrichten der ganzen Welt. Dann drückte ich auf die Starttaste des Videogerätes und schon war ich im Palästina des ersten Jahrhunderts.

In der Woche des Jahres 1991, in der ich die Seligpreisungen durchnahm, geschah eine Menge auf der Welt. In einer Bodenoffensive, die weniger als hundert Stunden dauerte, bezwangen die alliierten Truppen im Golfkrieg den Irak. Wie die meisten Amerikaner konnte ich nicht begreifen, dass dieser gefürchtete Krieg so schnell vorüber sein sollte, noch dazu mit so wenigen Verletzten auf amerikanischer Seite. Während der Videorekorder im Hintergrund surrend die Zelluloidbilder von Jesus durchsuchte, erklärten mehrere Kommentatoren anhand von Karten und Tabellen auf dem Bildschirm, was in Kuwait passiert war. Und dann kam General Schwarzkopf.

CNN kündigte eine Programmänderung an: Sie wollten die Pressekonferenz, die am Morgen danach stattfand, mit dem Befehlshaber der alliierten Truppen live übertragen. Eine Zeit lang versuchte ich noch, meinen Unterricht weiter vorzubereiten. Ich sah fünf Minuten von Pasolinis Film, wie Jesus die Seligpreisungen aussprach, dann einige Minuten mit General Schwarzkopfs Darstellung, wie sich die alliierten Truppen Kuwait-Stadt näherten. Bald gab ich den Videorekorder ganz auf, denn Schwarzkopf beim Angriff war zu fesselnd. Er berichtete von seinem »Endspurt« gegen die irakische Elitetruppe, die Republikanische Garde, von einem Ablenkungsmanöver auf See, von dem ungehinderten Marsch der alliierten Truppen auf Bagdad. Er dankte den Kuwaitis, den Briten, den Saudis und allen Beteiligten der multinationalen Streitmacht. Schwarzkopf war von seiner Mission überzeugt und ungeheuer stolz auf seine Soldaten, die den Auftrag ausgeführt hatten. Er gab eine Glanzvorstellung. Ich dachte: *Dieser Mann ist genau der Richtige, um einen Krieg zu führen.*

Die Konferenz war beendet, CNN schaltete zur Werbung und ich wandte mich wieder meinen Videobändern zu. Max von Sydow, ein blonder, blässlicher Jesus, gab eine unglaubwürdige Interpretation der Bergpredigt in dem Film *Die größte Geschichte aller Zeiten:* »Selig – sind – die – geistlich – Armen –, denn – ihrer – ist – das Himmelreich«, intonierte er langsam mit starkem skandinavischem Akzent. Ich musste mich nach General Schwarzkopfs Presseauftritt erst wieder an das gemächliche Tempo des Films gewöhnen, und so dauerte es einige Sekunden, bis mir die Ironie klar wurde: Ich hatte gerade die Umkehrung der Seligpreisungen gesehen!

Selig sind die Starken, das war die Botschaft des Generals. Selig sind die Triumphierenden. Selig ist die Armee mit ausreichenden Mitteln für ausgeklügelte Bomben und Abwehrraketen. Selig sind die Befreier, die erobernden Soldaten.

Dieses bizarre Nebeneinander der beiden Reden ließ mich ahnen, welchen Schock die Bergpredigt bei dem ursprünglichen Publikum, bei den Juden im Palästina des ersten Jahrhunderts, ausgelöst haben muss. Statt General Schwarzkopf hatten sie Jesus. Und dieser gab dem unterdrückten Volk, das sich nach Befreiung von der römischen Herrschaft sehnte, bestürzende und unerwünschte Ratschläge. Wenn dich ein feindlicher Soldat ohrfeigt, halte ihm noch deine andere Wange hin. Freu dich über Verfolgung. Sei dankbar für Armut.

Die Irakis, die auf dem Schlachtfeld geschlagen wurden, rächten sich niederträchtig, indem sie die kuwaitischen Ölfelder in Brand setzten; aber Jesus ermahnte ausdrücklich, keine Rache zu nehmen, sondern die Feinde zu lieben. Wie lange konnte ein Königreich, das auf solchen Prinzipien basierte, gegen Rom bestehen?

»Glücklich sind die Ausgebombten und die Obdachlosen«, hätte Jesus genauso sagen können. »Selig sind die Verlierer und die, die ihre gefallenen Kameraden betrauern. Selig sind die Kurden, die nach wie vor unter der irakischen Herrschaft leiden.« Jeder Kenner des Griechischen kann bestätigen, dass das Wort »selig« viel zu zurückhaltend und zu himmlisch beglückt klingt für die schlagende Kraft, die Jesus im Kopf hatte. Der griechische Begriff ist so etwas wie ein kurzer Freudenaufschrei: »Mensch, was hast du nur für ein Glück!« Eigentlich sagte Jesu: »Was für ein Glück haben die Unglücklichen!«

Ein paar Jahre nach dem Golfkrieg bekam ich eine Einladung ins Weiße Haus. Präsident Bill Clinton wollte sein geringes Ansehen unter evangelikalen Christen verbessern und lud zwölf Vertreter zu einem inoffiziellen Frühstück ein, um unsere Anliegen zu hören. Jeder von uns hatte genau fünf Minuten, um das zu sagen, was der Präsident und der Vizepräsident seiner Meinung nach wissen sollten. Mir schoss die Frage durch den Kopf: »Was hätte Jesus zu einer solchen Gelegenheit gesagt?« Erschreckend wurde mir bewusst, dass Jesus nur ein einziges Mal mit politischen Machthabern zusammentraf und da waren seine Hände gefesselt und sein Rücken blutverschmiert. Das Verhältnis zwischen Kirche und Staat ist seitdem belastet.

Ich nahm mir die Seligpreisungen vor und wieder durchfuhr mich ein Schrecken. Was wäre, wenn ich sie auf heutige Verhältnisse übertrüge:

Mr President, zunächst möchte ich Ihnen raten, sich keine Sorgen über die Wirtschaft und die Arbeitsstellen zu machen. Ein niedrigeres Bruttosozialprodukt käme dem Land zugute. Verstehen Sie denn nicht, dass die Armen sich glücklich nennen können? Je mehr Arme wir in den USA haben, desto gesegneter sind wir. Ihnen gehört das Himmelreich.

Verwenden Sie auch nicht so viel Zeit auf das Gesundheitswesen. Sehen Sie, *Mr President*, die Trauernden sind ebenfalls gesegnet, weil sie getröstet werden.

Ich weiß, dass Sie von der wachsenden Säkularisierung in unserem Land gehört haben. Das Schulgebet ist abgeschafft worden, Protestierende gegen Abtreibung werden verhaftet. Nur die Ruhe bewahren, *Sir*. Unterdrückung seitens der Regierung bedeutet, dass Christen verfolgt werden und somit gesegnet sind. Ich möchte Ihnen für diese erweiterten Möglichkeiten danken.

Diese Ansprache an Präsident Clinton habe ich nicht gehalten, weil ich es schließlich doch vorzog, die unmittelbaren Sorgen der amerikanischen Christen darzustellen. Aber nach dieser Erfahrung war ich noch verwirrter. Welche Bedeutung konnten die Seligpreisungen in einer Gesellschaft haben, die die Selbstsicheren, Zuversichtlichen und Reichen hochleben lässt? Selig sind die Glücklichen und die Starken – glauben wir. Selig sind, die nach Spaß hungern und dürsten, die sich nach dem Sieg sehnen.

Einige Psychologen und Psychiater im Gefolge von Sigmund Freud ziehen die Seligpreisungen als Beweis für die Unausgeglichenheit Jesu heran. Ein anerkannter britischer Psychologe führte bei einem Ärztekongress der *Royal Society of Medicine* aus:

Der Geist der Selbstaufopferung, von dem das Christentum durchdrungen ist und der eine so hohe Wertschätzung im religiösen Leben der Christen genießt, ist ein nur wenig abgemilderter Masochismus. Seinen stärksten Ausdruck findet er in den Lehren

Jesus Christi in der Bergpredigt. Darin werden die Armen, Sanft-mütigen und Verfolgten selig gepriesen. Wir werden ermahnt, nicht dem Bösen zu widerstehen, sondern dem Schlagenden auch noch die andere Wange hinzuhalten, denen Gutes zu tun, die uns hassen, und unseren Mitmenschen ihre Verfehlungen zu verge-ben. All dies ist reiner Masochismus.

Handelt es sich nun um Masochismus oder tiefe Weisheit? Wer da-rauf schnell eine Antwort parat hat, hat sich vermutlich noch nicht gründlich mit den Seligpreisungen beschäftigt.

Um es ganz unverblümt zu formulieren: Sind die Seligpreisungen wahr? Wenn dies der Fall ist, warum ermutigt die Kirche dann nicht zu Armut, Trauer, Sanftmut und Verfolgung, anstatt dagegen anzu-kämpfen? Worin liegt die wahre Bedeutung der Seligpreisungen, dieses geheimnisvollen ethischen Kernstücks der Lehre Jesu?

Wäre ich dabei gewesen, als Jesus die Seligpreisungen zum ersten Mal aussprach, wäre ich wahrscheinlich verwirrt oder aufgebracht, aber auf keinen Fall getröstet weggegangen. Fast zweitausend Jahre später habe ich noch immer Probleme, den Sinn dieser Predigt zu verstehen. Und doch stelle ich fest – besonders wenn ich an meine Teenager-Jahre von rasender Gesetzlichkeit zurückdenke –, dass sich mein Verständnis phasenweise entwickelt hat.

Ich bin noch nicht – und werde es vielleicht niemals sein – so weit zu verkünden: »Dies ist die wahre Bedeutung der Seligpreisungen.« Aber langsam erkenne ich sie als wichtige Wahrheiten. Für mich ha-ben sie wenigstens auf drei Ebenen Bedeutung.

Versprechungen für die Zukunft. In meiner ersten Annäherung begriff ich die Seligpreisungen als ein Beschwichtigungsmittel, das Jesus den Unglücklichen zuwarf: »Na ja, da ihr nun mal arm, krank und traurig seid, sage ich ein paar nette Sätze, damit ihr euch etwas bes-ser fühlt.« In dem Maße, wie mein Zynismus ab- und mein Vertrauen zunahm, betrachtete ich sie jedoch als echte Versprechen, die im Zentrum der Lehre Jesu standen.

Im Gegensatz zu Königen im Mittelalter, die den Menschen Münzen zuwarfen (oder zu Politikern, die heutzutage den Armen vor den Wahlen Versprechungen machen), hatte Jesus seinen Zuhörern beständige, ja, sogar ewige Belohnungen anzubieten. Jesus hatte als einziger Mensch auch »auf der anderen Seite« gelebt. Da er aus dem Himmel kam, musste er wissen, dass die Gewinne des himmlischen Königreichs die irdischen Widrigkeiten ohne weiteres aufwiegen. Die Traurigen werden getröstet *werden*, die auf Gewalt verzichten, *werden* die ganze Erde besitzen ... Jesus konnte mit Recht diese Versprechungen machen, denn er war gekommen, um Gottes Reich zu errichten, das ewig dauern würde.

Einen Sommer besuchte ich eine Gruppe von Wycliff-Bibelübersetzern in ihrem kargen Hauptquartier in der Wüste von Arizona. Viele hausten in Wohnmobilen, und das Haus, in dem wir uns trafen, war ein Betongebäude mit Metalldach. Mich beeindruckte die Hingabe, mit der diese qualifizierten Sprachwissenschaftler sich in abgelegenen Vorposten auf ein Leben in Armut und Entbehrung vorbereiteten. Ein Lied, das sie besonders gerne sangen, lautete: »So sende ich dich, um ohne Dank zu arbeiten, ohne Lohn zu dienen, ungeliebt, ungebeten, unbemerkt ...« Als ich ihnen so zuhörte, fiel mir auf, dass der Text nicht ganz zutreffend war. Diese Missionare hatten nicht vor, ohne Belohnung zu arbeiten. Es war eher so, dass sie die Entbehrungen auf sich nahmen, weil sie einen anderen Lohn in Aussicht hatten. Sie dienten Gott und vertrauten darauf, dass er es ihnen eines Tages vergelten würde – wenn nicht hier auf der Erde, dann in der Ewigkeit.

Morgens, bevor die Sonne zu hoch über den Hügeln stand, joggte ich dreckige Straßen entlang, die sich um Kakteen-Gruppen schlängelten. Aus Angst vor Klapperschlangen und Skorpionen behielt ich meist die Straße im Auge. Aber eines Morgens blickte ich auf einer mir neuen Strecke hoch und sah plötzlich eine Freizeitanlage, die wie eine Fata Morgana in der Sonne glitzerte. Ich lief darauf zu und entdeckte zwei Schwimmbäder, Aerobic-Räume, eine Aschenbahn, üppige Gärten, ein Baseballfeld, Fußballplätze und Pferdeställe. Die Anlage gehörte zu einer bekannten Klinik für Essstörungen, in der sich zahlreiche Filmstars und Sportler kurieren lassen. Die Klinik wandte das allerneuste Zwölf-Punkte-Programm an, hatte einen großen Mitarbeiterstab und kostete die Patienten dreihundert Dollar am Tag.

Langsam lief ich zu den bunt durcheinander gewürfelten Häusern des Wycliff-Stützpunktes zurück. Sie bildeten einen starken Kontrast zu der glänzenden Architektur der Klinik für Essgestörte. Die eine Einrichtung wollte Seelen retten und Menschen darauf vorbereiten, Gott hier und in der Ewigkeit zu dienen; die andere wollte Körper retten und Menschen ermöglichen, ihr Leben zu genießen. Es schien offensichtlich, welche Institution von der Welt mehr geschätzt wird.

In den Seligpreisungen würdigte Jesus Menschen, die in diesem Leben gerade nicht privilegiert sind. Den Armen, den Trauernden, den Sanftmütigen, den Hungernden, den Verfolgten, den geistlich Armen sicherte er zu, dass ihr Dienst nicht unvergolten bleiben würde. Sie sollten reichlich belohnt werden. C. S. Lewis schreibt dazu:

Wenn wir die geradezu schamlosen Verheißungen auf Belohnung und die phantastischen Belohnungen, die in den Evangelien verheißen werden, betrachten, scheint es, als müssten unsere Wünsche dem Herrn eher zu schwach als zu groß vorkommen. Wir sind halbherzige Geschöpfe, die sich mit Alkohol, Sex und Karriere zufrieden geben, wo uns unendliche Freude angeboten wird – wie ein unwissendes Kind, das weiter im Elendsviertel seine Schlammkuchen backen will, weil es sich nicht vorstellen kann, was eine Einladung zu Ferien an der See bedeutet.

Ich weiß, dass bei vielen Christen eine spätere Belohnung aus der Mode gekommen ist. Mein früherer Pastor Bill Leslie pflegte zu bemerken: »In dem Ausmaß, in dem Kirchen reicher und erfolgreicher werden, wechselt ihre Vorliebe bei Chorälen von ›Diese Welt ist nicht meine Heimat . . .‹ zu ›Dies ist meines Vaters Welt‹.« Zumindest in den Vereinigten Staaten, aber auch in anderen reichen Ländern, haben wir Christen uns so bequem eingerichtet, dass wir uns nicht mehr mit den niedrigen Verhältnissen identifizieren, die Jesus in den Seligpreisungen anspricht – dies mag auch erklären, warum eben diese Seligpreisungen in unseren Ohren so seltsam klingen.

Und doch wagen wir es nicht, wie C. S. Lewis uns erinnert, den Wert der späteren Belohnung abzustreiten oder gering zu achten. Man braucht sich nur die Liedtexte von amerikanischen Sklaven anzusehen, um den Trost des Glaubens zu erfassen: »Komm herunter, lieblicher Wagen, komm, um mich nach Hause zu bringen«; »Wenn ich in den Himmel komme, ziehe ich mein Kleid an und stoße Freudenschreie aus, die man überall in Gottes Himmel hören wird«; »Wir werden bald frei sein, wenn der Herr uns nach Hause ruft.« Hätten die Sklavenbesitzer diese Lieder für ihre Sklaven geschrieben, wäre das zynisch und unerträglich. Aber sie kommen aus den Mündern der Sklaven selbst, von Menschen, die hier auf der Erde wenig Hoffnung hatten, aber auf eine kommende Welt hofften. Ihre ganze Hoffnung war Jesus: »Niemand weiß, welches Leid ich gesehen habe, niemand weiß es außer Jesus«; »Ich werde all mein Leid auf Jesu Schultern legen«.

Ich tue die ewige Belohnung, wie sie die Seligpreisungen in Aussicht stellen, nicht mehr als leere Versprechung ab. Aber was bringt es, auf zukünftige Belohnung zu hoffen? Was nutzte es Terry Waite, als er hoffte, nicht lebenslang an einer Tür in einer dreckigen Beiruter Wohnung angekettet zu bleiben, sondern dass ihn eine Welt mit Familie, Freunden, Gnade, Liebe, Musik, Essen und guten Büchern erwartete, wenn er nur noch ein wenig durchhielt? Was brachte es den Sklaven zu glauben, dass Gott mit einer Welt, in der Menschen sich zu Tode arbeiteten und in der es Sklavenbesitzer mit Peitschen und Galgenstricken gibt, nicht zufrieden ist? An zukünftige Belohnung zu glauben, heißt daran zu glauben, dass Gott eines Tages Gerechtigkeit schaffen wird. Es bedeutet, darauf zu vertrauen, dass die

Stolzen eines Tages gestürzt und die Demütigen erhoben werden und dass die Hungrigen gesättigt werden.

Die Aussicht auf spätere Belohnung steht aber unserem jetzigen Engagement für Gerechtigkeit in diesem Leben nicht entgegen. Und doch ist es eine unumstößliche historische Tatsache, dass für die Sträflinge im sowjetischen Gulag, die Sklaven in Amerika und die Christen, die in den römischen Zwingern darauf warteten, den wilden Tieren vorgesetzt zu werden, die Aussicht auf Belohnung eine Quelle der Hoffnung und keine Schande war. Sie erhält am Leben. Sie erlaubt, trotz allem an Gott festzuhalten. Wie eine Glocke, die aus einer anderen Welt herüberklingt, ist die Zusage Jesu, dass entgegen allem Anschein nicht das Böse eine Zukunft hat, sondern nur das Gute.

Meine Frau Janet arbeitete früher mit älteren Bürgern in der Nähe einer Chicagoer Wohnsiedlung, die zu den ärmsten Gegenden der Vereinigten Staaten zählt. Ungefähr die Hälfte ihrer Klienten war weiß, die andere schwarz. Alle hatten harte Zeiten durchgemacht: zwei Weltkriege, die große Depression, soziale Umwälzungen. Alle waren über siebzig und lebten in dem Bewusstsein, dass sie bald sterben würden. Und doch fiel Janet ein frappierender Unterschied auf, wie Weiße und Schwarze mit dem Tod umgingen. Natürlich gab es einige Ausnahmen, aber in der Regel war es so: Viele Weiße wurden immer ängstlicher und besorgter. Sie beklagten sich über ihr Leben, ihre Familien und ihre schwindende Gesundheit. Die Schwarzen waren dagegen meist guter Dinge und verloren nicht den Mut, obwohl sie eigentlich noch mehr Anlass zu Verbitterung und Verzweiflung hatten.

Was war der Grund für diese unterschiedliche Einstellung? Janet kam zu dem Schluss, dass es an der Hoffnung lag, die in dem tiefen Glauben der Schwarzen an den Himmel wurzelte. Die besten Beispiele zeitgenössischer Vorstellungen vom Himmel kann man bei Beerdigungen von Schwarzen hören. Mit der ihnen eigenen Sprachgewandtheit beschreiben die Prediger das Leben dort so heiter und plastisch, dass die ganze Gemeinde möglichst schnell dort hinkommen möchte. Natürlich empfinden die Trauernden Schmerz, aber in angemessenem Maße: als eine Unterbrechung, einen vorübergehenden Rückschlag in einem Kampf, dessen Ausgang bereits feststeht.

Ich bin überzeugt, dass der Himmel für diese benachteiligten Heiligen, die trotz aller Schwierigkeiten in ihrem Leben gelernt haben, sich an und auf Gott zu freuen, mehr ein lang ersehntes Zuhause als ein unbekannter Ort sein wird. In ihrem Leben haben sich die Seligpreisungen bewahrheitet. Den Menschen, die gefangen sind in Schmerz, zerrütteten Familien, wirtschaftlichem Chaos, Hass und Furcht, verspricht Jesus eine Zeit, die viel länger dauert und wichtiger ist als die Zeit auf der Erde, eine Zeit in Gesundheit und Glück, Freude und Frieden. Eine Zeit der Belohnung.

Die große Umkehrung. Mit der Zeit lernte ich, die Belohnungen, die Jesus versprochen hat, zu achten, ja, mich sogar danach zu sehnen. Aber diese Belohnungen lagen irgendwo in der Zukunft und Versprechungen für die Zukunft befriedigen nicht die gegenwärtigen Bedürfnisse. Inzwischen habe ich auch begriffen, dass die Seligpreisungen nicht nur die Zukunft, sondern auch die Gegenwart beschreiben. Sie zeigen auf, was für das Reich Gottes Bedeutung hat, im Gegensatz zu dem, was auf der Erde gefragt ist.

J. B. Phillips hat die Seligpreisungen, die in der Welt gelten, so wiedergegeben:

Glücklich sind die, die ihre Ellbogen einsetzen, denn sie kommen in dieser Welt vorwärts.
Glücklich sind die Abgebrühten, denn das Leben wird ihnen nichts anhaben können.
Glücklich sind die, die sich beschweren, denn sie werden bekommen, was sie wollen.
Glücklich sind die Arroganten, denn sie machen sich über ihre Sünden niemals Gedanken.
Glücklich sind die Sklaventreiber, denn sie erzielen Ergebnisse.

Glücklich sind die Wissenden dieser Welt, denn sie wissen, wie man seinen Weg macht.
Glücklich sind die Unruhestifter, denn ihre Mitmenschen nehmen von ihnen Notiz.*

Die moderne Gesellschaft beruht auf dem Grundsatz, dass der Stärkste überlebt. »Wer mit den meisten Spielzeugen stirbt, gewinnt«, heißt es auf einem Autoaufkleber. Das gilt auch für das Land mit den besten Waffen und dem höchsten Bruttosozialprodukt. Der Eigentümer der Basketballmannschaft *Chicago Bulls* fasste anlässlich der (zeitweiligen) Abdankung von Michael Jordan die herrschenden Regeln der sichtbaren Welt treffend zusammen. »Er lebt den amerikanischen Traum aus«, meinte Jerry Reinsdorf. »Und der besteht darin, dass man in seinem Leben den Punkt erreicht, wo man nicht mehr gezwungen ist, Dinge zu tun, die man nicht tun möchte, sich andererseits jedoch alles erlauben kann, was man will.«

Das mag der amerikanische Traum sein, aber es ist ganz bestimmt nicht die Vision, die Jesus in den Seligpreisungen ausführt. Die Seligpreisungen machen deutlich, dass Gott diese Welt mit ganz anderen Augen betrachtet. Es sieht ganz so aus, als ob Gott die Armen und Trauernden den Oberen Zehntausend oder den Supermodels vorzieht. Seltsamerweise mag Gott die Slums von Los Angeles lieber als die Villen am Strand von Malibu, und Ruanda lieber als Monte Carlo. Der Untertitel der Bergpredigt müsste wirklich »Triumph der Opfer« und nicht »Überleben der Stärksten« lauten.

Einige Begebenheiten in den Evangelien zeichnen ein anschauliches Bild von den Menschen, die Jesus beeindruckten. Eine Witwe, die ihre letzten beiden Münzen opferte. Ein unehrlicher Zolleintreiber, der auf einen Baum kletterte, um Jesus besser sehen zu können. Ein namenloses, nicht weiter beschriebenes Kind. Eine Frau mit fünf

---

* Anscheinend verwendete Jesus gebräuchliche Sprichwörter seiner Zeit und kehrte sie ins Gegenteil um. Walter Kasper schreibt, dass die griechischen und jüdischen Gelehrten einen Mann als gesegnet betrachteten, wenn er gehorsame Kinder, eine gute Frau, treue Freunde, Erfolg und so weiter hatte. Jesus gab diesen Maximen jedoch eine für die Zuhörer unerwartete Wendung.

gescheiterten Ehen. Ein blinder Bettler. Eine Ehebrecherin. Ein Aussätziger. Stärke, gutes Aussehen, Beziehungen und Kampfgeist führen vielleicht in unserer Gesellschaft zu Erfolg, aber diese Eigenschaften verwehren unter Umständen den Eintritt in das himmlische Königreich. Leid, Reue, das Angewiesensein auf andere, die Sehnsucht, sich zu ändern, sind vielmehr die Tore zu Gottes Reich.

»Selig sind, die geistlich arm sind«, hatte Jesus gesagt. Eine englische Auslegung überträgt dies mit »selig sind die Verzweifelten«. Da sie sich an keinen anderen wenden können, richten sich die Verzweifelten vielleicht an Jesus, der als Einziger vollbringen kann, wonach sie sich sehnen. Jesus glaubte wirklich, dass jemand, der geistlich arm ist, trauert, verfolgt wird, sich nach Gerechtigkeit sehnt, anderen gegenüber im »Vorteil« ist. Vielleicht, wirklich nur vielleicht, wird dieser Verzweifelte Gott um Hilfe bitten. Und wenn das geschieht, ist derjenige wirklich gesegnet.

Viele Theologen beschäftigen sich mit einem Phänomen, das sich im Alten und im Neuen Testament findet: Gottes Vorliebe für die Armen und Benachteiligten. *Warum sollte Gott die Armen anders behandeln als alle anderen?*, überlegte ich. Womit verdienen sie Gottes Zuwendung?

Die Autorin Monika Hellwig half mir, diese Frage zu beantworten. Sie zählt folgende »Vorteile« der Armen auf:

- Arme wissen, dass sie dringend erlöst werden müssen.
- Arme wissen, dass sie nicht nur von Gott und einflussreichen Menschen abhängig sind, ihnen ist auch bewusst, dass sie aufeinander angewiesen sind.
- Arme stützen ihre Sicherheit nicht auf Dinge, sondern auf Menschen.
- Arme nehmen sich selbst nicht so wichtig und haben kein übersteigertes Bedürfnis, sich zurückzuziehen.
- Arme erwarten wenig von Konkurrenz, dagegen viel von Zusammenarbeit.
- Arme können zwischen Luxus und Notwendigem unterscheiden.

- Arme können warten, denn sie sind geduldig, weil sie wissen, dass sie von anderen abhängig sind.
- Die Ängste von Armen sind realistischer und nicht so übertrieben, weil sie am eigenen Leib erfahren haben, dass man Leid und Mangel überleben kann.
- Wenn Arme das Evangelium hören, klingt es für sie wie eine gute Nachricht und nicht wie eine Drohung oder Rüge.
- Arme können das Evangelium mit einer gewissen Selbstaufgabe und ohne Vorbehalte annehmen, weil sie so wenig zu verlieren haben und zu allem bereit sind.

Die Armen befinden sich, ohne dass sie selbst es so gewollt hätten – sie mögen sich sogar sehnlichst das Gegenteil wünschen – in einer Lage, die für Gottes Gnade die ideale Voraussetzung ist. In ihrer Bedürftigkeit, ihrem Angewiesensein auf andere, ihrer Unzufriedenheit mit dem Leben ist ihnen vielleicht das Geschenk der Liebe Gottes willkommen. Als Übung nahm ich mir nochmals die Aufzählung von Monika Hellwig vor, ersetzte jedes »arm« durch »reich« und änderte jeden Satz in sein Gegenteil. »Reiche wissen nicht, dass sie dringend Vergebung brauchen ... Reiche verlassen sich nicht auf Menschen, sondern auf Dinge ...« Etwas Ähnliches macht Jesus übrigens in Lukas' Version der Seligpreisungen, aber diesem Abschnitt schenkt man weniger Aufmerksamkeit: »Doch wehe euch, ihr Reichen! Ihr habt euer Glück schon auf Erden genossen ...«

Dann probierte ich etwas, das viel bedrohlicher war: Ich setzte das Wort »ich« ein. Indem ich mir noch einmal jede einzelne der zehn Aussagen ansah, fragte ich mich, ob ich eher den Armen oder den Reichen ähnelte. Gestehe ich leicht meine Bedürfnisse ein? Mache ich mich gern von Gott oder anderen Menschen abhängig? Woran mache ich meine Sicherheit fest? Will ich lieber aus der Masse herausragen oder mit anderen zusammenarbeiten? Kann ich zwischen Notwendigem und Luxus unterscheiden? Bin ich geduldig? Klingen die Seligpreisungen für mich wie eine gute Nachricht oder wie Tadel?

Bei dieser Übung begriff ich, warum so viele Heilige freiwillig in die Armut gingen. Angewiesen sein auf andere, Demut, Einfachheit,

Zusammenarbeit und Sinn für Verzicht zahlen sich im geistlichen Leben aus. Aber dies können Reiche nur schwer bewerkstelligen. Vielleicht gibt es andere Wege zu Gott, aber sie sind sehr mühsam – so mühsam, als würde ein Kamel versuchen, sich durch ein Nadelöhr zu quetschen. In der großen Umkehrung von Gottes Reich gibt es nur sehr wenige wohlhabende Heilige.

Ich denke nicht, dass Arme tugendhafter sind (obwohl ich sie oft als mitfühlender und großzügiger erlebe), aber sie sind weniger in Gefahr, Tugendhaftigkeit vorzugeben. Sie besitzen nicht die Arroganz der gut Situierten, die ihre Schwierigkeiten hinter einer Fassade der Selbstgerechtigkeit verstecken. Sie sind auf andere angewiesen, weil sie gar keine andere Wahl haben; sie müssen sich in die Abhängigkeit anderer begeben, einfach um zu überleben.

Jetzt sehe ich die Seligpreisungen nicht mehr als herablassende Aussprüche, sondern als tiefgehende Einsichten in das Geheimnis der menschlichen Existenz. Gottes Reich kehrt das Unterste nach oben. Arme, Hungrige, Trauernde und Unterdrückte sind wirklich gesegnet. Und dies natürlich nicht aufgrund ihrer unangenehmen Situation – Jesus verbrachte viel Zeit damit, diesen Missständen abzuhelfen. Nein, sie sind es vielmehr aufgrund des unbewussten Vorteils, den sie gegenüber den Reichen und Selbstgerechten haben. Menschen, die wohlhabend, erfolgreich und schön sind, mögen hier gut durchs Leben kommen. Wer diese Vorteile nicht hat und somit wenig geeignet für das Reich dieser Erde ist, wird sich in seiner Not vielleicht an Gott wenden.

Menschen gestehen ihre Verzweiflung nur ungern ein. Aber wenn sie es tun, rückt das Himmelreich für sie ein Stück näher.

Psychologische Wirklichkeit. Erst vor kurzem habe ich eine dritte Ebene bei den Seligpreisungen entdeckt. Jesus hat uns nicht nur ein Ideal angeboten, um das wir uns – mit einer Belohnung in Aussicht – bemühen sollen. Er hat nicht nur die Werte der erfolgssüchtigen

Gesellschaft auf den Kopf gestellt. Er legte auch eine einfache Formel psychologischer Wahrheit vor, die tiefste Ebene von Wahrheit, die wir hier auf der Erde erlangen können.

Die Seligpreisungen eröffnen uns, dass das Gute im Reich Gottes uns auch in diesem Leben hier und jetzt zugute kommt. Ich brauchte Jahre, um das zu begreifen, und erst jetzt fange ich an die Seligpreisungen zu verstehen. Immer noch treffen sie mich, wenn ich sie lese, aber sie treffen mich, weil ich in ihnen eine Fülle entdecke, die meine eigene Armut offen legt.

Glücklich sind, die erkennen, wie arm sie vor Gott sind . . . Glücklich sind, die auf Gewalt verzichten. Wenn wir einmal genauer hinsehen, merken wir, dass die Menschen auf den Titelbildern der Hochglanzmagazine, die unser Ansehen genießen, denen wir nacheifern, nicht so erfüllt, glücklich und ausgeglichen sind, wie wir uns das vielleicht vorstellen.

Als Journalist habe ich immer wieder die Gelegenheit gehabt, sogenannte »Stars« zu interviewen, unter ihnen Sportgrößen, Schauspieler, Musiker, Bestsellerautoren, Politiker und Fernsehstars – alles Menschen, die die Medien beherrschen. Wir schleichen um sie herum und nehmen ihr Privatleben genau unter die Lupe: welche Kleidung sie tragen, was sie essen, welche Aerobic-Übungen sie machen, wen sie lieben, welche Zahnpasta sie benutzen. Und doch muss ich – jedenfalls nach meiner begrenzten Erfahrung – sagen, dass unsere sogenannten Idole die armseligsten Menschen sind, die mir jemals begegnet sind. Die meisten von ihnen haben zerrüttete oder zerbrochene Ehen hinter sich. Nahezu alle können ohne Psychotherapie nicht mehr leben. So paradox es klingen mag: Diese überlebensgroßen Helden scheinen von Selbstzweifeln geplagt zu sein.

Ich habe auch mit Menschen gesprochen, die ich als »Dienende« bezeichnen würde. Unter ihnen waren Ärzte und Krankenschwestern, die unter den Ausgestoßensten der Ausgestoßenen, den Lepra-Patienten im ländlichen Indien, arbeiten. Ein Princeton-Absolvent, der in Chicago ein Hotel für Obdachlose führt. Pflegekräfte, die hoch bezahlte Stellen aufgegeben haben, um in einem rückständigen Nest in Mississippi zu arbeiten. Sozialarbeiter in Somalia, Sudan, Äthiopien, Bangladesch und anderen Orten menschlichen Leidens. Oder die Sprachwissenschaftler, die ich in Arizona traf und die nun im Dschungel von Südamerika verstreut sind, um die Bibel in unbekannte Sprachen zu übersetzen.

Diese Dienenden konnte ich würdigen, bewundern und als positive Beispiele herausstellen. Beneiden konnte ich sie allerdings nicht. Aber wenn ich nun diese beiden Gruppen, die Stars und die Dienenden, nebeneinander stelle, zeigen sich die letzteren ganz deutlich als die Begünstigten, die Beschenkten. Ohne jede Frage würde ich lieber mit Dienenden zusammen sein als mit Stars. Sie haben eine besondere Tiefe, Fülle und auch Freude, wie ich sie sonst noch nirgendwo gefunden habe. Dienende arbeiten viele Stunden für wenig Geld und Beifall, sie »verschwenden« scheinbar ihre Talente und Fertigkeiten an Arme und Ungebildete. Und doch finden sie sich selbst, indem sie ihr Leben verlieren.

Die Armen im Geist und die Sanftmütigen sind gesegnet, das glaube ich mittlerweile wirklich. Ihnen gehört das Himmelreich und sie werden auch die Erde erben.

Glücklich sind, die ein reines Herz haben. Als ich in einer Lebensphase stark mit sexuellen Phantasien zu kämpfen hatte, fand ich in einem Artikel den Hinweis auf das schmale Büchlein *Was ich glaube* von dem katholischen Schriftsteller François Mauriac. Es überraschte mich einigermaßen, dass dieser alte Mann der Erörterung seiner sexuellen Lust so viel Raum schenkte. Mauriac erklärte, man sei im hohen Alter einer größeren Versuchung ausgesetzt, da die Phantasie eines betagten Mannes das ausgleiche, was ihm sein Körper verwehre.

Ich wusste, dass Mauriac etwas von sexueller Lust verstand. Seine Romane, für die er den Nobelpreis für Literatur bekam, erkunden mehr als alles andere, was ich je gelesen habe, sexuelle Leidenschaft, Verdrängung und sexuelle Aggression. Mauriac war der Kampf gegen sexuelle Versuchung sehr vertraut. Er verwarf die meisten Argumente für sexuelle Reinheit, die man ihm bei seiner katholischen Erziehung beigebracht hatte: »Die Ehe heilt die Lust.« – Für Mauriac traf dies nicht zu, ebenso wie für viele andere, denn Lust hat zu tun mit der Anziehung eines unbekannten Wesens und dem Geschmack an Abenteuer und zufälligen Begegnungen. »Mit Selbstdisziplin bekommt man sexuelle Begierde in den Griff.« – Mauriac empfand sexuelles Begehren wie eine gewaltige Flutwelle, die die besten Absichten zunichte machte. »Wahre Erfüllung findet man nur in der Monogamie.«

Dies mag wahr sein, aber es *erscheint* demjenigen, dessen sexuelle Begierden selbst in der Monogamie nicht abnehmen, nicht wahr. Auf diese Weise überprüfte er die herkömmlichen Argumentationen und fand sie unzulänglich.

Daraus schloss Mauriac, dass Selbstdisziplin, Verdrängung und rationales Vorgehen nichts gegen den Trieb der Lust ausrichten können. Schließlich gab es für ihn nur noch einen einzigen Grund, warum er rein bleiben sollte, nämlich die Aussage Jesu in den Seligpreisungen: »Glücklich sind, die ein reines Herz haben, denn sie werden Gott sehen.« Unreinheit trenne Menschen von Gott, führt Mauriac aus. Das geistliche Leben gehorche Gesetzmäßigkeiten, die sich genauso wie körperliche Abläufe überprüfen ließen. Reinheit sei die Voraussetzung für eine höhere Liebe, für einen Besitz, der jeden anderen Besitz übertreffe: die Liebe Gottes. Das, und nichts weniger, stehe auf dem Spiel.

Mauriacs Darlegungen machten meinen Problemen mit der sexuellen Begierde noch kein Ende. Aber ich kann zweifellos sagen, dass ich von der Richtigkeit seiner Einschätzung überzeugt bin. Die Liebe, die Gott uns schenken will, verlangt, dass unsere Sinne geläutert und gereinigt werden, bevor wir eine höhere Liebe empfangen, die wir auf keine andere Art erreichen können. Das ist die Motivation für Reinheit. Wenn ich meine sexuelle Begierde pflege, beeinträchtige ich meine persönliche Beziehung zu Gott.

Die ein reines Herz haben, sind wirklich gesegnet, denn sie werden Gott sehen. So einfach und zugleich so schwierig ist es.

Glücklich sind die Barmherzigen. Die Wahrheit dieser Seligpreisung erkannte ich durch Henri Nouwen, einen Priester, der früher an der Universität von Harvard lehrte. Auf der Höhe seiner Karriere zog Nouwen von Harvard in eine Kommunität names *Daybreak* in der Nähe von Toronto, um die zeitintensive Betreuung seines Freundes Adam zu übernehmen. Nouwen kümmerte sich nicht mehr um Intellektuelle, sondern um einen jungen Mann, den viele als nutzlosen Menschen betrachten, den man besser abgetrieben hätte. Nouwen beschreibt seinen Freund so:

Adam ist ein 25-jähriger Mann, der nicht sprechen, sich nicht selbst an- oder ausziehen kann, der nicht allein gehen und ohne Hilfe auch nicht essen kann. Er weint nicht und er lacht auch nicht. Nur manchmal nimmt er Augenkontakt auf. Sein Rücken ist verzerrt. Seine Arm- und Beinbewegungen sind ungelenk. Er leidet an schwerer Epilepsie, und trotz hoher Medikamentation erlebt er nur wenige Tage ohne schmerzhafte Anfälle. Manchmal stößt er ein jaulendes Ächzen aus, während er sich urplötzlich völlig versteift. Hin und wieder habe ich eine große Träne über seine Wange laufen sehen.

Ich brauche ungefähr anderthalb Stunden, um Adam zu wecken, ihm seine Medikamente zu geben, ihn ins Bad zu tragen, ihn zu waschen, zu rasieren, seine Zähne zu putzen, ihn anzuziehen, ihn in die Küche zu bringen, ihm sein Frühstück zu geben, ihn in seinen Rollstuhl zu setzen und ihn dann dorthin zu fahren, wo er den größten Teil des Tages mit therapeutischen Übungen verbringt.

Als ich Nouwen in Toronto besuchte, konnte ich ihn bei dieser Routine beobachten. Ich muss zugeben, dass sich mir dabei die Frage aufdrängte, ob er so seine Zeit am besten nutzte. Ich habe Vorträge von Henri Nouwen gehört und viele seiner Bücher gelesen. Er hatte viel zu bieten. Konnte nicht jemand anders diese niedrige Aufgabe, sich um Adam zu kümmern, übernehmen? Als ich dieses Thema vorsichtig anschnitt, erklärte Nouwen mir, dass ich alles völlig missverstanden hätte. »Ich gebe hier überhaupt nichts auf«, beharrte er. »Ich – und nicht etwa Adam – profitiere am meisten von unserer Freundschaft.«

Und dann zählte Nouwen mir auf, was er damit alles gewonnen hatte. Die Stunden, die er mit Adam verbrachte, gäben ihm einen solchen inneren Frieden, dass er viel mehr aus seiner verbleibenden Zeit heraushole. Aufgaben, die höhere Ansprüche an den Geist stellten, erschienen im Vergleich langweilig und oberflächlich. Neben diesem hilflosen, kindlichen Mann habe er erkannt, wie Rivalität und Konkurrenz sein Leben als Akademiker und Christ beherrscht hätten. Adam habe ihm beigebracht, dass nicht unser Verstand, sondern unser Herz uns zum Menschen macht, nicht unsere Fähigkeit zu denken, sondern unsere Fähigkeit zu lieben.

Durch Adams schlichte Natur habe er begriffen, welche Leere nötig sei, damit man von Gott erfüllt werden könne – diese Leere erreichten selbst Mönche nur durch beharrliches Suchen und Disziplin.

Während des ganzen Gesprächs kam Nouwen immer wieder auf meine Frage zu sprechen, als könne er gar nicht glauben, dass ich so etwas überhaupt fragen konnte. Er gab noch weitere Punkte zu bedenken, was er durch seine Beziehung zu Adam gewann. Er genoss wirklich eine neue Art geistlichen Friedens, den er nicht auf dem traditionsreichen Gelände von Harvard erlangt hatte, sondern an der Bettkante des inkontinenten Adam. Als ich *Daybreak* verließ, war mir meine eigene geistliche Armseligkeit bewusst. Ich, der ich mich so angestrengt bemühe, mein Schriftstellerleben möglichst effizient zu gestalten, ohne mich zu verzetteln. Die Barmherzigen kann man zu Recht glücklich nennen, das habe ich gelernt, denn sie erfahren selbst Barmherzigkeit.

Glücklich sind, die Frieden stiften . . . Glücklich sind, die deshalb verfolgt werden, weil sie Gottes Willen tun. Diese Wahrheit erkannte ich auf Umwegen. Der große Schriftsteller Leo Tolstoi bemühte sich, nach diesem Prinzip zu leben, aber sein aufbrausendes Temperament stand seinen Friedensbemühungen ständig im Wege. Tolstoi schrieb trotzdem beredt über die Bergpredigt. Ein halbes Jahrhundert später las der hinduistische Asket Mahatma Gandhi *Das Reich Gottes ist inwendig in Euch* von Tolstoi und wollte seitdem nach den wörtlich verstandenen Prinzipien der Bergpredigt leben.

In dem Kinofilm *Gandhi* gibt es eine wunderschöne Szene, in der Gandhi versucht, dem presbyterianischen Missionar Charlie Andrews seine Einstellung zu erklären. Gemeinsam wandern sie durch die Straßen einer südafrikanischen Stadt, als sich ihnen plötzlich zwei junge Schlägertypen in den Weg stellen. Andrews wirft einen kurzen Blick auf die Männer und will dann die Flucht ergreifen. Doch Gandhi hält ihn zurück: »Steht nicht im Neuen Testament, dass man auch noch die rechte Wange hinhalten soll, wenn ein Gegner auf die linke geschlagen hat?« Andrews murmelt, dass dieser Satz doch wohl nicht wörtlich zu verstehen sei. »Ich bin mir da nicht sicher«, erwidert darauf Gandhi. »Ich vermute, er bedeutet, dass man Mut zeigen soll – bereit sein, einen Schlag hinzunehmen, oder auch mehrere Schläge, um so zu zeigen, dass man nicht zurückschlägt und sich auch nicht abwendet. Wenn man das tut, spricht dies etwas in der menschlichen Natur an, so dass der Hass sich legt, der Respekt jedoch größer wird. Ich glaube, Christus hat das begriffen. Und ich habe gesehen, dass es funktioniert.«

Jahre später studierte der amerikanische Pastor Martin Luther King Gandhis Taktik und beschloss, sie in Amerika anzuwenden. Viele Schwarze distanzierten sich von King wegen seiner entschiedenen Gewaltfreiheit, sprachen von der »Macht der Schwarzen« und folgten gewaltbereiten Führern. Wenn man von einem Polizisten ein Dutzend Mal auf den Kopf geschlagen wird, und anschließend von Gefängniswärtern wieder, dann fragt man sich, wie wirksam Gewaltlosigkeit ist. Aber King selbst geriet nie ins Wanken.

Als Krawalle an Orten wie Los Angeles, Chicago und Harlem losbrachen, fuhr King von einer Stadt zur anderen, um die Gemüter zu besänftigen. Er wies die Demonstranten energisch darauf hin, dass eine moralische Veränderung nicht mit unmoralischen Mitteln erzwungen werden könne. Dieses Prinzip hatte er aus der Bergpredigt und von Gandhi übernommen. In fast allen seinen Reden ging er auf diese Botschaft ein. »Die Christenheit«, sagte er, »hat immer darauf bestanden, dass vor der Krone das Kreuz steht, das wir tragen müssen. Um ein Christ zu sein, muss man sein Kreuz auf sich nehmen –

mit allen seinen Schwierigkeiten und allem, was es an Qualvollem, Konfliktreichem beinhaltet – und es tragen, bis es seine Wunden hinterlässt und uns für einen besseren Weg erlöst, den man nur durch Leiden erreichen kann.«

Martin Luther King hatte sicherlich seine Schwächen und Fehler, aber eine Sache machte er richtig. Gegen allen Widerstand und gegen jeden Selbsterhaltungstrieb blieb er dem Prinzip des Friedenstiftens treu. Er schlug nicht zurück. Wo andere zur Rache aufriefen, rief er zur Liebe auf. Die Demonstranten der Bürgerrechtsbewegung legten sich vor die Sheriffs mit ihren Schlagstöcken und zähnefletschenden Schäferhunden in einer Reihe auf den Boden. Und das war es, was ihnen schließlich den Sieg brachte, auf den sie so lange gewartet hatten. Historiker bringen den Zeitpunkt, an dem die Bewegung die entscheidende Menge öffentlicher Unterstützung erzielen konnte, mit einer einzelnen Begebenheit in Zusammenhang. Es war der Tag, an dem Sheriff Jim Clark seine Polizisten auf einer Brücke außerhalb von Selma in Alabama unbewaffnete Schwarze angreifen ließ. Die amerikanische Öffentlichkeit war so entsetzt über diese gewalttätige Ungerechtigkeit, dass man schließlich einem Gesetzesentwurf für die Bürgerrechte zustimmte.

Wie Martin Luther King bin auch ich in Atlanta aufgewachsen, allerdings am anderen Ende der Stadt, und ich muss beschämt eingestehen, dass ich auf der Seite der weißen Sheriffs mit den Schlagstöcken und Schäferhunden war, während er die Demonstrationen durch Selma, Montgomery und Memphis anführte. Ich war sehr schnell dabei, seine moralischen Verfehlungen anzuprangern, aber nur langsam wurde mir meine eigene blinde Sünde bewusst. Aber durch seine Standhaftigkeit und dadurch, dass er seinen Körper nur als Zielscheibe und nie als Waffe einsetzte, durchbrach er meine moralische Verblendung.

Das wahre Ziel, pflegte King zu sagen, bestehe nicht darin, die Weißen zu besiegen, sondern in dem Unterdrücker ein Gefühl der Beschämung wachzurufen und sein trügerisches Gefühl der Überlegenheit in Frage zu stellen. »Am Ende steht Versöhnung. Am Ende

steht die Erlösung. Am Ende steht eine sich liebende Gesellschaft.«
Und das setzte Martin Luther King schließlich in Gang, selbst bei einem Rassisten wie mir.

King starb – wie vor ihm Gandhi – als Märtyrer. Nach seinem Tod übernahmen mehr und mehr Menschen seinen Grundsatz des gewaltfreien Widerstandes, um Gerechtigkeit einzuklagen. Auf den Philippinen stürzten ganz gewöhnliche Menschen nach dem Märtyrertod Benigno Aquinos die Regierung, indem sie sich auf den Straßen zum Gebet versammelten. Militärpanzer näherten sich den knienden Filipinos und blieben plötzlich stehen, als würden sie von einer unsichtbaren Macht festgehalten. In dem denkwürdigen Jahr 1989 befreiten sich in Polen, Ungarn, der Tschechoslowakei, Ostdeutschland, Bulgarien, Jugoslawien, Rumänien, der Mongolei, Albanien, der Sowjetunion, Nepal und Chile mehr als eine halbe Milliarde Menschen durch gewaltfreien Widerstand von der Unterdrückung. An vielen Orten war dabei, besonders in Osteuropa, die christliche Kirche eine treibende Kraft. Protestanten marschierten mit Kerzen durch die Straßen, sie sangen Choräle und beteten. Wie in Josuas Zeiten fielen so die Mauern.

Friedensstifter werden Gottes Kinder heißen. Glücklich sind, die deshalb verfolgt werden, weil sie Gottes Willen tun. Sie werden mit Gott in seinem Reich leben.

Glücklich sind die Trauernden. Während der Arbeit an meinen Büchern verbrachte ich viel Zeit mit Trauernden. Zunächst schüchterten sie mich ein. Auf ihre Fragen wusste ich kaum etwas zu sagen und ich fühlte mich angesichts ihres Leides unbeholfen. Ich erinnere mich besonders an ein Jahr, als ein Nachbar mich einlud, an einer Therapiegruppe des nahe gelegenen Krankenhauses teilzunehmen. Diese Gruppe bestand aus Sterbenden und ich begleitete meinen Nachbarn ungefähr ein Jahr dorthin.

Ich kann nicht sagen, dass diese Treffen mir »Freude« machten, das wäre eine unzutreffende Formulierung. Und doch entwickelten sich diese Zusammenkünfte für mich zu den bedeutsamsten Ereignissen im Monat. Im Gegensatz zu Partys, wo jeder versucht, den anderen durch Statussymbole und einflussreiche Positionen zu beeindrucken, tat dies niemand in dieser Gruppe. Kleidung, Mode, Wohnungseinrichtungen, Berufsbezeichnungen, neue Autos – welche Bedeutung können diese Dinge für Menschen haben, die sich auf das Sterben vorbereiten? Die Teilnehmer dieser Gruppe konzentrierten sich auf die entscheidenden Fragen, und ich ertappte mich bei dem Wunsch, einige meiner oberflächlichen Freunde, für die nur das Lustprinzip zählt, würden einmal zu einem solchen Treffen kommen.

Als ich dann später niederschrieb, was ich von leidenden Menschen gelernt hatte, bekam ich viele Zuschriften. Ich habe drei dicke Ordner voller Briefe. Sie gehören zu meinem wertvollsten Besitz. Einen fast dreißig Seiten langen Brief schrieb eine Mutter, während ihre vierjährige Tochter gerade an einem Gehirntumor operiert wurde. Ein anderer Brief kam von einem vollständig Gelähmten, der mit Hilfe von Luftstößen in eine Röhre »schrieb«, was ein Computer dann auf einen Drucker übertrug.

Für viele Menschen, die mir geschrieben haben, gibt es kein Happy End ihrer Geschichte. Manche fühlen sich immer noch von Gott verlassen. Nur wenige haben Antworten gefunden auf die Frage nach dem Warum. Aber ich habe genügend Leid gesehen, um auf das Versprechen Jesu zu vertrauen, dass die Trauernden getröstet werden.

Ich kenne zwei private Initiativen, die aus Leid heraus entstanden sind. Die erste rief eine Mutter ins Leben, als sie entdeckte, dass ihr Sohn, der ihr Ein und Alles war, an Aids sterben würde. Von ihrer Kirchengemeinde und in ihrer Umgebung bekam sie wegen der Homosexualität des jungen Mannes nur wenig Mitgefühl und Unterstützung. Sie fühlte sich so einsam und verlassen, dass sie ein Mitteilungsblatt herausgab, durch das Eltern homosexueller Menschen miteinander in Kontakt treten konnten. Obwohl sie keine professionelle Hilfe und keine Wunderheilmittel anbieten kann, betrachten nun Hunderte von Eltern diese mutige Frau als Lebensretterin.

Eine andere Frau in Wisconsin verlor ihren Sohn bei dem Absturz eines Marine-Hubschraubers. Jahrelang fand sie aus ihrem Leid nicht heraus. Sie ließ das Zimmer ihres Sohnes genau so, wie er es zuletzt verlassen hatte. Schließlich fiel ihr auf, wie oft in den Nachrichten von ähnlichen Unfällen berichtet wurde. Immer wieder musste sie an die Familien denken, die dasselbe durchmachten wie sie, und sie überlegte, ob sie irgendwie helfen konnte. Wenn sie nun von einem Hubschrauberabsturz erfährt, schickt sie einen Stapel Briefe und hilfreiches Material an einen Offizier im Verteidigungsministerium, der dies an die betreffende Familie weiterleitet. Mehr als die Hälfte der Betroffenen haben einen regelmäßigen Briefkontakt zu dieser Frau aufgenommen, und seit ihrer Pensionierung leitet sie ihre eigene »Gesellschaft für Leidtragende«. Natürlich hat ihr dies nicht die Trauer um ihren Sohn genommen, aber ihr Schicksal bekam für sie eine neue Bedeutung, und heute steht sie ihrem Leid nicht mehr ohnmächtig gegenüber.

Ich habe festgestellt, dass es keinen besseren Heiler gibt, als den, den Henri Nouwen den »verwundeten Heiler« nennt. Glücklich sind die Traurigen, denn Gott wird sie trösten.

Glücklich sind, die da hungert und dürstet nach der Gerechtigkeit, denn sie sollen satt werden. In gewisser Weise bestätigen alle, die ich in dieser Aufzählung der Seligpreisungen erwähnt habe, diese letzte Zusage Jesu. Die »Dienenden«, die für Arme und Bedürftige ihr Leben einsetzen; Fançois Mauriac, der um Reinheit kämpfte; Henri Nouwen, der Adam betreute; Martin Luther King und die Anhänger der Gewaltlosigkeit; Mütter von homosexuellen Söhnen und Marinepiloten, die ihren Kummer überwinden – alle diese Menschen sehnen sich nach Gerechtigkeit. Alle wurden belohnt, nicht nur im kommenden Leben, sondern auch schon hier auf der Erde.

In Kalkutta unterrichtete eine albanische Nonne neunzehn Jahre lang reiche bengalische und englische Töchter in einem exklusiven Konvent. Eines Tages hörte sie, als sie in einem Zug Richtung Himalaya unterwegs war, eine Stimme, die sie aufforderte, Dinge zu verändern und den Ärmsten der Armen zu dienen. Könnte irgendjemand bezweifeln, dass Mutter Teresa in ihrem späteren Leben mehr

Erfüllung fand als mit ihrer vorherigen Beschäftigung? Ich habe dieses Prinzip bei Heiligen und bei ganz gewöhnlichen Menschen schon so oft beobachtet, dass ich nun sehr gut verstehe, warum die Evangelien einen Ausspruch Jesu öfter wiederholen als alle anderen: »Wer sein Leben um jeden Preis erhalten will, der wird es verlieren, aber wer sein Leben für mich einsetzt, der wird es für immer gewinnen.«

Jesus kam nicht, wie er selbst sagte, um Leben zu zerstören, sondern damit wir Leben »im Überfluss« haben. Seltsamerweise erlangen wir dieses pralle Leben nicht so, wie wir es uns vorstellen. Wir bekommen es, indem wir es für andere hingeben, indem wir uns mutig für Gerechtigkeit stark machen, indem wir den Schwachen und Bedürftigen dienen, indem wir Gott folgen und nicht uns selbst. Ich würde es nicht wagen, einen der Erwähnten zu bedauern, obwohl sie mit viel Not zu kämpfen hatten. Aber ihre »Opfer« führten sie zu mehr Leben, nicht zu weniger. Die nach der Gerechtigkeit hungert und dürstet, sollen satt werden.

In den Seligpreisungen, diesen seltsamen Aussprüchen, die auf den ersten Blick so absurd erscheinen, bietet Jesus uns einen paradoxen Schlüssel für ein erfülltes Leben. Das Reich Gottes, sagt er, ist ein so wertvoller Schatz, dass ein kluger Investor »in seiner Freude« alles verkaufen würde, um es zu erwerben. Sein Wert ist viel realer und unvergänglicher als alles, was die Welt bieten könnte, weil dieser Schatz sowohl auf der Erde als auch im kommenden Leben Dividenden bringt. Und Jesus legt dabei den Schwerpunkt auf das, was wir bekommen, und nicht auf das, was wir dafür aufgeben müssen. Sollte es dann nicht in unserem eigenen Interesse liegen, einem solchen Schatz nachzuspüren?

Als ich die Seligpreisungen zum ersten Mal hörte, klangen sie für mich wie unmögliche Ideale eines verträumten Mystikers. Aber jetzt verstehe ich sie als Wahrheiten eines Realisten, der ebenso pragmatisch handelte wie General Schwarzkopf. Jesus wusste, wie das Leben funktioniert, hier auf der Erde und im Himmel. In seinem Leben, das von Armut, Trauer, Sanftmut, Sehnsucht nach Gerechtigkeit, Gnade, Reinheit, Friedenstiften und von Verfolgung geprägt war, verkörperte Jesus selbst die Seligpreisungen. Vielleicht verstand er die Seligpreisungen auch als eine Rede an sich selbst, denn er hatte oft Gelegenheit, diese harten Wahrheiten anzuwenden.

S. 107: *»Glücklich sind, . . .«*: Matthäus 5,10. Alle folgenden Seligpreisungen sind Matthäus 5 entnommen.

S. 111: *»Der Geist der Selbstaufopferung, . . .«*: Zitiert nach Alister Hardy, *The Biology of God.* New York, 1975.

S. 114: *Lewis:* C. S. Lewis, »Das Gewicht der Herrlichkeit«, in: Ders., *Der innere Ring,* Basel, Gießen, 1991.

S. 117: *Phillips:* J. B. Phillips, *Good News.* London, 1964.

S. 118: *Kasper:* Walter Kasper, *Jesus, der Christus.*

S. 119: *Hellwig:* Zitiert nach Monika Hellwig, »Good News to the Poor. Do They Understand It Better?«, in: James E. Hug (Ed.), *Tracing the Spirit.* N.J., 1983.

S. 120: *»Doch wehe euch, . . .«*: Lukas 6,24-26

S. 123: *Mauriac:* Vgl. François Mauriac, *Was ich glaube.* München u.a., 1963.

S. 125: *Nouwen:* Henri Nouwen, »Adam's Peace«, in: *World Vision Magazine,* August-September 1988.

S. 127: *King:* Zitiert nach David J. Garrow, *Bearing the Cross.* New York, 1986.

S. 132: *»Wer sein Leben . . .«*: Matthäus 16,25 und andere Stellen.

S. 132: *»im Überfluss«*: Johannes 10,10

S. 132: *»in seiner Freude«*: Matthäus 13,44-46

7
Die Botschaft:
Eine anstößige Predigt

Die Seligpreisungen sind nur der erste Schritt in dem Unterfangen, die Bergpredigt zu verstehen. Noch lange, nachdem ich die zeitlosen Wahrheiten der Seligpreisungen erkannt hatte, machte mir die kompromisslose Strenge der restlichen Rede Jesu zu schaffen. Ihre Absolutheit verschlug mir den Atem. »Ihr aber sollt so vollkommen sein wie euer Vater im Himmel«, sagte Jesus fast beiläufig zwischen den beiden Aufforderungen, Feinde zu lieben und Besitz wegzugeben. So vollkommen wie Gott sein? Was konnte er damit nur meinen?

Ich kann diese Radikalität nicht einfach übergehen, denn sie taucht noch an anderen Stellen der Evangelien auf. Als ein reicher Mann Jesus fragte, wie er ewiges Leben erlangen könne, forderte Jesus ihn auf, sein Geld fortzugeben – nicht zehn Prozent oder achtzehn oder sogar fünfzig Prozent, nein, alles. Und auf die Frage eines Jüngers, ob er seinem Bruder siebenmal vergeben müsse, erwiderte Jesus: »Nicht nur siebenmal. Es gibt gar keine Grenze. Du musst bereit sein, ihm immer wieder zu vergeben.« Andere Religionen lehrten Abwandlungen der »goldenen Regel« in der begrenzten, negativen Form, die wir als Sprichwort kennen: »Was du nicht willst, dass man dir tu, das füg auch keinem andern zu.« Jesus kehrte diese Regel um und erweiterte sie so: »So wie ihr von den Menschen behandelt werden möchtet, so behandelt sie auch.«

Hat jemals ein Mensch so vollkommen gelebt wie Gott? Befolgt irgendjemand wirklich die goldene Regel? Wie können wir überhaupt mit solch überzogenen Idealen umgehen? Uns sind gesunder Menschenverstand und Ausgewogenheit lieber, aber das entspricht eher Aristoteles' goldenem Mittelweg und nicht der goldenen Regel Jesu.

Meine Freundin Virginia Stem Owens ließ die Teilnehmer eines Schreib-Workshops an einer texanischen Universität einen kurzen Aufsatz zur Bergpredigt schreiben. Sie hatte erwartet, dass die Studierenden dem Text eine gewisse Ehrfurcht entgegenbringen würden, da Texas im sogenannten *Bible Belt* liegt, im konservativ religiösen Süden der USA. Aber die Reaktionen der Studierenden belehrten sie eines anderen. »Meiner Meinung nach ist Religion nur ein großer Schwindel«, schrieb ein Student. »Es gibt eine alte Redensart, die besagt, dass man nicht alles glauben soll, was man liest. Im vorliegenden Fall trifft sie zu«, hieß es bei einem anderen.

Virginia erinnerte sich an ihre eigene Einführung in die Bergpredigt in der Sonntagsschule, wo ein Poster in Pastelltönen Jesus auf einem grünen Hügel zeigte, umringt von eifrigen, rosafarbenen Kindern. Es wäre ihr niemals in den Sinn gekommen, mit Verärgerung oder Abscheu zu reagieren. Doch ihre Studenten dachten anders darüber:

Der Kram, den die Kirche predigt, ist übertrieben streng. Man kann gar nicht an Spaß denken, ohne gleich zu überlegen, ob das nun Sünde ist oder nicht.

Ich mochte den Aufsatz über die Bergpredigt nicht. Sie ist schwer verständlich und verlangt von mir, dass ich perfekt bin, was niemand sein kann.

Die Forderungen dieser Predigt sind absurd. Eine Frau nur anzusehen, soll schon Ehebruch sein. Das ist die überzogenste, dümmste, unmenschlichste Aussage, die ich jemals gehört habe.

»An diesem Punkt«, schrieb Virginia, »fasste ich Mut. Es ist irgendwie herrlich unbekümmert, wenn man nicht automatisch denkt, dass man Jesus nicht dumm nennen darf. (. . .) Das war echt, eine unverfälschte Reaktion auf das Evangelium, die nicht durch einen zweitausend Jahre alten kulturellen Dunst gefiltert war. (. . .) Ich finde es seltsam ermutigend, dass die Bibel für ehrliche, unwissende Ohren anstößig bleibt, genau wie im ersten Jahrhundert. Für mich bekräftigt dies nochmals ihre Bedeutung. Während die biblischen Schriften im vergangenen Jahrhundert den für sie typischen strengen Beigeschmack fast völlig verloren haben, sollte die heutzutage weit verbreitete Unkenntnis der Bibel uns wieder in eine Situation katapultieren, die der der Zuhörer des ersten Jahrhunderts am ehesten entspricht.«

Anstößig, streng – diese Worte treffen wirklich auf die Bergpredigt zu. Als ich mir die fünfzehn Kinofilm-Versionen ansah, schien mir nur eine Fassung etwas von dem Anstößigen aufzugreifen. Eine wenig aufwendige Produktion der BBC mit dem Titel *Der Menschensohn* siedelt die Bergpredigt auf dem Hintergrund von Chaos und Gewalt an. Römische Soldaten haben gerade ein galiläisches Dorf eingenommen, um einige Übertretungen gegenüber dem Römischen Reich zu rächen. Sie haben kampfbereite jüdische Männer aufgehängt, ihre hysterischen Frauen zu Boden geworfen, sogar Babys aufgespießt, um »diesen Juden eine Lektion zu erteilen«. In diesen Aufruhr von Blut, Tränen und Totenklage tritt Jesus mit leuchtenden Augen.

Ich sage euch: Liebt eure Feinde und betet für die, die euch verfolgen.

Auge um Auge, Zahn um Zahn, ist das richtig? So sagten es unsere Vorväter. Liebt eure Verwandten, aber hasst eure Feinde, nicht wahr?

Aber ich sage euch, es ist einfach, seinen eigenen Bruder zu lieben, die zu lieben, die euch lieben. Selbst Zöllner tun das. Ich soll euch gratulieren, weil ihr eure Verwandten liebt? Nein, liebt eure *Feinde*.

Liebt den Mann, der nach euch tritt und euch anspuckt. Liebt den Soldaten, der euch sein Schwert in den Bauch stößt. Liebt die Soldaten und alle, die euch berauben und foltern.

Hört mir gut zu! Liebt eure Feinde! Wenn euch ein römischer Soldat auf die linke Wange schlägt, dann haltet ihm die rechte auch noch hin. Wenn euch ein Befehlshaber sagt, ihr sollt eine Meile gehen, dann geht zwei. Wenn jemand euren Mantel will, dann gebt ihm auch noch euer Hemd!

Hört zu! Ich sage euch, es ist hart, mir nachzufolgen. Was ich euch sage, hat noch niemand gesagt, seit diese Welt besteht!

Sie können sich sicherlich vorstellen, wie die Dorfbewohner auf solche unerwünschten Ratschläge reagierten. Die Bergpredigt verwirrte sie nicht – sie machte sie wütend.

Zu Beginn der Bergpredigt spricht Jesus unverblümt eine Frage an, die sich die meisten Zuhörer stellten: War er ein Revolutionär oder ein echter jüdischer Prophet? So beschreibt Jesus selbst seine Beziehung zur Thora:

Meint nur nicht, ich bin gekommen, das Gesetz und das, was Gott durch die Propheten gesagt hat, aufzuheben. Im Gegenteil, ich werde beides voll zur Geltung bringen und erfüllen . . . Aber ich warne euch: Wenn ihr nicht mehr aufweisen könnt als die Pharisäer und Schriftgelehrten, kommt ihr nicht in Gottes Reich.

Diese letzte Aussage ließ die Menge sicherlich aufhorchen. Die Pharisäer und Schriftgelehrten überboten sich gegenseitig an Strenge. Sie hatten Gottes Gesetz in winzige Teilchen zerlegt: 613 Vorschriften – 248 Anordnungen und 365 Verbote –, die sie mit 1.521 Zusätzen unterlegt hatten. Um das dritte Gebot, »Du sollst meinen Namen nicht missbrauchen«, nicht zu brechen, sprachen sie den Namen Gottes überhaupt nicht laut aus. Um sexueller Versuchung zu entgehen, gingen sie mit gesenktem Kopf und sahen Frauen nicht an. In ihrem Bestreben, den Sabbat zu heiligen, verboten sie neununddreißig Handlungen, die man im weitesten Sinne als »Arbeit«

betrachten konnte. Wie sollte ein normaler Mensch jemals *recht-schaffener* sein als diese heiligen Männer?

Die Bergpredigt zeigt in Einzelheiten auf, was Jesus damit meinte. Und diese Erklärung erschien den texanischen Studenten im zwanzigsten Jahrhundert genauso absurd wie den Juden im Palästina des ersten Jahrhunderts. Jesus nahm die Thora als Ausgangspunkt und legte sie so scharf aus, wie es kein Pharisäer bisher gewagt hatte, und viel konsequenter, als jemals ein Mönch gewagt hat zu leben. Die Bergpredigt führte einen neuen Stern in das moralische Universum ein, der seitdem seine eigene Schwerkraft ausübt.

Jesus machte es unmöglich, das Gesetz zu befolgen, und gebot uns dann, genau das zu tun. Einige Beispiele sollen dies verdeutlichen.

Jede menschliche Gesellschaft in der Geschichte hat ein Gesetz gegen Mord gehabt. Natürlich gibt es Unterschiede: So verurteilen die Vereinigten Staaten z.B. nicht, wenn man in Notwehr tötet oder unter ungewöhnlichen Umständen. Aber niemals hatte eine Gesellschaft eine solch radikale Vorstellung von Mord wie Jesus: »Schon wer auf seinen Bruder zornig ist, den erwartet das Gericht. Wer zu seinem Bruder ›du Idiot!‹ sagt, der wird vom Obersten Gericht abgeurteilt werden, und wer ihn verflucht, dem ist das Feuer der Hölle sicher.« Da ich einen älteren Bruder hatte, beunruhigte mich dieser Vers. Können zwei Brüder die Stürme der Pubertät überstehen, ohne auf Worte wie »blöd« und »Idiot« zurückzugreifen?

Jede Gesellschaft besitzt Tabus, was die sexuelle Freizügigkeit betrifft. So gibt es diesbezüglich in den meisten Ländern Gesetze zum Schutz von Minderjährigen. In Amerika versuchen einige feministische Gruppierungen im Gesetz eine Verbindung zwischen Pornografie und Gewalt gegen Frauen zu verankern. Aber niemals stellte eine Gesellschaft eine so strikte Regel auf, wie Jesus es tat: »Schon wer eine Frau mit begehrlichen Blicken ansieht, der hat im Herzen mit ihr die Ehe gebrochen. Wenn dich also dein rechtes Auge verführt, dann reiß es heraus und wirf es weg! Besser, du verlierst eins deiner Glieder, als dass du heil und unversehrt in die Hölle geworfen wirst.«

Ich weiß, dass es Menschen gibt, die für Serien-Vergewaltiger die Kastration fordern. Aber ich habe noch nie von Gesichtsverstümmelung als Strafe für Lust gehört. Nun ist sexuelle Begierde in unserer Gesellschaft zu einem nationalen Zeitvertreib geworden, und sie wird für kommerzielle Zwecke gebraucht, sei es offen in zahllosen Porno-Zeitschriften oder subtiler in der Werbung für Bier oder Jeans. Als der Präsidentschaftskandidat Jimmy Carter in einem *Playboy*-Interview den betreffenden Vers aus der Bergpredigt erläutern wollte, reagierte die Presse mit dem, was John Updike als »nervöse Heiterkeit« bezeichnet hat. »Wie fremd klingt in heutigen Ohren, dass Begierde – sexuelle Lust, die ähnlich wie Speichel unkontrollierbar in uns hochsteigt – an sich böse sein soll!«

Zu Lebzeiten Jesu führten die Pharisäer hitzige Debatten, wie die alttestamentlichen Anordnungen für Scheidung auszulegen seien. Der berühmte Rabbi Hillel lehrte, dass ein Mann sich von seiner Frau scheiden lassen durfte, wenn sie irgendetwas tat, was ihm missfiel, und wenn sie nur das Essen anbrennen ließ. Ein Ehemann brauchte nur dreimal laut »ich scheide mich von dir« zu sagen, um die Scheidung rechtskräftig werden zu lassen. Jesus konterte: »Wenn ein Mann sich von seiner Frau trennt, obwohl sie ihn nicht mit einem anderen Mann betrogen hat, so treibt er sie zum Ehebruch. Und wer eine geschiedene Frau heiratet, der begeht auch Ehebruch.«

Schließlich sprach Jesus den Grundsatz der Gewaltlosigkeit an. Wie sollte man überhaupt überleben mit dieser Anordnung Jesu: »Wehrt euch nicht, wenn euch Böses geschieht! Wenn man dir eine Ohrfeige gibt, dann halte die andere Wange auch noch hin! Wenn einer dir dein Hemd nehmen will, so gib ihm auch noch den Mantel.«

Ich starre auf diese und die anderen Befehle der Bergpredigt und frage mich, wie ich damit umgehen soll. Erwartet Jesus wirklich von mir, dass ich jedem Schnorrer, der mir über den Weg läuft, etwas gebe? Soll ich sämtliche Rechte als Verbraucher aufgeben? Soll ich alle meine Versicherungen kündigen und in Zukunft nur auf Gott vertrauen? Soll ich meinen Fernseher abschaffen, um sexuellen Versuchungen zu entgehen? Wie kann ich diese ethischen Ideale auf meinen Alltag übertragen?

Ich habe einmal die Literatur durchforstet, um einen »Schlüssel« für die Bergpredigt zu finden, und es war zumindest tröstlich zu sehen, dass ich nicht der Einzige war, der mit diesen hohen Idealen zu kämpfen hatte. Zu jeder Zeit in der Kirchengeschichte haben Menschen Wege gefunden, um die absoluten Forderungen Jesu mit der harten Realität menschlichen Versagens in Einklang zu bringen.

Thomas von Aquin teilte die Lehren Jesu in Vorschriften und Ratschläge. Vorschriften umfassten allgemein gültige moralische Gesetze wie etwa die Zehn Gebote. Aber bei den idealistischeren Forderungen, wie etwa den Aussagen Jesu über sexuelles Begehren und Zorn, legte Aquin einen anderen Maßstab zugrunde: Obwohl wir sie als ein gutes Beispiel akzeptieren und uns bemühen sollten, sie einzuhalten, besitzen sie doch nicht die moralische Kraft der Gebote. Die römisch-katholische Kirche nahm später Aquins Unterscheidung als Grundlage für ihre Liste von »Todsünden« und »lässlichen Sünden«.

Martin Luther sah die Bergpredigt im Licht des Ausspruchs Jesu: »Gebt dem Kaiser, was ihm zusteht, und gebt Gott, was ihm gehört.« Christen sind – so Luther – Bürger in zwei Reichen: dem Reich Gottes und dem Reich dieser Welt. Die Radikalität in der Bergpredigt beziehe sich ohne Zweifel auf das Reich Christi, aber nicht auf das Reich der Welt. Die Befehle »Liebt eure Feinde« oder »Wehrt euch nicht gegenüber bösen Menschen« kann man ja wohl nicht auf einen Staat anwenden! Um Anarchie zu verhindern, muss eine Regierung sich gegen das Böse zur Wehr setzen und Feinde abschrecken. Deshalb sollte ein Christ zwischen Amt und Person trennen. Ein christlicher Soldat müsste demnach den Befehl zu kämpfen und zu töten befolgen, während er in seinem Innern der Aufforderung Jesu zur Feindesliebe nachkommt.

Zu Luthers Zeiten beurteilten verschiedene Wiedertäuferbewegungen die Sache völlig anders. Alle Versuche, die deutlichen Forderungen Jesu zu verwässern, lehnten sie strikt ab. Hatte das Gebot Jesu, die Feinde zu lieben, in den ersten vier Jahrhunderten der jungen Kirche nicht einen höheren Stellenwert gehabt als alle anderen Weisungen? Man muss nur die Bergpredigt lesen. Jesus unterscheidet nicht zwischen Vorschriften und Ratschlägen oder zwischen Amt und Person. Er sagt: Setz dich nicht zur Wehr, schwöre nicht, gib den Bedürftigen, liebe deine Feinde. Und die Menschen sollten seinen Befehlen so wörtlich wie möglich folgen. Aus diesem Grund legten manche Gruppen das Gelübde ab, keinen persönlichen Besitz zu haben. Andere, wie etwa die Quäker, weigerten sich, zu schwören oder vor einem Amtsträger den Hut zu ziehen. Sie widersetzten sich einer Armee und sogar einer Polizeitruppe. Dies kostete Tausende von Wiedertäufern in Europa das Leben. Viele Überlebende machten sich auf den langen Weg nach Amerika, um dort Kolonien und Gemeinschaften zu gründen, die auf der Bergpredigt basierten.*

Im Amerika des neunzehnten Jahrhunderts tauchte eine theologische Bewegung auf, die der Bergpredigt eine neue Wendung gab. Dieser sogenannte Dispensationalismus (= Heilszeitentheologie) erklärte diese Lehren als letztes Überbleibsel des Zeitalters des Gesetzes, das nach dem Tod Jesu und seiner Auferstehung durch das Zeitalter der Gnade abgelöst wurde. Deshalb müssen wir seine strengen Anordnungen nicht mehr befolgen.

Wieder anders deutete Albert Schweitzer die Bergpredigt. Er betrachtete sie als eine Sammlung von zeitlich begrenzten Anforderungen für außergewöhnliche Zeiten. Jesus hat in der festen Überzeugung, dass die Welt bald untergehen würde, eine Art »Kriegsrecht« verkündet. Da die Welt jedoch nicht untergegangen ist, müssen wir nun diese Anweisungen anders betrachten.

Ich habe alle diese Sichtweisen gewissenhaft untersucht, um die

---

* Als Entgegnung auf die Wiedertäufer schrieb Luther spöttisch über einen Christen, der nichts gegen seine Läuse unternahm, weil er das Gebot »Widersetze dich nicht dem Bösen« nicht übertreten wollte.

Bergpredigt von ihrem jeweiligen Standpunkt aus zu verstehen. Und – wie ich zugeben muss – um einen Weg zu finden, wie ich mich ihren strengen Anforderungen entziehen kann. Jeder einzelne Ansatz lieferte wichtige Einsichten, und doch schien jeder auch einen Schwachpunkt zu haben. Thomas von Aquins Einteilung in Vorschriften und Ratschläge klang einleuchtend, aber diese Unterscheidung hatte Jesus nicht vorgenommen. Er schien vielmehr die Vorschrift »du sollst die Ehe nicht brechen« mit dem Ratschlag »schon wer eine Frau mit begehrlichen Blicken ansieht, der hat im Herzen mit ihr die Ehe gebrochen« gleichzusetzen. Luthers Lösung erscheint intelligent und weise, aber der Zweite Weltkrieg hat gezeigt, welchen Missbrauch sie ermöglicht. Viele lutherische Christen dienten in Hitlers Armee mit einem reinen Gewissen: Indem sie nur »den Befehlen gehorchten«, waren sie Diener des Staates, während sie im Innern Christus die Treue hielten.

Die Gewaltfreiheit, mit der Wiedertäufer und andere, die die Bergpredigt wörtlich verstanden, auf Verfolgung reagierten, gehört zu den Glanzmomenten der Kirchengeschichte. Aber sie räumten selbst ein, dass auch sie die Forderungen der Bergpredigt nicht vollkommen erfüllen konnten. So fanden zum Beispiel die Quäker Mittel und Wege, Jesu Gebote zu umgehen, um die amerikanische Revolution zu unterstützen. Und was war mit den unnachgiebigen Aussagen Jesu über Zorn und sexuelles Begehren? Origenes hatte vor vielen Jahrhunderten die Warnung in extremster Form beherzigt, aber die Kirche verbot entsetzt seine Lösung der Kastration.

Die Dispensationalisten und die Apokalyptiker fanden geschickte Wege, um die härteren Forderungen der Lehren Jesu zu umgehen, aber das schien mir genau das Problem zu sein: Man umging sie. Jesus gab keinen einzigen Hinweis darauf, dass sich seine Anordnungen nur auf einen begrenzten Zeitraum bezogen oder nur in bestimmten Situationen galten. Er brachte sie mit Autorität (»Ich sage euch aber . . .«) und Strenge (»Wenn jemand auch nur den geringsten Befehl Gottes für ungültig erklärt oder andere dazu verleitet, der wird in Gottes Reich keine Rolle spielen«) vor.

So sehr ich mich auch bemühte – ich konnte keinen einfachen Weg um die Bergpredigt herum oder durch sie hindurch finden. Wie eine leichte Depression hielt mich der Zwiespalt angesichts der Worte Jesu in einem Zustand geistlicher Ruhelosigkeit. Wenn die Bergpredigt Gottes Maßstab für Heiligkeit darstellt – so schloss ich – brauche ich erst gar nicht anzufangen. Die Bergpredigt half mir keineswegs, mich zu bessern. Sie zeigte mir lediglich, wo ich es nicht getan hatte.

Aber schließlich fand ich doch einen Schlüssel, um die Bergpredigt zu begreifen, allerdings nicht in den Schriften bedeutender Theologen, sondern dort, wo man es nicht unbedingt vermutet hätte: in den Zeilen zweier russischer Schriftsteller des neunzehnten Jahrhunderts. Durch sie habe ich zu meiner eigenen Sicht der Bergpredigt gefunden und ihrem Mosaik aus Gesetz und Gnade. Sie besteht zu einer Hälfte aus Tolstoi und zur anderen aus Dostojewski.

Von Tolstoi lernte ich eine tiefe Ehrfurcht vor Gottes unnachgiebigem, absolutem Anspruch. Tolstoi war von den ethischen Idealen in den Evangelien magisch angezogen, obwohl sein Unvermögen, sie in die Tat umzusetzen, ihn schließlich verzehrte. Wie die Wiedertäufer bemühte sich Tolstoi, die Bergpredigt wörtlich umzusetzen. Bald fühlte seine Familie sich als Opfer seiner Bemühungen um Heiligkeit. Als er zum Beispiel gelesen hatte, dass Jesus dem reichen Mann auftrug, alles wegzugeben, gab Tolstoi Leibeigene frei, verschenkte seine Urheberrechte und seinen riesigen Grundbesitz. Er trug Bauernkleidung, machte seine Schuhe selbst und arbeitete auf den Feldern. Als seine Frau Sonja die Sicherheiten für die Familie dahinschwinden sah, protestierte sie entschieden, bis Tolstoi einige Zugeständnisse machte.

In Tolstois Tagebüchern entdecke ich Anklänge an meine eigenen Anfälle von Perfektionismus. Die Tagebücher dokumentieren viele Kämpfe zwischen Tolstoi und seiner Familie, aber weitaus mehr Kämpfe mit sich selbst. Um vollkommen zu werden, stellte er sich immer neue Listen von Regeln auf. Er hörte auf zu jagen, zu rauchen und Alkohol zu trinken und aß kein Fleisch mehr. Er entwarf »Regeln, um einen emotionalen Willen zu entwickeln, Regeln für die Förderung edler und die Vernichtung niederer Gefühle«. Mehrere Male schwor Tolstoi öffentlich Keuschheit und verlangte getrennte Schlafzimmer. Allerdings konnte er seinen Schwur nie lange halten und zu seiner Beschämung zeugten Sonjas sechzehn Schwangerschaften deutlich von diesem Versagen.

Hin und wieder erreichte Tolstoi Großes. Zum Beispiel schrieb er nach einer langen Schaffenspause mit einundsiebzig Jahren seinen letzten großen Roman, *Die Auferstehung,* als Unterstützung für eine Gruppe von Wiedertäufern, die vom Zaren verfolgt wurde, und stellte ihnen sämtliche Erträge daraus für ihre Emigration nach Kanada zur Verfügung. Und Tolstois Einstellung der Gewaltfreiheit, die direkt aus der Bergpredigt stammt, überlebte ihn und beeinflusste – wie bereits erwähnt – geistige Nachfolger wie Gandhi und Martin Luther King.

Doch jedem Gandhi, der von solch hohen Idealen angesteckt wurde, steht ein Kritiker gegenüber, der Tolstois eigene Unzulänglichkeit, diesen Idealen zu entsprechen, anprangerte. Offen gesagt tat er nicht, was er predigte. Dies brachte seine Frau (in einem verständlicherweise voreingenommenen Bericht) gut zum Ausdruck:

Ach, wie wenig Güte bringt er uns, der Familie, doch entgegen! Immer nur Strenge und Gleichgültigkeit. Und in den Biographien wird stehen, er habe für den Hofknecht Wasser geschleppt, und niemand wird je erfahren, dass er, um seiner Frau eine Erholungspause zu gönnen, kein einziges Mal seinem Kind Wasser zu trinken gegeben hat und in den ganzen 32 Jahren auch nicht fünf Minuten bei einem kranken Kind gesessen hat, damit ich aufatmen, ausschlafen, spazieren gehen oder einfach nach der Arbeit wieder zu mir kommen könnte.

Tolstois leidenschaftliche Bemühungen um Vollkommenheit führten nie auch nur zum Anschein von Frieden oder Gelassenheit. Bis zu seinem Tod kam er in seinen Briefen und in seinem Tagebuch immer wieder reuevoll auf sein Versagen zurück. Wenn er über seinen Glauben schrieb oder versuchte, seinen Glauben umzusetzen, suchte ihn der Gegensatz zwischen Realität und Ideal wie ein kleiner Teufel heim. Zu ehrlich für Selbstbetrug, konnte er sein Gewissen nicht zum Schweigen bringen, da er wusste, dass es mit seinen Anklagen Recht hatte.

Leo Tolstoi war ein zutiefst unglücklicher Mensch. Er wetterte gegen die korrupte russisch-orthodoxe Kirche seiner Zeit und wurde deshalb exkommuniziert. Seine Pläne zur Selbstverbesserung schlugen alle fehl. Er musste alle Seile und Waffen vor sich selbst verstecken, um der Versuchung des Selbstmords zu widerstehen. Zum Schluss floh Tolstoi vor seinem Ruhm, seiner Familie, seinem Besitz, seiner Identität und starb wie ein Landstreicher in einem ländlichen Bahnhof.

Aber was kann ich von Tolstois tragischem Leben lernen? Ich habe viele seiner religiösen Werke gelesen, und jedes Mal inspirierten mich seine Auseinandersetzung mit den Ansprüchen Gottes und seine tiefgreifenden Erkenntnisse. Ich habe gelernt, dass das Evangelium nicht einfach unsere Probleme löst, sondern uns in mancher Hinsicht (etwa in Fragen der Rechtsprechung, in Geldangelegenheiten oder was das Verhältnis zu unseren Mitmenschen angeht) eigentlich zusätzliche Lasten aufbürdet. Tolstoi hat dies erkannt und trotzdem nie die Messlatte herabgesetzt. Einen Mann, der aus Gehorsam gegenüber Christi Geboten seine Leibeigenen freiließ und seine Besitztümer weggab, kann man nicht einfach ignorieren. Wenn er doch nur diesen Idealen hätte gerecht werden können – und wenn ich ihnen doch nur gerecht werden könnte.

Seinen Kritikern entgegnete Tolstoi: Beurteilen Sie Gott nicht nach meinem Unvermögen, seine heiligen Ideale zu erfüllen. Beurteilen Sie Christus nicht nach denen von uns, die seinem Namen nicht gerecht werden. Besonders eine Passage aus einem Brief zeigt deutlich, wie Tolstoi mit seinen Kritikern gegen Ende seines Lebens umging. Sie ist eine Zusammenfassung seiner geistlichen Wanderschaft und gleichzeitig eine deutliche Bestätigung der Wahrheit, die er mit seinem ganzen Herzen glaubte und ein deutlicher Appell an die Gnade, die er nie ganz verstand:

»Was ist mit Ihnen, Lev Nikolawich, Sie predigen so gut, aber halten Sie sich auch selbst daran?« Das ist eine ganz natürliche Frage und sie wird mir immer wieder gestellt. Sie wird gewöhnlich triumphierend gestellt, so als wäre sie ein Mittel, um mir den Mund zu stopfen. »Sie predigen, aber wie leben Sie selbst?« Und ich erwidere, dass ich nicht predige, dass ich dazu gar nicht fähig bin, obwohl ich es mir wünschte. Ich kann nur durch mein Verhalten predigen und mein Verhalten ist schlecht. (. . .) Und ich sage, dass ich schuldig bin und niederträchtig und Verachtung verdiene für mein Versagen.

Zugleich sage ich, nicht um mich zu rechtfertigen, sondern um meine Inkonsequenz zu erklären: »Sehen Sie sich mein jetziges und mein früheres Leben an. Daran werden Sie sehen, dass ich mich bemühe, sie [die christlichen Gebote] zu erfüllen. Es ist wahr, dass ich nicht ein Tausendstel davon befolge. Das beschämt mich. Ich habe sie nicht erfüllt, nicht, weil ich es nicht wollte, sondern weil ich es nicht konnte. Zeigen Sie mir, wie ich dem Netz von Versuchungen um mich herum entgehen kann. Helfen Sie mir, und ich werde sie erfüllen; selbst ohne Hilfe wünsche und hoffe ich sie zu erfüllen.

Greifen Sie mich an, ich selbst tue es ja auch, aber greifen Sie *mich* an und nicht den Weg, den ich gehe und auf den ich jeden aufmerksam machen möchte, der mich fragt, wo er liegen könnte. Wenn ich den Weg nach Hause kenne und ihn betrunken gehe, ist es deshalb weniger der richtige Weg, auch wenn ich von einer Seite zur anderen schwanke? Wenn es nicht der richtige Weg ist, zeigen Sie mir einen anderen. Aber wenn ich schwanke und vom Weg abkomme, müssen Sie mir auf den richtigen Pfad helfen, genauso wie ich Ihnen helfen möchte. Führen Sie mich nicht in die Irre, freuen Sie sich nicht daran, dass ich mich verirrt habe. Rufen Sie nicht voller Freude aus: ›Seht euch den an! Er hat gesagt, er gehe heim und nun kriecht er in den Sumpf!‹ Nein, lachen Sie mich nicht aus, sondern seien Sie mir Hilfe und Stütze.«

Es macht mich traurig, wenn ich Tolstois religiöse Schriften lese. Sein Röntgenblick in das menschliche Herz, der ihn zu einem großen Schriftsteller machte, machte ihn zu einem gequälten Christen. Sein Leben lang kämpfte er gegen den Strom und brach zum Schluss vor moralischer Erschöpfung zusammen.

Gleichzeitig bin ich Tolstoi dankbar, denn seine unerbittliche Suche nach authentischem Glauben hat auf mich einen unauslöschlichen Eindruck gemacht. Zum ersten Mal begegnete ich seinen Romanen in einer Zeit, als ich unter den Spätfolgen eines »biblischen Kindesmissbrauchs« litt. In den Kirchen, in denen ich aufgewachsen bin, gab es zu viel Betrug, oder so sah ich es zumindest in meiner jugendlichen Arroganz. Als ich die große Kluft zwischen den Idealen der Evangelien und ihren unzulänglichen Nachfolgern bemerkte, war ich ernsthaft versucht, diese Ideale als hoffnungslos unerreichbar aufzugeben.

Und dann entdeckte ich Tolstoi. Er war für mich der erste Autor, der – was mich betraf – die schwierigste aller Aufgaben erfüllte: Gott so glaubwürdig und so anziehend zu machen wie das Böse. Ich fand in seinen Romanen, Fabeln und Kurzgeschichten eine übersprudelnde Quelle moralischer Stärke. Und immer wieder erweiterte er meinen Horizont.

A. N. Wilson schrieb, dass Tolstoi an einer grundsätzlichen theologischen Unfähigkeit litt, die Menschwerdung Christi zu verstehen. Seine Religion sei letztendlich von dem Gesetz und nicht von der Gnade geprägt gewesen, ein Programm zur Verbesserung der Menschen und nicht eine Vision, dass Gott in die gefallene Welt kam. Tolstoi erkannte sein eigenes Unvermögen im Licht der göttlichen Ideale in aller Schärfe. Aber er konnte nicht den entscheidenden Schritt tun und darauf vertrauen, dass Gottes Barmherzigkeit diese Unzulänglichkeit überwand.

Kurz nachdem ich Tolstoi gelesen hatte, entdeckte ich seinen Landsmann Dostojewski. Diese beiden berühmtesten und hervorragendsten russischen Schriftsteller lebten und arbeiteten zu derselben Zeit, doch seltsamerweise trafen sie sich nie. Aber vielleicht war es auch gut so, denn sie waren in jeder Hinsicht genaue Gegensätze. Während Tolstoi helle, sonnige Romane schrieb, verfasste Dostojewski dunkle und grüblerische. Während Tolstoi asketische Pläne für seine Selbstverbesserung aufstellte, ruinierte Dostojewski seine Gesundheit und seinen Besitz mit Alkohol und Glücksspiel. Dostojewski hat sicherlich vieles falsch verstanden, aber eines hatte er wirklich begriffen: Seine Romane vermitteln Barmherzigkeit und Vergeben mit Tolstoi'scher Macht.

Bereits in jungen Jahren erlebte Dostojewski so etwas wie eine tatsächliche Auferstehung. Man hatte ihn inhaftiert, weil er zu einer Gruppe gehörte, die des Verrats am Zaren Nikolaus I. beschuldigt wurde. Um die jungen Radikalen einzuschüchtern und ihnen die Schwere ihres Vergehens vor Augen zu führen, verurteilte man sie zum Tode und inszenierte eine Scheinhinrichtung. Die Verräter wurden in weißen Totengewändern auf einen öffentlichen Platz geführt, wo ein Schießtrupp sie erwartete. Mit verbundenen Augen und auf dem Rücken gefesselten Händen ließ man sie vor einer johlenden Menge aufmarschieren, dann band man sie an Pfählen fest. Erst im letzten Augenblick, als schon der Befehl ertönte und die Gewehre gespannt und angelegt wurden, kam ein Reiter mit einer vorbereiteten Botschaft des Zaren herangeritten: Er würde Gnade walten lassen und die Verräter zu einer Haftstrafe im Arbeitslager verurteilen.

Dostojewski erholte sich nie von dieser Erfahrung. Er war in den Klauen des Todes gewesen und von diesem Augenblick an war das Leben für ihn das kostbarste Gut. »Nun wird sich mein Leben ändern, ich werde in neuer Form geboren«, sagte er. Als er den Gefangenenzug nach Sibirien bestieg, schenkte eine fromme Frau ihm ein Neues Testament, das einzige Buch, das im Gefängnis erlaubt war. Dostojewski glaubte, dass Gott ihm eine zweite Chance gegeben hatte, um seine Berufung zu erfüllen, und so studierte er in seiner Gefangenschaft gründlich dieses Neue Testament. Nach zehn Jahren Exil kehrte er mit unerschütterlichen christlichen Überzeugungen zurück, wie es in einem bekannten Zitat zum Ausdruck kommt: »Wenn irgendjemand mir bewiese, dass Christus außerhalb der Wahrheit stand, und es wirklich so war, dass die Wahrheit außerhalb von Christus war, so würde ich lieber bei Christus bleiben als bei der Wahrheit.«

Das Gefängnis eröffnete Dostojewski noch etwas anderes. Es zwang ihn, auf engstem Raum mit Dieben, Mördern und betrunkenen Bauern zusammenzuleben. Dieses gemeinsame Leben führte später zu unübertroffenen Charakterisierungen in seinen Romanen, wie etwa des Mörders Raskolnikow in *Schuld und Sühne*. Dostojewskis liberale Ansichten über das Gute im Menschen prallten auf das unerbittlich Böse seiner Mitgefangenen. Er kam zu dem Schluss, dass Menschen erst zur Liebe befähigt werden, wenn sie Liebe erfahren. »Wir wollen lieben, weil Gott uns zuerst geliebt hat«, wie der Apostel Johannes sagt.

In Dostojewskis Romanen begegnete mir die Gnade. *Schuld und Sühne* beschreibt ein verabscheuenswertes menschliches Wesen, das ein widerwärtiges Verbrechen begeht. Und doch erfährt selbst der Verbrecher Raskolnikow Gnade in seinem Leben, als die bekehrte ehemalige Prostituierte Sonia ihm in die Verbannung nach Sibirien folgt und ihn schließlich zur Erlösung führt. *Die Brüder Karamasoff* – vielleicht der größte Roman, der jemals geschrieben wurde – beschreibt den Gegensatz zwischen Iwan, dem brillanten Agnostiker, und seinem frommen Bruder Aljoscha. Iwan kann die Unzulänglichkeit der Menschheit und damit eines jeden politischen Systems kritisieren, aber er kann keine Lösungen anbieten. Aljoscha hat keine Lösungen für die intellektuellen Probleme seines Bruders, aber er hat eine Lösung für die Menschheit: Liebe. Schließlich zeichnet Dostojewski in seinem zauberhaften Roman *Der Idiot* eine Christusfigur in der Person eines epileptischen Prinzen. Ruhig und geheimnisvoll bewegt sich Prinz Mischkin in Russlands höheren Kreisen, enthüllt ihre Heucheleien und hellt ihr Leben durch Güte und Wahrheit auf.

Die beiden Russen wurden in einer entscheidenden Phase meiner christlichen Wanderschaft zu meinem geistlichen Kompass. Sie halfen mir, mich mit einem zentralen Paradox im Leben Christi abzufinden. Von Tolstoi lernte ich die Notwendigkeit, nach innen zu sehen, in das Reich Gottes, das ich in mir trage. Und ich sah, wie erbärmlich ich an den hohen Idealen des Evangeliums gescheitert war. Aber von Dostojewski lernte ich das wahre Ausmaß der Gnade. Nicht nur das Reich Gottes ist in mir, auch Christus wohnt dort. »Denn wo sich die ganze Macht der Sünde zeigte, da erwies sich auch Gottes Barmherzigkeit in ihrer ganzen Größe«, schrieb Paulus in seinem Brief an die Römer.

Es gibt für uns alle nur einen einzigen Weg, wie wir die Spannung zwischen den hohen Idealen des Evangeliums und unserer harten Wirklichkeit auflösen können: Wir müssen akzeptieren, dass wir den Ansprüchen niemals gerecht werden können, dass wir es aber auch nicht müssen. Wir werden nach der Rechtschaffenheit Christi, die in uns lebt, beurteilt, nicht nach unserer eigenen. Tolstoi hatte es halb verstanden: Alles, was mir das Gefühl gibt, ich könnte mich mit Gottes moralischen Ansprüchen arrangieren, mich glauben lässt: »Endlich habe ich es geschafft«, ist nur eine grausame Täuschung. Aber Dostojewski hat die andere Hälfte begriffen: Alles, was mich von Gottes vergebender Liebe trennt, ist ebenfalls eine grausame Täuschung. »Wer nun zu Jesus Christus gehört, wird der Verurteilung durch Gott entgehen; er wird leben.« Leo Tolstoi hat dies nie richtig verstanden.

Uneingeschränkte Ideale und uneingeschränkte Gnade: Nachdem ich diese doppelte Botschaft von den russischen Schriftstellern gelernt hatte, kehrte ich zu Jesus zurück und musste feststellen, dass sich dies durch alle seine Lehren in den Evangelien und besonders in der Bergpredigt zieht. In seiner Reaktion auf den reichen Jüngling, in dem Gleichnis vom barmherzigen Samariter, in seinen Äußerungen zu Scheidung, Geld oder anderen moralischen Fragen. Niemals schraubte Jesus Gottes Ansprüche herunter. »Ihr aber sollt so vollkommen sein wie euer Vater im Himmel«, forderte er. »Liebe Gott, den Herrn, von ganzem Herzen, mit ganzer Hingabe und mit deinem ganzen Verstand!« Weder Tolstoi noch Franz von Assisi noch Mutter Teresa noch sonst irgendjemand hat diese Forderungen jemals völlig erfüllt.

Und doch schenkt derselbe Jesus liebevoll uneingeschränkte Gnade. Jesus vergab einer Ehebrecherin, einem Dieb am Kreuz, einem Jünger, der abstritt, ihn zu kennen. Er wählte denselben treulosen Jünger Petrus aus, damit dieser seine Kirche gründen konnte. Und dann wandte er sich, um seine Sache voranzutreiben, an einen Mann namens Saulus, der für seine Christenverfolgung berüchtigt war. Gnade ist absolut, unbeirrbar und allumfassend. Sie schließt sogar die Menschen ein, die Jesus ans Kreuz nagelten: »Vater, vergib ihnen, denn sie wissen nicht, was sie tun!« war einer der letzten Sätze, die Jesus auf dieser Erde sprach.

Jahrelang hatte ich mich angesichts der absoluten Ideale der Bergpredigt so unwürdig gefühlt, dass ich dabei die Gnade völlig übersah. Aber nachdem ich die zweiteilige Botschaft begriffen hatte, las ich den Bibeltext noch einmal und stellte fest, dass Gnade die ganze Predigt bestimmt. Es beginnt schon bei den Seligpreisungen – Selig sind, die geistlich arm sind, die da Leid tragen, die Sanftmütigen; selig sind die Verzweifelten – und zieht sich hindurch bis zum Vaterunser: »Vergib uns unsere Schuld ... und erlöse uns von dem Bösen.« Jesus begann diese große Rede mit freundlichen Worten für die Bedürftigen und fuhr mit einem Gebet fort, das so vielen Gruppen als Modell diente. »Ein Tag nach dem anderen«, sagen die Anonymen Alkoholiker – »Unser tägliches Brot gib uns heute«, sagen die Christen. Die Gnade gilt den Verzweifelten, den Bedürftigen, den Zerbrochenen, denen, die es nicht allein schaffen. Die Gnade gilt uns allen.

Lange hatte ich die Bergpredigt als Entwurf für menschliches

Verhalten betrachtet, den man unmöglich befolgen kann. Als ich die Worte nochmals las, stellte ich fest, dass Jesus sie nicht sagte, um uns zu belasten, sondern um uns zu sagen, wie *Gott* ist. Gottes Charakter ist das Thema der Bergpredigt. Warum sollen wir unsere Feinde lieben? Weil unser nachsichtiger Vater seine Sonne über Guten und Bösen aufgehen lässt. Warum vollkommen sein? Weil Gott vollkommen ist. Warum sollen wir Schätze im Himmel sammeln? Weil unser Vater dort lebt und uns überreichlich belohnen wird. Warum ohne Angst und Sorgen sein? Weil derselbe Gott, der die Lilien und das Gras auf dem Feld kleidet, versprochen hat, auch für uns zu sorgen. Warum beten? Wenn schon ein Vater auf Erden seinem Sohn Fisch oder Brot gibt, wie viel mehr wird der Vater im Himmel gute Dinge für die bereit halten, die ihn darum bitten.

Wie konnte mir das nur entgehen? Jesus hielt die Bergpredigt nicht, damit wir, wie Tolstoi, an unserer Unzulänglichkeit verzweifeln. Er wollte uns damit Gottes Ideale vermitteln, nach denen wir unermüdlich streben sollen – und uns gleichzeitig zeigen, dass niemand sie jemals erreichen wird. Die Bergpredigt zeigt uns die große Kluft zwischen Gott und uns, und jeder Versuch, diese Distanz zu überbrücken, indem wir die Forderungen abschwächen, verfehlt das Ziel.

Die schlimmste Tragödie wäre es, wenn man die Bergpredigt in eine neue Form der Gesetzlichkeit verwandeln würde. Sie will vielmehr jeglicher Gesetzlichkeit ein Ende machen. Die Gesetzlichkeit der Pharisäer ist immer zum Scheitern verurteilt, aber nicht, weil sie zu streng ist, sondern weil sie nicht streng genug ist. Ungestüm und unwiderlegbar zeigt die Bergpredigt, dass wir alle vor Gott auf derselben Stufe stehen: Mörder und Jähzornige, Ehebrecher und Lüstlinge, Diebe und Neider. Wir alle sind verzweifelt – und das ist für einen Menschen, der Gott kennen lernen möchte, eigentlich der einzig angemessene Zustand. Nachdem wir aus dem absoluten Ideal herausgefallen sind, kann uns nur eins auffangen: das Sicherheitsnetz der absoluten Gnade.

S. 135: »*Ihr aber sollt . . .*«: Matthäus 5,48
S. 135: »*Nicht nur siebenmal . . .*«: Matthäus 18,22
S. 135: »*So wie ihr . . .*«: Matthäus 7,12
S. 136: *Owens:* Virginia Stem Owens, »God and man at Texas A&M«, in: *The Reformed Journal,* November 1987.
S. 138: »*Meint nur nicht, . . .*«: Matthäus 5,17.20
S. 138: »*Du sollst . . .*«: 2. Mose 20,7
S. 139: »*Schon wer auf . . .*«: Matthäus 5,22
S. 139: »*Schon wer eine Frau . . .*«: Matthäus 5,28-29
S. 140: *Updike:* John Updike, »Even the Bible is soft on Sex«, in: *The New York Times Book Review,* 20. Juni 1993.
S. 140: »*Wenn ein Mann . . .*«: Matthäus 5,32
S. 140: »*Wehrt euch nicht, . . .*«: Matthäus 5,39-40
S. 141: »*Gebt dem Kaiser . . .*«: Matthäus 22,21
S. 143: »*Wenn jemand . . .*«: Matthäus 5,19
S. 145: »*Regeln, um . . .*«: Zitiert nch William L. Shirer, *Love and Hatred. The Stormy Mariage of Lev and Sonya Tolstoy.* New York, 1994.
S. 145: »*Ach, wie wenig Güte . . .*«: Sonja Andrejewna Tolstoja, *Tagebücher 1862-1910.* Eintrag vom 26. Januar 1895. Berlin, 1988.
S. 147: »*Was ist mit Ihnen, . . .*«: Zitiert nach A. N. Wilson, *The Lion and the Honeycomb. The Religious Writings of Tolstoy.* San Francisco.
S. 148: *Wilson:* A. N. Wilson, *The Lion and the Honeycomb.*
S. 150: »*Wenn irgendjemand . . .*«: Zitiert nach Janköm Lavrin, *Dostojewskij.* Reinbek, 1981.
S. 150: »*Wir wollen lieben, . . .*«: 1. Johannes 4,19
S. 151: »*Denn wo sich . . .*«: Römer 5,20b
S. 151: »*Wer nun zu . . .*«: Römer 8,1
S. 152: »*Ihr aber sollt . . .*«: Matthäus 5,48
S. 152: »*Liebe Gott, . . .*«: Matthäus 22,37
S. 152: »*Vater, vergib ihnen, . . .*«: Lukas 23,34

8
Der Auftrag:
Eine Revolution der Gnade

Als wir in dem Chicagoer Seminar die Evangelien durchnahmen und die Jesus-Filme dazu ansahen, entdeckten wir ein auffälliges Muster: Je zwielichtiger die Charaktere waren, desto wohler fühlten sie sich bei Jesus. Leute wie diese fanden Jesus anziehend: ein sozial ausgegrenzter Samariter, ein Militäroffizier des Tyrannen Herodes, ein Steuereinnehmer, der seinen eigenen Landsleuten in den Rücken fiel, eine Frau, die noch vor kurzem von sieben Dämonen besessen gewesen war.

Im Gegensatz dazu reagierten höher Stehende eher unterkühlt auf Jesus. Fromme Pharisäer fanden ihn ungehobelt und weltlich, ein reicher junger Mann verließ ihn kopfschüttelnd, und sogar der aufgeschlossene Nikodemus suchte Jesus nur im Schutz der Dunkelheit auf.

Ich machte die Seminarteilnehmer darauf aufmerksam, wie seltsam dieses Muster anmutet, wenn man bedenkt, dass die Kirche heutzutage angesehene Menschen anzieht, die denjenigen sehr ähneln, denen Jesus äußerst verdächtig erschien. Was ist geschehen, dass das Muster sich derartig umgekehrt hat? Warum *wollen* Sünder denn nicht mit uns zusammen sein?

Dann erzählte ich die Geschichte von einem Freund, der unter Obdachlosen in Chicago arbeitet. Eines Tages kam eine Prostituierte zu ihm. Sie war am Ende: Sie hatte kein Dach über dem Kopf, war krank und konnte das Essen für ihre zweijährige Tochter nicht bezahlen. Tränenüberströmt gestand sie, dass sie ihre Tochter – zwei Jahre alt! – an Männer mit perversen sexuellen Neigungen verkaufte, um ihre Drogensucht zu finanzieren. Mein Freund konnte die schmutzigen Details ihrer Geschichte kaum ertragen. Er saß stumm dabei und wusste nicht, was er sagen sollte. Zum Schluss fragte er sie, ob sie niemals daran gedacht hätte, bei der Kirche um Hilfe zu bitten. »Ich vergesse niemals ihr erstauntes Gesicht«, erzählte er mir später. »›Die Kirche?‹, rief sie verständnislos. ›Warum sollte ich wohl da hingehen? Bei denen fühle ich mich doch noch schlechter, als ich es jetzt schon tu!‹«

Irgendwie haben wir in der Kirche eine Gemeinschaft der Ehrenwerten eingerichtet. Die Obdachlosen, die sich um Jesus scharten, als er auf der Erde lebte, haben heute nicht mehr das Gefühl, willkommen zu sein. Wie hat Jesus, der einzige vollkommene Mensch in der Menschheitsgeschichte, es geschafft, die notorisch Unvollkommenen so anzuziehen? Und was hält uns davon ab, heute dasselbe zu tun?

Ein Seminarteilnehmer meinte, die Gesetzlichkeit in der Kirche habe eine große Barriere für Nichtchristen aufgebaut, so dass sie sich unwohl fühlten. Plötzlich nahm die Diskussion eine unvermutete Wendung, als die »Überlebenden« von christlichen Colleges und fundamentalistischen Kirchen ihre »Kriegserfahrungen« austauschten. Ich erzählte von meiner eigenen Verwirrung, als in den frühen siebziger Jahren das ehrwürdige *Moody Bible Institute*, das nur vier Blocks von unserer Kirche entfernt war, den männlichen Studenten Vollbärte, Schnäuzer und Haare, die über die Ohren hingen, verbot – obwohl alle Studierenden Tag für Tag an einem großen Gemälde von Dwight L. Moody vorbeikamen, der eindeutig alle drei Regeln brach.

Alle lachten. Alle außer Greg, der auf seinem Stuhl herumrutschte und Mühe hatte sich zurückzuhalten. Ich sah, wie sich sein Gesicht rötete und dann weiß wurde vor Ärger. Schließlich meldete er sich zu Wort. Zorn und Entrüstung sprudelten aus ihm heraus. Er stotterte beinahe. »Am liebsten würde ich sofort gehen«, stieß er hervor und brachte so unvermittelt alle zum Schweigen. »Sie werfen anderen vor, Pharisäer zu sein. Ich sage Ihnen, wer hier wirklich ein Pharisäer ist. Und zwar Sie (dabei zeigte er auf mich), genauso wie alle anderen hier in diesem Seminar. Ihr fühlt euch so überlegen und weise. Ich bin durch die *Moody Church* zum Glauben gekommen. Ihr sucht euch irgendwelche Leute, auf die ihr heruntersehen könnt, von denen ihr meint, dass ihr ihnen geistlich überlegen seid. Ihr zieht hinter ihrem Rücken über sie her. Das ist doch genau das, was Pharisäer machen. Ihr seid alle Pharisäer.«

Alle Augen richteten sich auf mich, warteten auf eine Antwort. Ich hatte keine. Greg hatte uns auf frischer Tat ertappt. In geistlicher Vermessenheit machten wir uns über andere lustig, die wir für Pharisäer hielten. Ich sah unauffällig auf die Uhr, in der Hoffnung, durch das Ende der Stunde gerettet zu werden. Aber ich hatte kein Glück: Es blieben noch fünfzehn Minuten. Ich wartete auf einen Gedankenblitz, aber es stellte sich keiner ein. Die Stille wurde immer unangenehmer. Ich war peinlich berührt und fühlte mich in die Enge getrieben.

Dann meldete sich Bob. Er war neu in dem Seminar, und ich werde ihm bis an mein Lebensende dankbar sein, dass er mir aus der Klemme half. Er sprach leise und entwaffnend freundlich: »Ich bin froh, dass du geblieben bist, Greg. Denn wir brauchen dich hier. Ich bin froh, dass du hier bist, und ich möchte dir erklären, warum ich zu dieser Kirche komme.

Offen gesagt identifiziere ich mich mit der Prostituierten in Chicago, von der Philip erzählt hat. Ich war drogenabhängig und in Millionen Jahren wäre ich nicht auf die Idee gekommen, bei einer Kirche Hilfe zu suchen. Aber jeden Dienstag treffen sich die Anonymen Alkoholiker in der Kirche, genau in diesem Raum, in dem wir jetzt sitzen. Ich kam auch zu dieser Gruppe. Und irgendwann dachte ich: Eine Kirche, in der die Anonymen Alkoholiker willkommen sind – mit Zigarettenkippen und Kaffeeflecken und allem, was sonst noch dazugehört –, kann nicht so schlecht sein. Also wollte ich auch mal zu einem Gottesdienst gehen.

Ich muss schon sagen, dass mich die Leute hier zuerst etwas eingeschüchtert haben. Sie sahen aus, als hätten sie alles unter Kontrolle, während ich mich nur so eben über Wasser hielt. Die Leute hier ziehen sich eigentlich ziemlich lässig an, aber meine besten Sachen waren Jeans und T-Shirts. Trotzdem habe ich irgendwie meinen Stolz heruntergeschluckt und bin dann auch sonntags regelmäßig gekommen. Die Leute sind mir aber nicht aus dem Weg gegangen. Sie haben sich um mich bemüht. Und hier habe ich Jesus kennen gelernt.«

Als ob jemand einen Luftschacht geöffnet hätte, entwich die ganze Anspannung bei Bobs einfacher Rede. Greg entspannte sich, ich murmelte eine Entschuldigung, so pharisäerhaft gewesen zu sein, und die Sitzung ging harmonisch zu Ende. Bob hatte uns wieder auf den Boden der Tatsachen zurückgeholt: Wir alle sind Sünder, die gleichermaßen verzweifelt auf Gottes Hilfe angewiesen sind.

»Was ist nötig«, fragte ich abschließend, »damit die Kirche zu einem Ort wird, an dem sich Prostituierte, Zolleintreiber und sogar Pharisäer mit ihren kleinen Sünden gerne versammeln?«

Jesus war der Freund der Sünder. Sie waren gerne in seiner Nähe und sehnten sich nach seiner Gesellschaft. Die Gesetzlichen hingegen fanden ihn schockierend, ja, sogar abstoßend. Worin bestand das Geheimnis Jesu, das uns verloren gegangen ist? »Sag mir, wer deine Freunde sind, und ich sage dir, wer du bist«, heißt es in einem Sprichwort. Stellen Sie sich die Bestürzung der Menschen in Palästina vor, als sie diese Redensart auf Jesus anwenden wollten. Die Evangelien berichten von acht Gelegenheiten, bei denen Jesus eine Einladung zum Essen annahm. Drei von ihnen (die Hochzeit in Kana, sein Besuch bei Maria und Marta und die unterbrochene Mahlzeit in Emmaus nach seiner Auferstehung) waren normale Zusammenkünfte mit Freunden. Die übrigen fünf stehen jedoch im krassen Gegensatz zu den damaligen Gepflogenheiten.

Einmal aß Jesus mit Simon, dem Aussätzigen. Durch meine Arbeit mit Dr. Paul Brand habe ich ebenfalls mit Lepra-Patienten zusammen gegessen. Ich kann Ihnen versichern, dass zweitausend Jahre medizinischen Fortschritts wenig an dem Stigma dieser Krankheit geändert haben. Ein kultivierter, gebildeter Inder erzählte mir von dem Tag, an dem er weinend in einem Auto vor der Kirche gesessen hatte, in der seine Tochter gerade heiratete. Er wollte mit seinem entstellten Gesicht die Gäste nicht vertreiben. Das traditionelle Bankett konnte er auch nicht geben – wer würde schon das Haus eines Leprakranken betreten?

In Palästina förderten strenge Gesetze die soziale Ausgrenzung, die diese Krankheit mit sich brachte: Die Betroffenen mussten außerhalb der Stadtmauer leben und laut »unrein« ausrufen, wenn sich ihnen jemand näherte. Aber Jesus ging über diese Anordnungen hinweg und setzte sich an den Tisch eines Mannes, dessen Stigma untrennbar mit seinem Namen verbunden war. Um die Sache noch schlimmer zu machen, salbte eine Frau von zweifelhaftem Ruf Jesus bei dem Essen mit einem kostbaren Öl. Markus berichtet, dass Judas Iskariot daraufhin angewidert die Gesellschaft verließ und geradewegs zu den führenden Priestern ging, um Jesus zu verraten.

In einer auffallend ähnlichen Szene aß Jesus bei einem Mann, der ebenfalls Simon hieß. Auch hier salbte eine in Tränen aufgelöste Frau Jesus mit Öl und trocknete seine Füße mit ihrem Haar. Dieser Simon war ein richtiger Pharisäer, den eine solche Taktlosigkeit erboste. Doch Jesus gab ihm eine scharfe Antwort, die erklärt, warum er die Gesellschaft von »Sündern und Zöllnern« angesehenen Bürgern wie Simon vorzog:

Sieh diese Frau, Simon! Ich kam in dein Haus, und du hast mir kein Wasser für meine Füße gegeben, was doch sonst selbstverständlich ist. Aber sie hat meine Füße mit ihren Tränen gewaschen und mit ihrem Haar getrocknet. Du hast mich nicht mit dem Bruderkuss begrüßt. Aber diese Frau hat immer wieder meine Füße geküsst. Du hast meine Stirn nicht mit Öl gesalbt, während sie dieses kostbare Öl sogar über meine Füße gegossen hat. Ich sage dir: Ihre große Schuld ist ihr vergeben; sonst hätte sie mir nicht so viel Liebe zeigen können. Wem wenig vergeben wird, der liebt auch wenig.

Wenigstens noch ein weiteres Mal nahm Jesus die Gastfreundschaft eines hoch gestellten Pharisäers an. Wie Doppelagenten folgten religiöse Führer Jesus auf Schritt und Tritt und luden ihn ein, um ihn genau beobachten zu können. Jesus provozierte sie, indem er – obwohl Sabbat war – einen Mann von Wassersucht heilte. Und dann zeigte er den grellen Kontrast zwischen den Banketten ehrgeiziger Pharisäer und Gottes »Festessen« für die »Bettler, Krüppel, Lahmen und Blinden«. Die Evangelien erwähnen keine weiteren Essen mit angesehenen Bürgern, und ich kann auch gut verstehen warum: Jesus war kaum ein angenehmer Gast.*

Die beiden letzten Mahlzeiten, von denen wir wissen, fanden in den Häusern von Zöllnern statt, bei Steuereinnehmern, die zu keiner Zeit besonders beliebt waren, und schon gar nicht zu Lebzeiten Jesu. Sie trieben die Steuern auf Kommissionsbasis ein und bereicherten sich, wo sie nur konnten. Die Juden betrachteten sie als Verräter, die der römischen Besatzung dienten. Das Wort »Zöllner« wurde Synomym für Räuber, Bandit und Mörder. Jüdische Gerichte betrachteten Aussagen eines Steuereinnehmers als ungültig, und ihr Geld durfte nicht als Almosen für die Armen oder zum Wechseln benutzt werden, da es mit unlauteren Mitteln erworben war.

Jesus lud sich selbst ausdrücklich bei beiden Steuereintreibern ein. Als er den geächteten Zachäus bemerkte, der so klein war, dass er auf einen Baum steigen musste, um Jesus zu sehen, rief er ihn herunter und bat darum, mit in dessen Haus gehen zu dürfen. Die Menge verärgerte dies, aber Jesus schüttelte ihre Einwände ab. »Die Gesunden brauchen keinen Arzt, sondern die Kranken!«, entgegnete er bei dieser Gelegenheit.

---

* Die Pharisäer betrachteten ihren Tisch als eine Art »kleinen Tempel«, was auch erklärt, warum sie sich weigerten, mit Heiden oder Sündern zu speisen. Vielleicht fasste Jesus seinen Esstisch ebenfalls als kleinen Tempel auf, was wiederum erklärt, warum er sich eine so kunterbunte Gesellschaft aussuchte. Das große Festmahl, verkündete er, ist nun für alle offen, nicht nur für diejenigen, die eine ordentliche Reinigung hinter sich haben.

Als ich von den bunt zusammengewürfelten Tischgenossen Jesu las, suchte ich nach einer Erklärung, warum Jesus einer Gruppe, den Sündern, solch ein gutes Gefühl vermittelte, während er den anderen, den Frommen, so unbequem war. Einen Hinweis fand ich in einer anderen Begebenheit in den Evangelien, die die Pharisäer mit einer offenkundigen Sünderin zusammenbringt. Die Pharisäer haben eine Frau beim Ehebruch ertappt – ein Vergehen, auf das die Todesstrafe steht. Nun fragen sie Jesus, was mit ihr geschehen solle, in der Hoffnung, ihn in einen Konflikt zwischen Moral und Barmherzigkeit zu bringen.

Jesus hält inne, schreibt etwas auf den Boden und antwortet dann den Wortführern: »Nun, dann steinigt sie! Aber den ersten Stein soll der werfen, der selbst noch nie gesündigt hat!« Als alle nach und nach verschwunden sind, wendet Jesus sich an die Frau: »Wo sind jetzt deine Ankläger? Hat dich denn keiner verurteilt? . . . Dann will ich dich auch nicht verurteilen . . . Geh, aber sündige nicht noch einmal.«

Diese spannungsgeladene Szene zeigt ein klares Prinzip im Leben Jesu: Er bringt jede verdrängte Sünde ans Licht, aber er vergibt großzügig jede Sünde, wenn man sie offen bekennt. Die Ehebrecherin ging mit der Vergebung und der Chance zu einem Neuanfang fort, die Pharisäer hingegen schlichen tief getroffen davon.

Vielleicht reagierten die Prostituierten, Steuereintreiber und andere bekannte Sünder so offen auf Jesus, weil sie im Grunde ihres Herzens wussten, dass sie falsch lagen, und deswegen Gottes Vergebung so verlockend für sie war.

———————————

Die Botschaft Jesu rief bei den Juden im ersten Jahrhundert unterschiedliche Reaktionen hervor. Viele bevorzugten die Art von Johannes dem Täufer mit seiner Insektenkost und seiner ernsten Botschaft vom Gericht und Zorn gegenüber der Botschaft Jesu von der Gnade und einem Festmahl für alle. Ich kann diese seltsame Reaktion gut verstehen, weil ich in einer gesetzlichen Umgebung aufgewachsen bin. Die Gnade war schwammig, flüchtig, schwer zu begreifen. Die Sünde war konkret, sichtbar, eine leichte Zielscheibe. Beim Gesetz wusste ich immer, woran ich war.

Wendy Kaminer, eine moderne Jüdin, die sich bemüht, das Christentum zu verstehen, gibt zu: »Die Lehre der Erlösung durch Gnade ist für mich nicht sehr attraktiv. Man braucht einen wenig ausgeprägten Gerechtigkeitssinn, um einen Gott zu idealisieren, der den Glauben über die Handlungen setzt. Ich ziehe einen Gott vor, der einem alten Witz zufolge auf uns heruntersieht und sagt: ›Ich wünschte, sie würden damit aufhören, sich ständig zu fragen, ob ich existiere oder nicht. Stattdessen sollten sie anfangen, meinen Geboten zu gehorchen.‹«

Wenn wir ehrlich sind, würde es auch uns Christen oft leichter fallen, einem Gott zu folgen, der klipp und klar sagt: »Gehorche meinen Anordnungen«.

Zu Lebzeiten Jesu stellten sich die Juden eine Leiter vor, die höher und höher zu Gott hinaufreichte, eine Hierarchie, die sich in der Tempelanlage widerspiegelte. Heiden und Mischlinge wie die Samariter durften nur den äußeren Vorhof der Heiden betreten. Eine Mauer trennte sie von dem nächsten Teil, in dem jüdische Frauen zugelassen waren. Jüdische Männer durften noch weiter, aber nur Priestern war der Zutritt in die heiligen Bereiche erlaubt. Das Allerheiligste durfte nur der Hohe Priester betreten, und auch das nur einmal im Jahr, am Versöhnungstag.

Die jüdische Gesellschaft beruhte genau genommen auf einem religiösen Kastensystem, das verschiedene Heiligkeitsgrade unterschied, und die Gewissenhaftigkeit der Pharisäer untermauerte tagtäglich diese Unterschiede. Ihre Regeln für das Händewaschen und ihre Maßnahmen zum Schutz vor Verunreinigungen waren der Versuch, sich selbst für Gott annehmbar zu machen. Hatte Gott nicht selbst eine Liste erwünschter (fehlerloser) und unerwünschter (fehlerhafter, unreiner) Tiere für die Opferungen aufgestellt? Hatte er nicht Sünder, menstruierende Frauen, körperlich Deformierte und andere »Unerwünschte« aus dem Tempel verbannt? Die Gemeinschaft der Essener in Qumran hatte eine feste Regel: »Toren, Verrückte, Einfältige, Irre, Blinde, Lahme, Hinkende, Taube und Unmündige – keiner von ihnen darf in die Gemeinde aufgenommen werden.«

Mitten in diesem religiösen Kastensystem trat nun Jesus auf. Zum Entsetzen der Pharisäer hatte er keine Skrupel, sich mit Kindern, Sündern oder sogar Samaritern zu umgeben. Er berührte »Unreine«, oder sie berührten ihn: Leprakranke, Deformierte, eine Frau, die an Blutfluss litt, Verrückte und Besessene. Obwohl die Gesetze einen Tag der Reinigung nach der Berührung eines Kranken vorschrieben, führte Jesus Massenheilungen durch und berührte dabei Unmengen Kranker. Er kümmerte sich nie um die Regeln der Verunreinigung, wenn er Kranke oder gar Tote angefasst hatte.

Ein Beispiel für die revolutionären Veränderungen, die Jesus in Gang setzte, ist sein Umgang mit Frauen. In jenen Tagen beteten die jüdischen Männer in jedem Gottesdienst: »Gepriesen seist du, Jahwe, dass du mich nicht als Frau geschaffen hast.« Frauen saßen in einem abgetrennten Bereich, hatten bei Abstimmungen kein Stimmrecht und wurden kaum in der Thora unterwiesen. Im sozialen Leben sprachen nur wenige Frauen mit Männern außerhalb ihrer Familie, und berühren durfte eine Frau nur ihren Ehemann. Und doch ging Jesus locker mit Frauen um und unterrichtete manche als seine Jüngerinnen. Eine Samariterin, die fünf Männer gehabt hatte, wurde von Jesus dazu gebracht, eine geistliche Erweckungsbewegung zu leiten. (Bemerkenswerterweise begann er das Gespräch, indem er sie um Hilfe bat.) Die Salbung einer Prostituierten nahm er dankbar an. Frauen gehörten zu seinen ständigen Begleitern, was sicherlich Anlass zum Gerede gab. In den Gleichnissen und Auslegungen Jesu tauchten viele Frauen auf, und oft tat er ihnen zuliebe Wunder. Dem Bibelforscher Walter Wink zufolge verletzte Jesus bei jeder einzelnen Begegnung mit Frauen, die in den Evangelien berichtet wird, die Sitten seiner Zeit. Und Paulus merkte später an, nun sei es »nicht mehr wichtig, ob ihr Juden oder Griechen, Sklaven oder Freie, Männer oder Frauen seid.«*

Ja, für Frauen und andere unterdrückte Menschen drehte Jesus die herrschende Meinung seiner Zeit völlig um. Die Pharisäer glaubten, dass man durch die Berührung eines »Unreinen« selbst unrein wurde. Aber als Jesus einen Leprakranken anfasste, verunreinigte er sich nicht, sondern im Gegenteil: Der Kranke wurde rein. Als eine unmoralische Frau Jesus die Füße wusch, ging sie mit der Vergebung und völlig verändert fort. Als er entgegen den Sitten das Haus eines Heiden betrat, heilte er dessen Diener. In Wort und Tat verkündete Jesus eine von Grund auf neue Botschaft der Gnade: Um rein zu werden, musste man nicht nach Jerusalem pilgern, Opfer darbringen und sich den Reinigungsritualen unterziehen. Man musste nur Jesus folgen. Oder wie Walter Wink es formulierte: »Die Ansteckung der Heiligkeit besiegt die Ansteckung der Unreinheit.«

Kurz: Jesus verlegte den Schwerpunkt von Gottes Heiligkeit auf Gottes Gnade. Anstelle der Botschaft »Unerwünschte nicht zugelassen« verkündete er: »In Gottes Reich gibt es keine Unerwünschten«. Auf seinem Weg traf er auf Heiden, aß mit Sündern, berührte Kranke und vergrößerte so das Reich Gottes. Für die jüdischen Führer be-

---

* Dorothy L. Sayers weitet diesen Punkt aus: »Vielleicht ist es kein Wunder, dass Frauen die ersten an der Krippe und die letzten am Kreuz waren. Sie hatten noch nie einen Mann wie diesen gesehen – einen solchen hat es nie wieder gegeben. Ein Prophet und Lehrer, der niemals an ihnen herumnörgelte, ihnen niemals schmeichelte oder sie beschwatzte oder gönnerhaft tat; der niemals kluge Witze über sie machte, sie niemals als »die Damen – Gott steh uns bei!« oder »die Damen – Gott hab' sie selig!« behandelte; der ohne Nörgelei tadelte und ohne Herablassung lobte; der ihre Fragen und ihre Argumente ernst nahm; der ihnen niemals ihren Bereich vorschrieb, sie niemals drängte, fraulich zu sein oder sie niemals wegen ihrer Weiblichkeit verspottete; der niemals sein eigenes Süppchen kochte und nicht ängstlich eine männliche Würde zu verteidigen hatte; der sie so nahm, wie sie waren; und völlig unbefangen mit ihnen umging.
Keine Handlung, keine Predigt, kein Gleichnis gibt es im gesamten Evangelium, die ihre Pointe aus weiblicher Verdrehtheit beziehen; niemand könnte aufgrund der Worte und Taten Jesu auf den Gedanken kommen, dass der Natur der Frau etwas ›Komisches‹ anhaftet.
Aber bei seinen Zeitgenossen und bei seinen Propheten, die vor ihm kamen, und bei seiner Kirche bis zum heutigen Tag könnten wir auf solche Gedanken kommen.«

drohten die Handlungen Jesu die Existenz ihres religiösen Kastensystems – wen wundert es da, dass die Evangelien mehr als zwanzig Gelegenheiten erwähnen, bei denen sie Pläne gegen Jesus schmiedeten.

In einer Geschichte vergleicht Jesus einen frommen Pharisäer mit einem reuevollen Zöllner und fasst die Botschaft der Gnade kurz und bündig zusammen. Der Pharisäer, der zweimal pro Woche fastete und pflichtgemäß den Zehnten abtrat, dankte Gott dafür, dass er weit über Dieben, Übeltätern und Ehebrechern und natürlich auch dem Zöllner stand. Der Zolleinnehmer dagegen war zu demütig, um auch nur aufzublicken, und sprach das einfachste aller Gebete: »Gott! Vergib mir, ich weiß, dass ich ein Sünder bin.« Und Jesus zog die Schlussfolgerung: »Ihr könnt sicher sein, dieser Mann ging von seiner Schuld befreit nach Hause, nicht aber der Pharisäer.«

Können wir aus dieser Geschichte schließen, dass es auf unser Verhalten nicht ankommt, dass es keinen moralischen Unterschied gibt zwischen dem gewissenhaften Gesetzlichen und einem Dieb, Übeltäter oder Ehebrecher? Natürlich nicht. Es kommt in vielerlei Hinsicht auf das Verhalten an; es ist nur kein Mittel, um von Gott angenommen zu werden. Der Skeptiker A. N. Wilson kommentierte: »Das Gleichnis mit dem Pharisäer und Zöllner leugnet diese vernünftige Liebe zur Tugend ganz entschieden, auf schockierende und geradezu moralisch anarchische Weise. Hier scheint es nur auf eins anzukommen: auf Gottes Fähigkeit zur Vergebung.« Genauso ist es.

Mit seinem eigenen Verhalten setzte Jesus die »große Umkehrung«, die die Seligpreisungen ankündigen, in die Tat um. Gewöhnlich bewundern wir in dieser Welt die Wohlhabenden, Schönen und Erfolgreichen. Die Gnade jedoch ist der Beginn einer neuen Logik. Weil Gott die Armen, die Leidenden und die Verfolgten liebt, sollen wir es auch tun. Weil bei Gott niemand unerwünscht ist, soll es bei uns auch so sein. Durch sein eigenes Beispiel forderte Jesus uns auf, diese Welt mit – wie Irenäus es nennen würde – »durch Gnade geheilten Augen« zu betrachten.

Die Gleichnisse Jesu unterstrichen diesen Auftrag, denn oft waren Arme und Unterdrückte die Helden seiner Geschichten. Eine Erzählung handelt von einem armen Mann namens Lazarus – übrigens die einzige Person in den Gleichnissen Jesu, die mit Namen genannt wird –, der von einem Reichen ausgebeutet wurde. Zunächst schwelgte der Reiche in luxuriöser Kleidung und üppigem Essen, während der Bettler Lazarus in Lumpen bei den Hunden vor seinem Tor lag. Doch dann kehrte der Tod auf erstaunliche Weise ihre Schicksale um. Der Reiche hörte von Abraham: »Erinnere dich! Du hast im Leben alles gehabt, Lazarus hatte nichts. Jetzt geht es ihm gut, und du musst leiden.«

Diese Geschichte prägte sich den frühen Christen besonders gut ein, denn viele von ihnen gehörten zu den unteren Schichten. Reiche und arme Christen schlossen ein Abkommen: Die Reichen wollten Geld für wohltätige Zwecke spenden und die Armen sollten im Gegenzug für ihre Seelen beten. Denn, so schlossen sie, Gott sei sicherlich den Gebeten der Armen eher gewogen.

Eine Zeit lang bemühte die Kirche sich, diese neue Denkweise umzusetzen. Deshalb genossen die ersten Christen im Römischen Reich ein hohes Ansehen wegen ihrer Unterstützung der Armen und Leidenden. Im Gegensatz zu ihren heidnischen Nachbarn kauften die Christen bereitwillig ihre Freunde frei, wenn sie von Barbaren gefangen worden waren. Bei der Pest kümmerten Christen sich um ihre Kranken und verstießen sie nicht, wie die Heiden, beim ersten Anzeichen der Krankheit. Zumindest in den ersten Jahrhunderten nahm die Kirche die Aufforderung Jesu, Fremde aufzunehmen, wörtlich. Man kleidete die Nackten, gab den Hungrigen zu essen und besuchte die Inhaftierten.*

---

* Kirchenhistorikern zufolge dauerten diese Wohltätigkeiten bis zum Triumph von Konstantin, der den Glauben gesetzlich verankerte und eine offizielle Reichskirche einrichtete. Von diesem Zeitpunkt an neigte die Kirche dazu, sich mehr theoretisch mit der Armut zu befassen, und überließ dem Herrscher wohltätige Dienste. Im Laufe der Zeit wurde die Kirche immer mehr in das reiche Establishment integriert.

Wenn ich die Gleichnisse Jesu und die Geschichte der frühen Kirche betrachte, wirkt dies anregend und beunruhigend zugleich auf mich. Die Frage, die ich zum ersten Mal in dem Seminar in Chicago aufgeworfen habe, holt mich ein und überführt mich. Angesichts des klaren Beispiels Jesu ist es seltsam, dass die Kirchen nun zu einer Gemeinschaft der Angesehenen geworden sind, in denen sich Obdachlose nicht mehr willkommen fühlen.

Ich bin jetzt in Colorado in einer Kirche, deren Mehrzahl der Mitglieder derselben ethnischen Gruppierung (weiß) und derselben Schicht (Mittelstand) angehören. Ich bin jedes Mal bestürzt, wenn ich das Neue Testament aufschlage und sehe, wie vielfältig das Baumaterial war, aus dem die frühe Kirche gebaut wurde. Die Kirche, wie die meisten von uns sie kennen, hat nur noch wenig gemein mit der bunten Gesellschaft sozial Ausgegrenzter, die in den Evangelien und in der Apostelgeschichte beschrieben wird.

Ich versuche mir ein Bild davon zu machen, indem ich mich in die Zeit Jesu zurückversetze. Arme, Kranke, Zolleinnehmer, Sünder und Prostituierte drängen sich um Jesus, aufgerüttelt durch seine Botschaft der Heilung und der Vergebung. Die Reichen und Mächtigen stehen eher am Rand, stellen ihn auf die Probe, spionieren ihm nach und versuchen ihm eine Falle zu stellen. Natürlich kenne ich diese Tatsachen über die Zeit, in der Jesus gelebt hat. Und doch verliere ich, der ich behaglich in einer Mittelstands-Kirche in einem reichen Land wie den Vereinigten Staaten sitze, leicht den radikalen Kern der Botschaft Jesu aus den Augen.

Um meine Sichtweise zu korrigieren, habe ich Berichte von christlichen Gemeinden in der Dritten Welt gelesen. Mit den Augen der Dritten Welt betrachtet, sieht das Evangelium ganz anders aus als das, was in den meisten Kirchen der Wohlstandsnationen gepredigt wird. Die Armen und Ungebildeten können den Missionsauftrag Jesu (»Er hat mich gesandt, den Armen die frohe Botschaft zu bringen und die Verzweifelten zu trösten. Ich rufe Freiheit aus für die Gefangenen, ihre Fesseln werden gelöst und die Kerkertüren geöffnet«) vielleicht nicht als Jesaja-Zitat erkennen, aber sie hören zweifellos die gute Nachricht. Sie begreifen die große Umkehr nicht als Abstraktion, sondern als Gottes Versprechen der trotzigen Hoffnung und als Herausforderung Jesu für seine Nachfolger. Und wie auch immer sie von der übrigen Welt behandelt werden, Arme und Kranke haben durch Jesus die Sicherheit, dass bei Gott niemand unerwünscht ist.

———————————

Erst durch den japanischen Schriftsteller Shusaku Endo begriff ich, dass das Phänomen der Umkehr im Zentrum des Auftrags Jesu steht.

Endo wuchs in einem Land, in dem nur ein Prozent der Bevölkerung der Kirche angehört, bei einer frommen christlichen Mutter auf und wurde mit elf Jahren getauft. Im Vorkriegs-Japan als Christ aufzuwachsen bedeutete ein ständiges Gefühl der Fremdheit, und manchmal schikanierten seine Klassenkameraden ihn wegen seiner »westlichen« Religion. Nach dem Zweiten Weltkrieg ging er nach Frankreich, in der Hoffnung, dort geistliche Geschwister zu finden. Aber man verfolgte ihn auch dort, diesmal wegen seiner Herkunft, nicht wegen seines Glaubens. Als einer der ersten japanischen Austauschstudenten in einem Land der Alliierten wurde Endo zu einer Zielscheibe für rassistische Angriffe. »Schlitzäugiger Japse!«, rief man ihm nach.

In seiner kulturellen wie auch in seiner geistlichen Heimat abgewiesen, erlebte Endo eine tiefe Glaubenskrise. Er bereiste Palästina, um das Leben Jesu zu studieren, und dabei machte er eine Entdeckung, die ihn veränderte: Auch Jesus hatte Ablehnung erfahren. Ja, mehr noch: Für das Leben Jesu war Ablehnung *charakteristisch.* Seine Nachbarn lachten ihn aus, seine Familie stellte seinen Geisteszustand in Frage, seine engsten Freunde verrieten ihn und seine Landsleute behandelten ihn wie einen Terroristen. In seinem ganzen Dienst konzentrierte Jesus sich auf die Armen und Abgelehnten, das Gesindel.

Diese neue Erkenntnis war für Endo wie eine Offenbarung. Von dem weit entfernten Japan aus hatte er das Christentum als triumphierenden, konstantinischen Glauben betrachtet. Er hatte das Heilige Römische Reich und die Kreuzzüge genau studiert, hatte Europas große Kathedralen auf Fotos bewundert, hatte davon geträumt, in einem Land zu leben, wo man als Christ nicht automatisch in Ungnade fiel. Als er aber nun in der Bibel forschte, stellte er fest, dass Jesus dieser »Ungnade« nicht aus dem Weg gegangen war. Jesus war der leidende Diener, wie Jesaja ihn beschrieb: »Er wurde verachtet, von allen gemieden. Von Krankheit und Schmerzen war er gezeichnet. Man konnte seinen Anblick kaum ertragen ...« Und Endo hatte das Gefühl, dass gerade dieser Jesus verstehen konnte, was Ablehnung bedeutete.

Wie Shusaku Endo es sieht, brachte Jesus den Aspekt der Mutterliebe als Gegengewicht zur Vaterliebe des Alten Testaments.* Natürlich findet sich Gnade auch im Alten Testament, aber bei der Betonung von Gesetz und Gericht gerät sie schnell in den Hintergrund. In einer Gesellschaft, die sich auf die strengen Maßstäbe der Thora gründete, sprach Jesus von einem Gott, der die Bitten eines einfachen Sünders dem Flehen eines hauptamtlichen Gläubigen vorzieht. Er verglich Gott mit einem Hirten, der neunundneunzig Schafe in der Umzäunung zurücklässt, um verzweifelt nach einem verloren gegangenen zu suchen; mit einem Vater, der unablässig an seinen rebellierenden, undankbaren Sohn denkt, obwohl er noch einen gehorsamen und ehrfürchtigen Sohn hat; mit einem reichen Gastgeber, der seinen Bankettsaal für Dahergelaufene und Obdachlose öffnete.

---

* Der Therapeut Erich Fromm unterscheidet zwei Formen der Liebe, die ein Kind in einer ausgewogenen Familie erfährt. Mutterliebe neigt dazu, keine Bedingungen zu stellen und das Kind unabhängig von seinem Verhalten zu akzeptieren. Vaterliebe ist eher vorläufig, und Anerkennung erfolgt, wenn das Kind bestimmte Verhaltensstandards erfüllt. Im Idealfall – so Fromm – sollte das Kind beide Formen der Liebe bekommen und verinnerlichen. Endo zufolge hat Japan als ein Land mit autoritären Vätern nur die Vaterliebe Gottes begriffen, aber nicht dessen Mutterliebe.

Jesus scheute keine Mühe, um die Ungeliebten und Unwürdigen um sich zu sammeln, all diejenigen, die sonst in der Gesellschaft nichts zählen – sie bringen uns in Verlegenheit und wir wünschen uns insgeheim, dass sie verschwinden –, um zu zeigen, dass selbst Niemande Gott unendlich viel wert sind. Eine »unreine« Frau, zu schüchtern und zu verschämt, um direkt vor Jesus zu treten, berührte seine Kleidung in der Hoffnung, dass es unbemerkt bliebe. Aber er spürte es doch. Sie erfuhr, wie so viele andere Niemande, dass man dem Blick Jesu nicht so einfach entgeht.

Jesus zeigte mit seiner Person, dass Gott Menschen nicht als Rasse oder Spezies liebt, sondern als Einzelpersonen. Wir bedeuten Gott etwas. »Indem du das Ungeliebte liebtest, machtest du mich liebenswert«, sagte Augustinus.

Manchmal fällt es mir schwer, auf Gottes Liebe zu vertrauen. Dabei lebe ich weder in Armut wie die Christen in der Dritten Welt, noch habe ich wie Shusaku Endo unter Ablehnung gelitten. Aber ich habe doch Leid kennen gelernt, eine harte Tatsache, die vor keinem Volk und keinem wirtschaftlichen System Halt macht. Leidende brauchen auch durch Gnade geheilte Augen.

In einer schrecklichen Woche riefen mich zwei Menschen an, um mit mir über eines meiner Bücher zu sprechen. Der erste war ein Jugendpastor in Colorado, der gerade erfahren hatte, dass seine Frau und seine kleine Tochter an Aids sterben würden. »Wie kann ich in meiner Jugendgruppe über einen liebenden Gott sprechen, wenn ich das gerade erfahren habe?«, fragte er. Am nächsten Tag bekam ich einen Anruf von einem Blinden, der einen ehemaligen Drogenabhängigen bei sich aufgenommen hatte. Vor kurzem hatte er herausgefunden, dass dieser ihn unter seinem eigenem Dach mit seiner Ehefrau betrog. »Warum bestraft Gott mich dafür, dass ich versucht habe, ihm zu dienen?«, wollte er wissen. In diesem Augenblick ging ihm das Kleingeld aus, die Leitung war plötzlich tot und ich hörte nie wieder von ihm.

Inzwischen versuche ich noch nicht einmal mehr, eine Antwort auf diese Warum-Fragen zu finden. Warum hatte die Frau des Jugendpastors ausgerechnet die eine infizierte Blutkonserve bekommen? Warum werden manche guten Menschen für das, was sie tun, verfolgt, während viele böse Menschen sich bis ins hohe Alter bester Gesundheit erfreuen? Warum werden nur so wenige von den zahllosen Gebeten um Heilung beantwortet? Ich weiß es nicht.

Aber wenigstens eine Frage quält mich nicht mehr, und ich glaube, dass sich hinter fast allen Fragen über Gott letztendlich diese eine verbirgt: »Kümmert es Gott überhaupt?« Ich weiß nur eine einzige Antwort, und die fand ich bei meiner Beschäftigung mit dem Leben Jesu. Mit Jesus gab Gott uns ein Gesicht, und in diesem Gesicht kann ich unmittelbar erkennen, was Gott für diesen Jugendpastor empfindet und für den blinden Mann, dessen Namen ich niemals erfahren habe. Jesus hat keineswegs alles Leid beseitigt. Er heilte nur einige wenige auf einem winzigen Flecken der Weltkarte. Aber er ist die Antwort auf die Frage, ob es Gott kümmert, was mit uns geschieht, oder nicht.

Wir wissen von drei Gelegenheiten, die Jesus die Tränen in die Augen trieben. Er weinte, als sein Freund Lazarus starb. Ich erinnere mich an ein schreckliches Jahr, als drei Freunde von mir kurz hintereinander starben. An Trauer kann man sich nicht gewöhnen. Die Erfahrung mit den ersten beiden Verlusten bereitete mich nicht auf den dritten vor. Der Kummer traf mich wie ein Güterzug, der mich überrollte. Er nahm mir den Atem und ich konnte nur weinen. Und doch tröstete es mich zu wissen, dass Jesus etwas Ähnliches gefühlt hat, als sein Freund Lazarus starb. Und das gibt mir einen Eindruck von dem, was in Gott vorging, als meine Freunde starben, die er ja auch liebte.

Ein anderes Mal schossen Jesus die Tränen in die Augen, als er über Jerusalem blickte und das weitere Schicksal dieser sagenumwobenen Stadt begriff. Sein Aufschrei bringt das zum Ausdruck, was Shusaku Endo als Mutterliebe bezeichnet hat: »Jerusalem! O Jerusalem! Du tötest die Propheten und erschlägst die Boten, die Gott zu dir schickt. Wie oft habe ich deine Kinder sammeln wollen, so wie eine Henne ihre Küken unter ihre Flügel nimmt! Aber ihr habt es nicht gewollt!« Dieser plötzliche seelische Schmerz ähnelt dem, was Eltern empfinden, wenn ihr Kind vom rechten Weg abkommt, ihnen seine Freiheit unter die Nase reibt und alles ablehnt, womit es aufgewachsen ist. Oder dem Schmerz eines Menschen, der gerade erfahren hat, dass sein Ehepartner ihn verlässt – der Schmerz des betrogenen Liebenden. Es ist ein ohnmächtiger, niederschmetternder Schmerz, der sinnlos erscheint, und es erschüttert mich, dass Gottes Sohn angesichts der menschlichen Freiheit selbst einen solchen Schrei der Hilflosigkeit ausstieß. Noch nicht einmal Gott mit all seiner Macht kann ein menschliches Wesen dazu zwingen, ihn zu lieben.

Und schließlich lesen wir im Brief an die Hebräer, dass Jesus »Gott, der ihn allein vom Tod retten konnte, unter Tränen und voller Verzweiflung angefleht« hat. Aber er wurde nicht vom Tod gerettet. Wäre es zu viel gesagt, wenn man behauptet, dass Jesus sich dieselbe Frage stellte, die mich, die die meisten Menschen irgendwann einmal bewegt: Kümmert es Gott? Wie sonst sollte man Jesu Zitat aus dem düsteren Psalm verstehen: »Mein Gott, mein Gott, warum hast du mich verlassen?«?

Und wieder finde ich es irgendwie tröstlich, dass Jesus angesichts des Schmerzes genauso reagiert wie ich. Er betete im Ölgarten nicht: »O Herr, ich danke dir, dass du mich auserwählt hast, für dich zu leiden. Über dieses Vorrecht freue ich mich!« Nein, er fühlte Kummer, Angst und Verlassenheit, und ihn beschlich sogar eine Art Verzweiflung. Und doch ertrug er es, weil er wusste, dass sein Vater die Mitte des Universums war, ein liebender Gott, dem er vertrauen konnte – egal, wie die Dinge im Moment aussahen.

Die Reaktionen Jesu auf Leidende und auf Niemande gewähren einen kurzen Blick in das Herz Gottes. Gott ist nicht das ungerührte Absolute, sondern der Liebende, der sich uns nähert. Ich glaube, Gott sieht mich mit all meinen Schwächen an, wie Jesus die Witwe ansah, die an der Bahre ihres Sohnes stand. Oder Simon, den Aussätzigen, oder den anderen Simon, Petrus, der ihn verleugnete und trotzdem beauftragt wurde, seine Kirche zu gründen und zu führen – eine Gemeinschaft, in der für Abgelehnte immer Platz sein muss.

S. 159: »Sieh diese Frau, . . .«: Lukas 7,44-47

S. 160: »Bettler, Krüppel, . . .«: Lukas 14,21

S. 160: »Die Gesunden . . .«: Matthäus 9,12

S. 161: »Nun, dann steinigt sie!«: Johannes 8,7-11

S. 162: Kaminer: Wendy Kaminer, »Saving Therapy: Exploring the Religious Self-Help Habit«, in: Theology Today, Oktober 1991.

S. 163: »Toren, Verrückte, . . .«: Zitiert nach Hans Küng, Christ sein. München, 3. Aufl., 1974.

S. 163: »Gepriesen seist du, . . .«: Marcus J. Borg, Jesus. A New Vision. San Francisco, 1987.

S. 163: Wink: Walter Wink, Engaging the Powers.

S. 163: »nicht mehr wichtig, . . .«: Galater 3,28

S. 164: Sayers: Dorothy L. Sayers, »Mensch-und-doch-nicht-ganz-Mensch«, in: Dies., In die Wirklichkeit entlassen. Moers, 1993.

S. 164: Wink: Walter Wink, Engaging the Powers.

S. 165: »Gott! Vergib mir, . . .«: Lukas 18,13-14

S. 165: Wilson: A. N. Wilson, Der geteilte Jesus.

S. 166: »Erinnere dich!«: Lukas 16,25

S. 167: »Er hat mich gesandt, . . .«: Jesaja 61,1

S. 169: »Er wurde verachtet, . . .«: Jesaja 53,3

S. 171: »Jerusalem!«: Matthäus 23,37

S. 172: »Gott, der ihn . . .«: Hebräer 5,7

S. 172: »Mein Gott, . . .«: Matthaus 27,46

9
Die Wunder:
Momentaufnahmen des
Übernatürlichen

Die Atmosphäre, in der ich aufwuchs, war geprägt von Wundern. An den meisten Sonntagen erzählten Menschen in unserer Kirche von den wunderbaren Gebetserhörungen, die sie in der vergangenen Woche erlebt hatten. Gott fand Parkplätze für Mütter, die mit ihren Kindern zum Arzt mussten, verlorene Füller tauchten auf geheimnisvolle Weise wieder auf und Tumore schrumpften einen Tag vor dem Operationstermin.

In jener Zeit betrachtete ich Jesus als den großen Magier, und dementsprechend machte die Geschichte, in der er über das Wasser lief, ganz besonderen Eindruck auf mich. Wenn ich doch nur einmal so ein Kunststück in der Schule bringen könnte! Wie gerne wäre ich wie ein Engel durch das Klassenzimmer geflogen und hätte damit alle zum Schweigen gebracht, die mich und alle anderen Frommen verspotteten. Wie gerne wäre ich ganz ungerührt mitten durch die Gruppe von Rowdies an der Bushaltestelle hindurchgegangen, genauso wie Jesus es mit der erzürnten Menge in seiner Heimatstadt getan hatte.

Es gelang mir nie, durch das Klassenzimmer zu fliegen, und Raufbolde machten mir weiter das Leben schwer, egal wie viel ich betete. Selbst die »Gebetserhörungen« verwirrten mich. Denn manchmal fanden sich eben keine Parkplätze, und Füllfederhalter blieben weiterhin verschollen. Manchmal wurden Kirchenmitglieder arbeitslos. Manche starben. Auch über mein eigenes Leben hatte sich schon früh ein dunkler Schatten gelegt: Mein Vater war an meinem ersten Geburtstag an Polio gestorben, trotz einer Rund-um-die-Uhr-Gebetswache Hunderter entschiedener Christen. Wo war Gott da gewesen?

Ich habe einen großen Teil meines Lebens als Erwachsener damit verbracht, mit Fragen klarzukommen, die ich mir seit meiner Jugend stellte. Ich musste lernen, dass Gebet nicht wie ein Automat funktioniert, in den man eine Bitte einwirft und der sofort eine Antwort ausspuckt. Genauso verhält es sich auch mit Wundern. Sie sind eben Wunder und keine Alltäglichkeiten, die jeden Tag passieren. Mein Verständnis von Jesus hat sich ebenfalls verändert. Wenn ich jetzt sein Leben betrachte, spielen Wunder eine viel nebensächlichere Rolle, als ich mir das als Kind ausgemalt habe. Er ist eben kein *Superman*.

Natürlich vollbrachte Jesus auch Wunder – rund drei Dutzend, je nachdem, wie man sie zählt –, aber die Evangelien spielen sie eigentlich herunter. Oft bat Jesus diejenigen, die ein Wunder erlebt hatten, nichts davon zu erzählen. Manche Wunder, wie etwa die Auferweckung des toten zwölfjährigen Mädchens, durften nur seine engsten Jünger sehen, und auch sie bekamen die strikte Anweisung, darüber zu schweigen. Er wies niemanden zurück, der ihn um körperliche Heilung bat. Verlangte man jedoch eine Demonstration, um Anwesende zu verblüffen oder wichtige Persönlichkeiten zu beeindrucken, lehnte er ab. Jesus musste schon früh erkennen, dass die Aufregung, die ein Wunder hervorrief, kaum zu einem Leben verändernden Glauben führte.

Einige Skeptiker können natürlich überhaupt kein Wunder stehen lassen, deswegen verwerfen sie von vornherein jeden Bericht eines übernatürlichen Ereignisses.

Im Smithsonian Museum in Washington befindet sich ein in Leder gebundenes Buch, in das Thomas Jefferson sämtliche Stellen der Evangelien klebte, in denen keine Wunder vorkamen. Das war seine Bibel, in der er bis an sein Lebensende täglich las, ein leichter verdauliches Evangelium von dem Lehrer Jesus und nicht dem, der Wunder vollbrachte.

Thomas Jeffersons Verfahren ist das historische Echo auf das, was bereits zu Lebzeiten Jesu begann. Schon damals dachten die Rationalisten über seine Lehren nach und unterzogen seine Wunder einer eingehenden Prüfung. Manchmal leugneten sie den eindeutigen, sichtbaren Beweis einfach ab und manchmal suchten sie nach anderen Erklärungen (Zauber, die Macht des Teufels). Nur selten glaubten die Leute einfach an die Wunder; auch im ersten Jahrhundert erschienen sie genauso seltsam, wie uns heute. Damals wie heute erweckten Wunder eher Argwohn und Verachtung als Glauben.

Weil ich Jesus als Gottes Sohn betrachte, kann ich seine Wunder als ganz natürliche Ergänzung seines Werkes verstehen. Und dennoch werfen die Wunder für mich große Fragen auf. Warum gab es nur so wenige? Und warum gab es überhaupt welche? Warum ausgerechnet diese Wunder und keine anderen? Ich bin Journalist und kein Theologe, deshalb betrachte ich, auf der Suche nach einer Erklärung, die Wunder nicht in systematischen Kategorien, sondern eher als einzelne Begebenheiten, als impressionistische Momentaufnahmen aus dem Leben Jesu.

———————————

Das erste Wunder Jesu war unter Umständen das seltsamste. Er wiederholte niemals eine ähnliche Sache, und er selbst scheint über das Wunder nicht weniger überrascht gewesen zu sein als alle anderen.

Im Alter von etwa dreißig Jahren ging Jesus mit seiner gerade erst formierten Gruppe von Jüngern zu einer Hochzeit. Seine Mutter kam ebenfalls, vermutlich zusammen mit anderen Familienangehörigen. Eine Hochzeit bot etwas Abwechslung in dem ansonsten tristen Dorfleben in Galiläa. Der Bräutigam zog mit seinen Freunden in einer Art Prozession durch die Straßen, um die Gesellschaft der Braut im Fackellicht abzuholen, dann eilten alle in das Haus des Bräutigams zu einem wahrhaft fürstlichen Festmahl. Ich denke da an die fröhlichen Szenen in *Anatevka:* tanzende jüdische Bauernfamilien in ihren besten gestickten Kleidern, Musik und Gelächter, lange Tafeln mit tönernen Platten voller Essen und Weinkrügen. Dieses Fest dauerte manchmal bis zu einer Woche, so lange wie Essen, Wein und gute Laune reichten. Eine Hochzeit war immer ein fröhliches Ereignis.

Für die Jünger muss diese ausgelassene Umgebung recht seltsam gewesen sein, besonders für diejenigen, die von Johannes dem Täufer mit seiner mageren Wüstennahrung und seinen groben Kleidern kamen. Tanzten diese Asketen nun mit jüdischen Mädchen und erfreuten sie sich an kulinarischen Genüssen? Erkundigten sich die Städter bei ihnen nach Johannes dem Täufer, seit vierhundert Jahren der Erste, der so etwas Ähnliches wie ein Prophet war? Das Johannesevangelium gibt darüber keine Auskunft. Es berichtet nur, dass das Fest beinahe ein jähes Ende gefunden hätte: Der Wein ging aus.

Auf einer Liste von dringenden Fällen hätte dieser sicherlich am unteren Ende gestanden. Selbstverständlich war es peinlich. Aber musste der Messias, der gekommen war, um Kranke zu heilen und Gefangene zu befreien, sich um ein solches gesellschaftliches Missgeschick kümmern? »Was kommst du mit solchen Dingen zu mir!«, antwortete Jesus seiner Mutter, als sie ihn auf das Problem ansprach. »Die Zeit zu helfen ist für mich noch nicht gekommen.«

Man kann nur darüber spekulieren, was Jesus in den folgenden Sekunden durch den Kopf ging, als er Marias Bitte bedachte. Wenn er etwas tat, bedeutete dies, dass seine Zeit *doch* gekommen war. Und von diesem Augenblick an würde das sein ganzes Leben verändern. Wenn etwas von seinen Fähigkeiten durchsickerte, würden bald alle Bedürftigen von Tyrus bis Jerusalem zu ihm kommen. Wahre Mengen würden zusammenströmen: Epileptiker, Gelähmte, Taubstumme, Besessene, ganz zu schweigen von den Bettlern, die auf ein kostenloses Glas Wein spekulierten. Aus der Hauptstadt würden Untersuchungsbeamte kommen. Eine Uhr würde zu ticken beginnen und nicht wieder aufhören – bis Golgatha.

Und dann traf Jesus, der kurz zuvor bei seiner Fastenzeit in der Wüste der Versuchung des Satans widerstanden hatte, Steine zu Brot zu machen, eine Entscheidung. Zum ersten, aber bestimmt nicht zum letzten Mal in seinem öffentlichen Leben änderte er seine Absicht, um jemand anderem zu helfen. »Füllt diese Krüge mit Wasser!«, befahl er den Bediensteten. Man tat Wasser in die Krüge, aber heraus floss Wein – ein Wein von bester Qualität, der normalerweise früh serviert wurde, wenn die Gaumen am sensibelsten sind und die Gäste sich am besten beeindrucken lassen. Das Fest kam wieder in Gang, der Gastgeber entspannte sich, als er sah, dass es doch noch Wein gab, und die Hochzeitsgesellschaft feierte weiter.

Johannes schweigt darüber, ob die Gäste oder zumindest der Gastgeber überhaupt etwas von der kleinen Tragödie hinter den Kulissen mitbekamen. Natürlich wussten Maria und die Bediensteten davon. Wie auch die Jünger Jesu: »Dort in Galiläa zeigte Jesus zum ersten Mal seine göttliche Macht. Und seine Jünger glaubten an ihn.«

Aber was können wir aus dieser seltsamen Begebenheit lernen? Wie C. S. Lewis es sieht, kann man darin einen Hinweis auf Gottes allgemeine Gnade erkennen, die in dieser Szene zu einem dünnen Strahl gebündelt wird, wie Sonnenstrahlen in einem Prisma. Die Wunder Jesu liefen in der Regel nicht den Naturgesetzen zuwider, sondern vollzogen vielmehr den normalen Lauf der Schöpfung, nur mit anderer Geschwindigkeit oder in kleinerem Umfang. »In manchen Wundern geschieht, zeitlich und örtlich begrenzt, was Gott allumfassend schon getan hat. (...) Gott erschaffte die Rebe und lehrte sie, mit ihren Wurzeln Wasser aufzusaugen und mit Hilfe der Sonnenstrahlen dieses Wasser in einen Saft umzuwandeln, der beim Vergären ganz bestimmte Eigenschaften annimmt. So wird Jahr für Jahr, von Noahs Zeiten bis heute, Wasser in Wein verwandelt.« In ähnlicher Weise bewirken Antikörper und Antigene tagtäglich Heilungswunder in unserem Körper, nur langsamer und weniger Aufsehen erregend, als Jesus es tat.

Nun gut, aber wie steht es mit dem tieferen Sinn? Was bedeutet dieses erste seltsame Wunder? Entgegen seiner gewöhnlichen Vorgehensweise versäumt Johannes, dieses wunderbare »Zeichen« für uns zu interpretieren, das für ihn fast immer ein Symbol ist, eine Art angewandtes Gleichnis. Manche Ausleger sehen darin eine Vorausschau auf das letzte Abendmahl, bei dem Jesus nicht Wasser in Wein, sondern Wein in Blut verwandelt – sein eigenes Blut, das er für die ganze Menschheit vergoss. Mag sein.

Ich ziehe eine etwas ungewöhnlichere Auslegung vor. Bezeichnenderweise merkt Johannes an, dass der Wein aus großen Krügen (etwa achtzig bis einhundertzwanzig Liter) kam. Diese Krüge standen mit Wasser gefüllt vor dem Haus und dienten dazu, den gläubigen Juden die vorgeschriebenen rituellen Waschungen zu ermöglichen. Auch bei einer Hochzeit musste man die lästigen Rituale der Reinigung beachten. Diese gewichtigen Symbole für die alten Bräuche verwandelte Jesus nun – vielleicht mit einem Augenzwinkern – in Weingefäße, Vorboten des Neuen. Aus dem reinigenden Wasser der Pharisäer wurde der auserlesene neue Wein einer ganz neuen Ära. Die Zeit für rituelle Reinigung war vorbei, und die Zeit des Feierns hatte begonnen.

Propheten wie Johannes der Täufer predigten über das Gericht, und viele Wunder im Alten Testament brachten dieses strenge Gericht zum Ausdruck. Aber das erste Wunder Jesu zeigte liebevolle Gnade. Die Jünger, die mit ihm bei der Hochzeit in Kana waren, verstanden die Lektion – besonders diejenigen, die erst kürzlich von Johannes dem Täufer gekommen waren.

Das Wunder der Verwandlung von Wasser in Wein – eine einmalige Aktion – ereignete sich außerhalb des Rampenlichts in einer unbedeutenden Stadt, über deren Lage sich die Archäologen nicht einigen können. Aber es dauerte nicht lange, bis Jesus in aller Öffentlichkeit vor einer begeisterten Menge Wunder vollbrachte. Auch damals standen die Wunderheilungen im Zentrum des öffentlichen Interesses. Das neunte Kapitel des Johannesevangeliums berichtet von einem solchen Wunder in Jerusalem, der Hauptstadt und dem Zentrum der Opposition gegen Jesus. Johannes widmet diesem Thema ein ganzes Kapitel und zeichnet ein typisches Bild von dem, was geschah, wenn Jesus die anerkannte Ordnung störte.

Die Geschichte beginnt, wie die meisten Krankengeschichten, mit der Frage nach dem Grund.

Warum ausgerechnet ich? Was will Gott mir damit sagen? Zu Lebzeiten Jesu ging man davon aus, dass Tragödien nur Menschen trafen, die es auch verdienten.* »Es gibt keinen Tod ohne Sünde und kein Leiden ohne Übertretung«, lehrten die Pharisäer. Sie betrachteten Naturkatastrophen, angeborene Behinderungen und längere Erblindungen und Lähmungen als Strafen. Hier kommt der Mann, »der seit seiner Geburt blind war«, ins Spiel. Nach guter jüdischer Tradition debattierten die Jünger, wer die Schuld an seiner Blindheit trug. Hatte der Mann schon vor seiner Geburt gesündigt? Oder rührte sein Leiden von der Sünde seiner Eltern her – was man sich leichter vorstellen kann, was aber offensichtlich unfair wäre.

Die Reaktion Jesu warf die allgemeinen Vorstellungen, wie Gott Kranke und Behinderte sah, über den Haufen. Er stritt ab, dass die Blindheit auf Sünde zurückzuführen sei, genauso wie er die verbreitete Meinung verwarf, dass Menschen nur Tragödien erleiden, wenn sie sie verdient haben (vergleiche Lukas 13,1-5). Jesus wollte den Kranken klarmachen, dass sie von Gott ganz besonders geliebt wurden und er sie nicht etwa verflucht hatte. Genau genommen unter-

---

* Ich habe festgestellt, dass sich die Sichtweise der Menschen, was Unglück und Elend betrifft, seit der Zeit Jesu drastisch verändert hat. Heutzutage geben wir eher Gott die Schuld, sowohl für Naturkatastrophen (Versicherungen sprechen dann von »höherer Gewalt«) oder für alltägliche Ereignisse. Als der Eisschnellläufer Dan Janssen bei den Olympischen Winterspielen 1984 stürzte und erneut das 500 m-Rennen verlor, schrie seine Frau Robin unwillkürlich auf: »Mein Gott, warum schon wieder? Gott kann doch nicht so grausam sein!« Wenige Monate darauf schrieb eine junge Frau Dr. James Dobson diesen Brief: »Vor vier Jahren war ich mit einem Mann zusammen und wurde schwanger. Ich war am Boden zerstört. Ich fragte Gott: ›Warum hast du das zugelassen?‹« Da frage ich mich doch unwillkürlich, welche Rolle Gott dabei spielt, wenn ein Eisläufer die Kontrolle über eine Kurve verliert oder ein junges Paar die über sich selbst.

grub eigentlich jede einzelne Heilung die rabbinische Auffassung, dass jemand sein Schicksal selbst verschuldet hatte.

Die Jünger suchten die Antwort auf die Frage nach dem Warum in der Vergangenheit. Aber Jesus richtete ihre Aufmerksamkeit nach vorne, um auf eine andere Frage zu antworten: »Zu welchem Zweck?« Seine Antwort darauf: »Weder er selbst ist schuld daran noch seine Eltern. Er ist blind, weil an ihm die Macht Gottes sichtbar werden soll.«

Was als tragische Geschichte eines blinden Mannes begann, endet in einer unwirklichen Geschichte kollektiver Blindheit aller anderen. Der Nachbar des Blinden verlangt, dass er seine Identität beweist, die Pharisäer befragen ihn, und seine Eltern (die hartherzig genug waren, ihn ein Bettlerleben führen zu lassen) fangen unter dem Druck an, sich herauszureden. Der Geheilte hat jedoch wenig Zeit für theoretische Überlegungen. »Ob er gut oder böse ist, das weiß ich nicht. Ich weiß nur eins: Ich war blind, und jetzt kann ich sehen!«, sagt er über Jesus.

In Jerusalem, wo Jesus als Ketzer galt, war ein solch offensichtliches Wunder – besonders, wenn es an einem Sabbat vollbracht wurde – eine Gefahr für die offizielle Lehre. Obwohl die Pharisäer das Wunder nicht ableugnen konnten – ein blinder Bettler sah ihnen nun direkt in die Augen und verspottete sie – hielten sie doch an ihrer überkommenen Theorie der Bestrafung fest. »Was, du Sünder willst uns belehren?«, schnauzten sie ihn an. Theologisch Blinde geben nicht so leicht auf.

Die Reaktionen auf dieses Wunder, wie auch auf die meisten anderen, von denen die Evangelien berichten, zeigen ganz deutlich: Obwohl Glauben Wunder hervorrufen kann, führen Wunder nicht zwingend zum Glauben.

Man kann Krankheit als den mechanischen Zusammenbruch von Körperzellen betrachten. Man kann sie aber auch in einen weiteren Zusammenhang stellen und als Ungleichgewicht von Körper, Geist und Seele betrachten. Dies habe ich bei meiner schriftstellerischen Zusammenarbeit mit dem Lepraspezialisten Dr. Paul Brand von dessen Patienten gelernt. Außer im Frühstadium haben Leprakranke keine körperlichen Schmerzen. Und darin liegt genau das Problem. Nachdem Leprabazillen Nervenzellen abgetötet haben, schädigen die Patienten, die nicht mehr merken, wenn Gefahr droht, unwissentlich ihren eigenen Körper. Ein Leprapatient kann so den ganzen Tag auf einer scharfkantigen Metallschraube laufen, einen zersplitterten Werkzeugstiel in der Hand halten oder sich am entzündeten Augapfel kratzen. Jede dieser Handlungen zerstört Gewebe und kann schließlich zum Verlust eines Gliedes oder des Augenlichts führen, aber zu keinem Zeitpunkt empfindet der Leprakranke *Schmerzen*.

Obwohl sie kein Schmerzempfinden haben, *leiden* diese Patienten zweifellos genauso viel wie alle anderen Kranken. Der Schmerz, den sie spüren, kommt von außen: der Schmerz der Ablehnung durch ihre Umgebung. Dr. Brand erzählte mir von einem intelligenten jungen Mann, den er in Indien behandelte. Bei einer Untersuchung legte der Arzt seine Hand auf die Schulter des Patienten, um ihm mit Hilfe einer Übersetzerin den weiteren Behandlungsplan darzulegen. Zu seinem Erstaunen begann der Mann zu schluchzen. »Habe ich etwas Falsches gesagt?«, fragte Brand seine Übersetzerin. Sie befragte den Patienten auf Tamilisch und erklärte dann: »Nein, Doktor. Aber er sagt, dass er weinen muss, weil Sie Ihre Hand auf seine Schulter gelegt haben. Bevor er hierherkam, hat ihn jahrelang niemand mehr berührt.«

In modernen westlichen Ländern, wo Lepra selten anzutreffen ist, hat eine neue Krankheit dieses moralische und soziale Stigma übernommen. »Aids ist die Lepra unserer Tage«, meint der frühere Chirurg General C. Everett Kop. »Es gibt Leute, die Aids-Patienten genauso ansehen, wie die meisten Menschen die Leprakranken vor hundert Jahren.« Ich kenne einen Aids-Kranken, der mehr als tausend Meilen weit reiste, um mit seiner Familie in Michigan *Thanksgiving* zu feiern. Er hatte sie sieben Jahre nicht gesehen. Seine Eltern begrüßten ihn vorsichtig. Zum Abendessen bekam jeder ein großes Stück Truthahn mit allem Drum und Dran auf bestem Wedgewood-Porzellan serviert – außer ihrem aidskranken Sohn, der seine Portion mit Plastikbesteck von einem Pappteller essen musste.

Jesus wusste alles über die soziale Ausgrenzung, die mit Krankheiten wie Aids oder Lepra einhergeht. Levitische Anordnungen bestimmten, dass Leprakranke nur außerhalb der Stadt leben durften, von jedem zwei Meter Abstand halten mussten und außerdem Trauerkleidung zu tragen hatten. Ich kann mir vorstellen, welche Empörung sich breitmachte, als solch ein Geächteter durch die eilig zurückweichende Menge schritt und sich vor Jesus zu Boden warf: »Herr, wenn du willst, kannst du mich heilen!«

Matthäus, Markus und Lukas schildern die Begebenheit unterschiedlich, aber alle drei schließen mit demselben explosiven Satz: Jesus streckte die Hand aus und berührte ihn. Die Menge muss nach Luft geschnappt haben – hatte denn das Gesetz Mose so etwas nicht verboten? Vielleicht zuckte der Leprakranke zurück. Wie viele Monate oder gar Jahre war er wohl von keinem Menschen mehr berührt worden? Diese eine Berührung Jesu beendete seine Krankheit und seine Isolation.

Der Umgang Jesu mit Krankheit war Vorbild für die nachfolgende Kirche. Christen folgten seinem Beispiel, indem sie sich um Kranke, Arme und Ausgestoßene kümmerten. Obwohl die Kirche mit ihrer Haltung, Lepra sei ein »Fluch Gottes«, viel Schaden anrichtete, widmeten sich Einzelne doch der Behandlung. Religiöse Gemeinschaften verschrieben sich der Pflege von an Lepra Erkrankten, medizinische Errungenschaften erfolgten oft durch Missionare, weil sie als Einzige bereit waren, mit Leprakranken zu arbeiten.* In

---

* Eine seltsame mittelalterliche Glaubensauffassung spornte das Bemühen um Leprakranke an. Aufgrund einer falschen Übersetzung durch Hieronymus glaubten die Kirchenführer, dass Jesajas Beschreibung des leidenden Knechts als »von Krankheit gezeichnet« bedeutete, er habe an Lepra gelitten. So ging man im zwölften und dreizehnten Jahrhundert davon aus, dass Jesus Lepra hatte. Diese Auffassung führte zu einer völligen Umkehrung der Haltung gegenüber der Lepra, sie war nicht länger »Fluch Gottes«, sondern nun eine »heilige Krankheit«.

ähnlicher Weise engagieren sich nun Christen bei der Arbeit unter Aids-Kranken und in Hospizen für Menschen, die keine Hoffnung mehr auf Heilung haben und die viel Liebe und Fürsorge benötigen.

Mutter Teresa, deren Mitschwestern in Kalkutta ein Hospiz und ein Krankenhaus für Leprakranke führen, sagte einmal in einem Fernsehinterview: »Es gibt Medikamente für Menschen, die an Krankheiten wie Lepra leiden. Aber diese Arznei behandelt nicht das Hauptproblem, nämlich die Krankheit, *unerwünscht* zu sein. Und die hoffen meine Mitschwestern lindern zu können. Die Kranken und Armen leiden stärker unter der Ablehnung als an körperlichen Symptomen oder materiellem Mangel. Ein Alkoholiker in Australien erzählte mir, dass er, wenn er eine Straße hinuntergeht, hört, wie die Schritte der anderen Leute schneller werden. Einsamkeit und das Gefühl, unerwünscht zu sein, ist die schrecklichste Armut.« Um diesem Notstand abzuhelfen, muss man kein Arzt oder Wundertäter sein.

Eine wunderschöne Geschichte in den Evangelien, direkt im Anschluss an die Heilung des Leprakranken, zeigt, welch großen Unterschied es macht, wenn ein Betroffener Freunde hat. Ein Gelähmter, der auf andere beim Essen, Baden und sogar bei der täglichen Hygiene angewiesen war, brauchte nun auch Unterstützung, um seinem Glauben Ausdruck zu verleihen.

Ich erinnere mich noch gut daran, wie fasziniert ich von dem zerstörerischen Aspekt der Geschichte war, als ich sie in der Sonntagsschule zum ersten Mal hörte. Dieser Gelähmte wollte Jesus so dringend sehen, dass er vier Freunde überredete, ein Dach abzudecken und ihn dann durch das entstandene Loch herunterzulassen! Dieser

---

Kreuzritter, die mit Lepra zurückkehrten, wurden mit großer Ehrfurcht behandelt, und überall entstanden sogenannte Lazarus-Häuser (nach dem Bettler Lazarus benannt) für die Behandlung dieser Krankheit. Allein in Frankreich gab es über zweitausend dieser Häuser. Diese historische Bewegung ist ein überraschendes Beispiel dafür, wie die Kirche die Anordnung Jesu, »den Geringsten meiner Brüder« so zu behandeln, als sei er es selbst, ganz wörtlich nahm.

Mann, der sein ganzes Leben in der Horizontalen verbracht hatte, sollte nun einen Moment lang, sozusagen in der Vertikalen, im Rampenlicht stehen. Biblische Kommentare bemühen sich zu erklären, dass palästinische Dächer aus Stroh und Ziegeln viel leichter auseinanderzunehmen waren als unsere heutigen Dächer. Aber sie treffen nicht den Kern der Sache: Ein Loch im Dach ist kaum die übliche Art, ein Haus zu betreten. Und egal, wie stabil ein Dach ist: Ein Loch hineinzureißen, stört mit Sicherheit das, was darunter geschieht. Staub wird aufgewirbelt, Stroh und Lehm fallen auf die Gäste, Lärm und Durcheinander unterbrechen das Treffen.*

Die Menge, die es so schwierig machte, an Jesus heranzukommen, erlebte zwei Schockmomente – zum einen die Art, wie die Männer ihrem gelähmten Freund Zutritt verschafften, zum anderen die völlig unerwartete Reaktion Jesu. Als Jesus ihren Glauben sah – man beachte, wie die Rolle der Freunde durch den Plural unterstrichen wird –, sagte er: »Sei guten Mutes, mein Sohn! Deine Sünden sind dir vergeben.«

Anscheinend hat Jesus sich über die Unterbrechung gefreut. Herausragender Glaube beeindruckte ihn immer und den hatte das vier Mann starke »Abrisskommando« sicherlich bewiesen. Und für die Umstehenden war seine Reaktion ein Rätsel. Wer hatte da etwas über Sünden gesagt? Und wer war dieser Jesus, dass er sie vergeben wollte? Wieder einmal stritten die religiösen Leiter über das Recht Jesu, Sünden zu vergeben, während sie den Gelähmten, der inmitten von Schutt und Dreck lag, völlig ignorierten.

Jesus brachte die Debattierenden mit Worten zum Schweigen, die seine allgemeine Einstellung zu Heilungen zusammenzufassen scheinen: »Was ist leichter – zu dem Gelähmten zu sagen: ›Deine

---

* Der Priester Donald Senior bemerkte an dieser Geschichte einen Aspekt, der mir nie aufgefallen war: »Jeder Behinderte kann sicherlich eine Menge ähnlicher Geschichten erzählen – etwa in eine Kirche durch die Sakristei zu kommen (oder, was noch schlimmer ist, über die Treppe wie ein Kind hinaufgetragen zu werden), in einen Hörsaal mit einem Frachtaufzug transportiert zu werden und dann durch die Küche oder sanitären Anlagen schließlich zu den »normalen« Menschen zu gelangen, die einfach durch die Vordertür gegangen sind.«

Sünden sind dir vergeben!‹ oder ›Nimm deine Matte und geh‹?« Obwohl er diese Frage zunächst einfach nur in den Raum stellte, gibt doch sein ganzes Handeln Antwort darauf. Zweifellos war eine körperliche Heilung viel einfacher. Als wollte er das beweisen, sprach Jesus nur wenige Worte und der Gelähmte stand auf, rollte seine Matte zusammen und ging – oder hüpfte vielleicht – nach Hause.

Jesus begegnete nie einer Krankheit, die er nicht heilen konnte, keinem Geburtsfehler, den er nicht rückgängig machen konnte und keinem Dämon, den er nicht austreiben konnte. Was ihm begegnete, waren Skeptiker, die er nicht überzeugen konnte, und Sünder, die sich nicht bekehren ließen. Vergebung der Sünden braucht die Bereitschaft des Sünders, und mancher, der die deutlichsten Aussagen Jesu über Gnade und Vergebung gehört hatte, wandte sich ab.

»Ich will euch beweisen, dass der Menschensohn die Macht hat, schon jetzt Sünden zu vergeben«, erklärte Jesus den Skeptikern, als er den Mann heilte, und machte damit seine Prioritäten deutlich. Jesus wusste, dass eine geistliche »Krankheit« weit fatalere Folgen hatte als ein bloßes körperliches Gebrechen. Jeder Geheilte muss doch einmal sterben – also was machte es für einen Unterschied? Er war nicht in erster Linie auf diese Welt gekommen, um Körperzellen zu heilen, sondern die Seelen.

Wie leicht unterschätzen wir, die wir in sichtbaren Körpern leben, die Welt des Geistes. Obwohl Jesus so ausgiebig über Heuchelei, Gesetzlichkeit und Stolz sprach, erinnere ich mich an keinen Fernsehgottesdienst, der sich der Heilung solcher »geistlicher« Krankheiten widmete. Und doch kenne ich viele, die sich mit körperlichen Problemen herumschlagen. Und in dem Augenblick, wo ich selbstgefällig werde, kommt mir in den Sinn, wie schnell ich unter körperlichen Symptomen leide, aber wie selten mich Sünden plagen.

Was Wunder betrifft, setzt Jesus ganz andere Prioritäten als die meisten seiner Nachfolger.

Nur eins der Wunder Jesu kommt in allen vier Evangelien vor. Es ereignete sich auf den grasbedeckten Hügeln an den Ufern des Sees Genezareth auf dem Höhepunkt der Popularität Jesu – und damit auch seiner Verletzlichkeit. Wohin er auch ging, immer folgte ihm eine Menschenmenge, darunter auch psychisch Kranke und Belastete.

Am Tag vor dem großen Wunder fuhr Jesus über den See, um der Menge zu entkommen. Herodes hatte gerade Johannes den Täufer hinrichten lassen – einen Verwandten Jesu, seinen Vorläufer und Freund – und Jesus brauchte etwas Zeit für sich, um zu trauern. Ohne Zweifel weckte Johannes' Tod in ihm düstere Gedanken an das Schicksal, das ihn selbst erwartete.

Aber es gab keinen abgeschiedenen Ort. Viele Menschen, die ihm am Tag zuvor zugehört hatten, legten die sechzehn Kilometer um den See zurück, und bald drängten sich Hunderte, ja, Tausende lautstark um Jesus. Jesus hatte Mitleid mit ihnen, berichtet Markus, denn »sie waren wie eine Schafherde ohne ihren Hirten.« Anstatt geistlich und geistig aufzutanken, heilte Jesus Kranke, was immer an seinen Kräften zehrte, und sprach zu einer Menge, die ohne weiteres ein Fußballfeld gefüllt hätte.

Und dann stellte sich die Frage nach der Verpflegung. *Was sollten sie tun? Es waren wenigstens fünftausend Männer dort, ganz zu schweigen von den Frauen und Kindern!* Schick sie doch fort, schlug ein Jünger vor. Kauft ihnen etwas zu essen, erwiderte Jesus. *Was? Machte er Witze? Hier ging es um eine Summe, die etwa acht Monatsgehältern entsprach!*

Und dann übernahm Jesus das Kommando, wie er es noch nie zuvor getan hatte. Er ließ die Menschen in Gruppen einteilen. Es war wie eine Wahlkampfveranstaltung – gut organisiert und eindrucksvoll – genauso wie man es von einem Messias erwartete.

Unweigerlich lesen wir heutzutage das Leben Jesu rückwärts, weil wir den Ausgang kennen. Aber an diesem Tag hatte niemand außer Jesus die geringste Ahnung. Durch die Gruppen ging ein Gemurmel: *War er es? Konnte das sein?* In der Wüste hatte der Teufel

Jesus ein Wunder ausgemalt, das der Menge gefallen würde. Und nun nahm Jesus – nicht um die Menschen zu beeindrucken, sondern um ihre Mägen zu füllen – zwei gesalzene Fische und fünf kleine Brote und vollbrachte das Wunder, auf das alle warteten.

Die Synoptiker belassen es dabei. »Alle aßen sich satt, und dann sammelten die Jünger noch zwölf Körbe mit Resten ein«, berichtet Markus mit meisterhafter Untertreibung. Nur Johannes schildert das weitere Geschehen. Jesus fand jetzt endlich Zeit für sich. Als die Jünger über den See ruderten und dabei in einen Sturm gerieten, blieb Jesus auf dem Berg allein im Gebet zurück. Später schloss er sich ihnen dann an, indem er über das Wasser ging.

Am nächsten Morgen, in einer beinahe komödiantisch anmutenden Verfolgungsszene, verschaffte die Menge sich Boote und jagte Jesus nach. Einmal auf den Geschmack gekommen, wollten sie noch mehr Wunder sehen. Aber Jesus erkannte die wahren Absichten des Mobs: Sie wollten ihn gegen seinen Willen zum König krönen. »Alle Macht über diese Erde und ihre Herrlichkeit will ich dir geben«, hatte der Teufel versprochen.

In dem darauf folgenden Gespräch hätten die beiden Seiten ebenso gut verschiedene Sprachen sprechen können. Jesus war ungewohnt brüsk, er beschuldigte die Menge, aus Gier zu handeln und es nur auf Nahrung für ihre Bäuche abgesehen zu haben. Er provozierte sie mit Aussagen wie »Ich bin das Brot des Lebens« und »Ich bin vom Himmel herabgestiegen«. Und er sagte unverständliche Dinge wie »Wenn ihr den Leib des Menschensohnes nicht esst und sein Blut nicht trinkt, habt ihr kein ewiges Leben.« Wie der Chor in einem griechischen Drama kommentierten die Menschen jede einzelne knallharte Aussage. Sie schimpften. Sie argumentierten. So einfach würden sie ihren Traum nicht aufgeben. Eine alte jüdische Überlieferung besagte, dass der Messias Moses Art, Manna zu verteilen, erneuern würde. Hatte Jesus nicht genau das am Tag zuvor getan? Während sie das gestrige Wunder noch in ihren Mägen verdauten, forderten sie schon die nächste Wundertat. Sie waren süchtig.

Schließlich »gewann« Jesus den Streit. Er war nicht der Messias, wie sie sich ihn vorstellten: Er lieferte ihnen nicht Brot und Spiele auf Bestellung. Schließlich zerstreute sich die riesige und unruhige Menge und die Jünger Jesu fingen an zu murren. »Das ist wirklich schwer zu begreifen. Wer kann das akzeptieren?«, fragten sie sich untereinander. Nur Johannes erwähnt, dass viele seiner Anhänger sich verärgert davonmachten. »Wollt ihr auch weggehen und mich verlassen?«, fragte Jesus die Zwölf traurig.

Die Speisung der Fünftausend veranschaulicht, warum Jesus, obwohl er alle übernatürlichen Kräfte besaß, Wundern gegenüber eine so zwiespältige Einstellung hatte. Sie zogen Menschenmengen an und brachten Applaus. Aber nur allzu selten führten sie zu Reue und beständigem Glauben. Seine schwierige Botschaft bestand aus Gehorsam und Opfer und war keine Sonderausstellung für Gaffer und Sensationslustige.

Von diesem Tag an nahmen die Lehren Jesu eine andere Wendung. Als hätte die nahtlose Abfolge der Szenen des Beifalls und der Ablehnung seine Zukunft geklärt, sprach er nun immer offener über seinen Tod. Seine seltsamen Redewendungen, die er vor der Menge gebraucht hatte, ergaben immer mehr Sinn. Das Brot des Lebens war nicht ein Wunder wie das Manna – es kam vom Himmel herab, um gebrochen und mit Blut vermischt zu werden. Er sprach über seinen eigenen Leib.

Jesus bestand eine Art Test an diesem Tag auf dem grasbedeckten Hügel am See. Der Teufel hatte ihm in der Wüste schon eine Vorausschau darauf geliefert, aber da war die Versuchung eher theoretischer Natur gewesen. Jetzt wurde sie konkret, ein Test des angebotenen Königtums, auf das er jeden Anspruch hatte – und das er ablehnte, um den härteren und demütigeren Weg zu gehen.

»Nur böse, gottlose Menschen können dafür noch Beweise verlangen!«, erwiderte Jesus, als man ihn bat, seine Macht zu demonstrieren. Und in der Hauptstadt Jerusalem hatten zwar viele seine Wunder gesehen und glaubten an ihn, doch Jesus »vertraute ihnen nicht, weil er sie genau kannte«.

Ein Zeichen ist nicht dasselbe wie ein Beweis. Ein Zeichen ist lediglich ein Hinweis für jemanden, der bereits in die richtige Richtung sieht.

Das letzte große »Zeichen« im Johannes-Evangelium steht genau im Zentrum des Buches im elften Kapitel. Es dient als erzählerische Aufhängung für alles, was vorher und nachher berichtet wird. Johannes weist auf das Wunder an Lazarus als das Ereignis hin, das das fromme Establishment endgültig und mit tödlichen Konsequenzen gegen Jesus wendet. Darüber hinaus liefert sein Bericht eine gelungene Zusammenfassung dessen, was Wunder zu Jesu Lebzeiten bewirkten oder nicht bewirkten.

Die Geschichte von Lazarus wirkt mit ihrer einzigartigen Dramaturgie seltsam inszeniert. Gewöhnlich reagierte Jesus sofort, wenn sich ein Kranker an ihn wandte und änderte, wenn nötig, auch seine Pläne, um einer Bitte nachzukommen. Aber dieses Mal hielt er sich noch zwei Tage in einer anderen Stadt auf, nachdem er von der Krankheit eines sehr guten Freundes erfahren hatte. Er tat dies in dem Wissen, dass sein Aufschub Lazarus' Tod bedeutete. Johannes liefert auch die rätselhafte Erklärung Jesu an seine Jünger: »Lazarus ist tot! Doch euretwegen bin ich froh, dass ich nicht bei ihm gewesen bin. Denn jetzt könnt ihr lernen, was Glauben heißt.« Also ließ er Lazarus mit voller Absicht sterben und seine Angehörigen leiden.

In einem anderen Zusammenhang stellt Lukas die Unterschiede zwischen Lazarus' Schwestern heraus: Marta, die eifrige Gastgeberin, die in der Küche herumhastet und die zurückhaltende Maria, die zufrieden ist, wenn sie zu Jesu Füßen sitzen kann. Auch jetzt, in dieser Krise, treten ihre Persönlichkeitsmerkmale deutlich zu Tage. Marta eilt auf die Straße, um Jesus und sein Gefolge schon vor dem Dorf abzufangen. »Herr, wärst du hier gewesen, würde mein Bruder noch leben«, wirft sie Jesus vor. Dann holt sie Maria, die zu Hause geblieben ist. Als diese schließlich vor Jesus steht, sagt auch sie: »Herr, wenn du da gewesen wärst, würde mein Bruder noch leben.«

In den Worten der Schwestern schwingt ein anklagender Unterton mit, die Beschuldigung eines Gottes, der Gebete nicht erhört. Wie sehr wir uns auch bemühen – wenn wir trauern, können wir nicht anders, als so zu denken: »Wenn doch nur . . .« *Wenn er doch nur das Flugzeug verpasst hätte. Wenn sie doch nur das Rauchen aufgegeben hätte. Wenn ich mir doch nur Zeit genommen hätte, mich richtig zu verabschieden.* In diesem Fall konfrontierten Marta und Maria jemand Konkreten mit ihrem »Wenn doch nur . . .«: den Sohn Gottes, ihren Freund, der den Tod hätte verhindern können.

Schuld war nicht mangelnder Glaube. Marta versicherte Jesus, dass sie an das Leben nach dem Tod glaubte und bemerkenswerterweise erklärte sie sogar, dass Jesus der Messias sei, der Sohn Gottes. Auf dieses kindliche Vertrauen kam es doch gerade an: Warum belohnte Jesus es nicht? Freunde und Verwandte fragten knapp: »Einen Blinden hat er sehend gemacht. Hätte er nicht verhindern können, dass Lazarus starb?«

Marta und Maria weinten, ebenso die Trauergäste. Und schließlich brach auch Jesus »tief bewegt« in Tränen aus. Johannes verschweigt, warum Jesus weinte. Da er schon seinen Plan, Lazarus von den Toten auferstehen zu lassen, offen gelegt hatte, fühlte er sicherlich nicht dasselbe Leid wie die erschütterten Trauernden. Und doch machte etwas ihm zu schaffen. Als er an das Grab trat, war er sichtlich erregt, er war »ergrimmt«, wie es in der Luther-Übersetzung heißt.

Der Tod hatte Jesus vorher nie bekümmert. Mit leichter Hand machte er den Sohn der Witwe aus Nain bei dem Trauermarsch wieder lebendig. Die Tochter des Jairus erweckte er mit einer fast spielerischen Bemerkung wieder zum Leben: »Kind, steh auf!« – wie Eltern, die das Ende des Mittagsschlafs ankündigen. Aber bei Lazarus' Familie scheint er beunruhigt, emotional beteiligt, verzweifelt.

Das Gebet Jesu an Lazarus' Grab weist darauf hin: »Vater, ich danke dir, dass du mein Gebet erhört hast! Ich weiß, dass du mich immer erhörst, aber ich sage es wegen der vielen Menschen, die hier stehen. Sie sollen alles miterleben und glauben, dass du mich gesandt hast.« Nirgends sonst hatte Jesus so gebetet, indirekt an das umstehende Publikum gerichtet wie ein Shakespeare-Darsteller, der die Handlung auf der Bühne kommentiert. In diesem Augenblick war er sich wohl seiner doppelten Identität bewusst; er war gleichzeitig derjenige, der vom Himmel gekommen war und der Menschensohn, der auf der Erde geboren war.

Das öffentliche Gebet, die erhobene Stimme, die Gesten – all dies zeigt, dass hier ein geistlicher Kampf ausgefochten wurde. Jesus wies auf etwas hin, wollte ein »Zeichen« in der Öffentlichkeit setzen und hier wie sonst nirgends bestätigte er das Zwischenstadium von Gottes Schöpfung. Jesus wusste natürlich, dass Lazarus nun heil und zufrieden war und es ihm in jeder Hinsicht besser ging als vorher, weil er seine sterbliche Hülle abgestreift hatte. Maria und Marta wussten das theoretisch auch. Aber sie hatten nicht, wie Jesus und Lazarus, das fröhliche Lachen von der anderen Seite des Todes gehört. Kummer überlagerte in diesem Augenblick den Glauben an Gottes Macht und Liebe. Sie fühlten nur Verlust und Schmerz.

Dieses Zwischenstadium von Verlust und Schmerz erklärt vielleicht auch die Tränen Jesu. Kenner des Griechischen weisen darauf hin, dass das Wort für »tief bewegt« nicht nur Schmerz, sondern auch Ärger, ja, sogar Zorn beinhaltet. In diesem Augenblick befand sich Jesus selbst zwischen zwei Welten. Dass er nun vor einem stinkenden Grab stand, war ein Zeichen für das, was ihn selbst in dieser – im wahrsten Sinne des Wortes – verdammten Welt erwartete. Dass sein Tod mit der Auferstehung enden würde, nahm nichts von der Furcht oder dem Schmerz. Er war ein Mensch, und deshalb musste er durch Golgatha hindurchgehen, um zur anderen Seite zu gelangen.

Die Geschichte des Lazarus als Ganzes betrachtet erlaubt nicht nur eine Vorausschau auf die Zukunft Jesu, sondern auch eine komprimierte Sicht auf die Erde. Jeder von uns erlebt seine Tage in diesem Zwischenstadium, dem Intervall von Chaos und Verwirrung zwischen Lazarus' Tod und seiner Auferweckung. Obwohl eine solche Zeitspanne vorübergeht und dann vielleicht im Licht der phantastischen Zukunft, die uns erwartet, als unbedeutend verblasst, ist sie im Augenblick alles, was wir kennen. Und das ist Grund genug, um uns die Tränen in die Augen zu treiben – Grund genug, um Jesus die Tränen in die Augen zu treiben.

Die Auferweckung dieses einen Mannes, Lazarus, würde das Dilemma der Erde nicht lösen. Dazu musste ein Mann sterben. Johannes fügt das erstaunliche und ironische Detail hinzu, dass das Wunder an Lazarus das weitere Schicksal Jesu besiegelte: »Von diesem Tage an waren die jüdischen Anführer fest entschlossen, Jesus zu töten.« Und von diesem Tag an hören auch die Zeichen und Wunder Jesu auf.

Wenn ich jetzt die Berichte über einzelne Wunder zu Lebzeiten Jesu lese, erkenne ich in ihnen eine andere Botschaft.

Als Kind waren die Wunder für mich ein absoluter Beweis, dass die Ansprüche Jesu berechtigt waren. In den Evangelien vermittelten die Wunder jedoch niemals diese Gewissheit, selbst denen nicht, die die Wunder mit eigenen Augen gesehen hatten. »Wenn sie nicht auf Mose und die Propheten hören, werden sie sich auch nicht überzeugen lassen, wenn einer von den Toten aufersteht«, sagte Jesus über die Skeptiker. Vermutlich dachte er dabei an seine eigene Auferstehung, aber was auf die Begebenheit mit Lazarus folgt, unterstreicht diese Aussage: Merkwürdigerweise wollten die führenden Priester das Wunder vertuschen, indem sie den armen Lazarus wieder umbrachten! Lazarus als lebendige Person war der unumstößliche Beweis, dass ein Wunder geschehen war, und nun taten sie sich zusammen, um diesen Beweis aus dem Weg zu räumen. Niemals überwältigten die Wunder Menschen so, dass sie glauben mussten. Ansonsten gäbe es keinen Platz für Vertrauen.

Als Kind sah ich die Wunder als Garanten meiner eigenen Sicherheit. Hatte Jesus nicht versprochen, dass kein Spatz tot zur Erde fällt, »wenn es euer Vater nicht will«? Später fand ich heraus, dass dieses Versprechen mitten zwischen schrecklichen Warnungen an die zwölf Jünger steht, in denen Jesus ihre Verhaftung, Verfolgung und ihren Tod ankündigt. Nach der Überlieferung starben alle elf Jünger, die Jesus überlebten, einen Märtyrertod. Jesus litt wie der Apostel Paulus und die meisten Führer der frühen christlichen Kirche. Glauben ist keine Versicherungspolice. Oder, wie Eddie Askew es sieht, vielleicht doch: Eine Versicherung verhindert keine Unfälle, aber sie schafft eine sichere Grundlage, auf der man die Unfallfolgen tragen kann.

Als Kind strebte ich nach stärkerem Glauben. Erwachsene drängten mich zu glauben, aber ich hatte nicht die geringste Ahnung, wie ich das anstellen sollte. Wenn ich nun diese Heilungsgeschichten lese, erkenne ich in den Evangelien so etwas wie eine »Leiter des Glaubens«. Ganz oben auf der Leiter stehen diejenigen, die Jesus mit ihrem mutigen, unerschütterlichen Glauben beeindruckten: ein Oberbefehlshaber, ein dreister, blinder Bettler, eine beharrliche Frau aus Kanaan. Diese Geschichten von so hartnäckigem Glauben machen mir Angst, weil ich selten einen solchen Glauben habe. Ich lasse mich leicht von Gottes Schweigen entmutigen. Wenn meine Gebete nicht beantwortet werden, bin ich schnell versucht, klein beizugeben und nicht weiter zu bitten. Aus diesem Grund suche ich weiter unten auf der Leiter nach Menschen mit geringerem Glauben. Und es macht mir Mut, dass Jesus gewillt ist, auch mit jedem noch so kleinen Schimmer von Glauben zu arbeiten. Ich klammere mich an die einfühlsamen Schilderungen, wie Jesus die Jünger behandelte, als sie ihn verließen und dann an ihm zweifelten. Derselbe Jesus, der den tapferen Glauben derjenigen ganz oben auf der Leiter lobte, half behutsam dem erschöpften Glauben seiner Jünger auf die Sprünge. Und mich tröstet besonders das Bekenntnis des Vaters eines besessenen Kindes: »Ich will dir ja vertrauen. Aber hilf mir doch, dass ich es kann.« Selbst diesem unsicheren Mann wurde seine Bitte erfüllt.

Als Kind entdeckte ich Wunder auf Schritt und Tritt. Jetzt begegnen sie mir seltener, und sie sind recht zwiespältig, offen für unterschiedliche Deutungen. Meine kindliche Wahrnehmungskraft hat sich mit zunehmendem Alter sicherlich getrübt, was ich als Verlust empfinde. Aber bestimmt war die unergründliche Selektivität der Wunder auch zu Lebzeiten Jesu nicht verständlicher als heute. Ein Mann, der auf dem Wasser gehen konnte, tat dies nur ein einziges Mal. Was für eine Selbstbeherrschung! Ja, er brachte Lazarus wieder ins Leben zurück und trocknete die Tränen seiner Schwestern – aber was ist mit den unzähligen anderen Schwestern, Ehefrauen, Töchtern und Müttern, die an demselben Tag um einen Geliebten trauerten? Wenn Jesus direkt über Wunder sprach, betonte er stets ihre Seltenheit.

Als Kind waren Wunder für mich Zauberei. Jetzt betrachte ich sie als Zeichen. Als Johannes der Täufer im Gefängnis schmachtete, schickte Jesus ihm Berichte über Heilungen und Auferweckungen, um ihm zu beweisen, dass er »der eine« war. Und doch wurde Johannes kurz darauf selbst hingerichtet. Die Botschaft Jesu verbesserte Johannes' körperlichen Zustand nicht im Geringsten, und man weiß nicht, welchen Einfluss sie auf seinen Glauben hatte. Und trotz alledem sagte diese Nachricht etwas über das Königreich aus, mit dessen Errichtung Jesus begonnen hatte. Es war ein Königreich der Befreiung, in dem die Blinden sehen können, die Lahmen springen, die Tauben hören, die Aussätzigen geheilt werden und die Armen befreit. Einige erlebten Befreiung, als Jesus durch die Straßen von Judäa und Galiläa ging. Andere haben Befreiung durch den Dienst der Nachfolger Jesu erfahren. Wieder anderen, wie etwa Johannes dem Täufer, blieb eine solche Befreiung versagt.

Warum dann überhaupt Wunder? Änderten sie irgendetwas? Ich gebe unumwunden zu, dass Jesus mit den paar Dutzend Heilungen und der Handvoll Auferweckungen nur wenig getan hat, um den Schmerz dieser Welt zu lindern. Deshalb ist er auch nicht gekommen. Und doch lag es in der Natur Jesu, die Auswirkungen der gefallenen Welt zu mildern, solange er hier auf der Erde war. Zu seinen Lebzeiten gebrauchte Jesus seine übernatürlichen Kräfte um in Ordnung zu bringen, was falsch war. Jede Heilung eines körperlichen Leidens erinnerte an das Paradies, in dem der menschliche Körper nicht blind oder verkrüppelt war oder zwölf Jahre lang ununterbrochen an Blutungen litt. Und zugleich wiesen sie auf die Zeit einer zukünftigen erneuerten Schöpfung hin. Seine Wunder, die die Ketten der Krankheit und des Todes bezwangen, gewähren mir einen kurzen Blick auf die Welt, wie sie gemeint war, und geben Hoffnung, dass Gott eines Tages ihre Fehler in Ordnung bringen wird. Gott ist mit dieser Welt, wie sie jetzt ist – gelinde gesagt –, genauso wenig zufrieden wie wir. Die Wunder Jesu geben uns einen Eindruck, was Gott dagegen zu tun gedenkt.

Manche Menschen betrachten Wunder als unplausible Aufhebung der herrschenden physikalischen Gesetze des Universums. Doch eigentlich zeigen sie genau das Gegenteil. Tod, Zerfall und Zerstörung sind die wahren Aufhebungen der Gesetze Gottes – und Wunder sind nur vorzeitige Blicke auf ihre Wiederherstellung. Oder wie Jürgen Moltmann es formuliert: »Die Heilungen Jesu sind keine übernatürlichen Mirakel in einer natürlichen Welt, sondern das einzig ›Natürliche‹ in einer unnatürlichen, dämonisierten und verwundeten Welt.«

S. 177: *Verwandlung von Wasser in Wein:* Johannes 2,1-11
S. 179: *»Dort in Galiläa . . .«:* Johannes 2,11
S. 179: *Lewis:* C. S. Lewis, »Wunder«, 1942, in: Ders., *Gott auf der Anklagebank.* Basel, 1995.
S. 181: *Heilung eines Blinden:* Johannes 9,1-41
S. 184: *Heilung eines Leprakranken:* Matthäus 8,1-4; Markus 1,40-44; Lukas 5,12-14
S. 185: *Heilung eines Gelähmten:* Matthäus 9,1-8; Markus 2,1-12, Lukas 5,17-26
S. 186: *Senior:* Donald Senior, C. P., »With New Eyes«, in: *Stauros Notebook,* Bd. 9, Nr. 2.
S. 187: *»Ich will euch beweisen, . . .«:* Markus 2,10
S. 188: *Speisung der Fünftausend:* Matthäus 14,13-21; Markus 6,30-44; Lukas 9,10-17 und Johannes 6,5-71

S. 188: *»sie waren wie . . .«:* Markus 6,34

S. 189: *»Alle Macht . . .«:* Lukas 4,6

S. 189: *»Ich bin das Brot . . .«:* Johannes 6,14

S. 189: *»Ich bin vom Himmel . . .«:* Vgl. Johannes 6,38

S. 189: *»Wenn ihr den Leib . . .«:* Johannes 6,53

S. 190: *»Wollt ihr auch . . .«:* Johannes 6,67

S. 190: *»Nur böse, gottlose . . .«:* Matthäus 12,39

S. 190: *»vertraute ihnen nicht, . . .«:* Johannes 2,24

S. 191: *Die Auferweckung des Lazarus:* Johannes 11,1-54

S. 194: *»Wenn sie nicht . . .«:* Lukas 16,31

S. 194: *»wenn es euer Vater . . .«:* Matthäus 10,29

S. 195: *Askew:* Eddie Askew, *Vertrauen üben.* Zürich, 1990.

S. 195: *»Ich will dir ja vertrauen«:* Markus 9,24

S. 197: *Moltmann:* Jürgen Moltmann, *Der Weg Jesu Christi.*

10
Der Tod:
Die letzte Woche

Die Kirche, in der ich aufgewachsen bin, ging eilig über die Ereignisse der Karwoche hinweg, um dann schnell zu den festlichen Klängen von Ostern zu kommen. Karfreitag gab es nie einen Gottesdienst. Das Abendmahl feierten wir nur einmal im Vierteljahr, eine recht ungelenke Zeremonie, bei der feierliche Austeiler überwachten, wie Tabletts mit fingerhutgroßen Bechern und zerbröckelten Salzkräckern herumgereicht wurden.

Man sagte mir, dass die Katholiken nicht an die Auferstehung glaubten, was erklärte, warum katholische Mädchen ein Kreuz »mit dem kleinen Mann darauf« trugen. Ich erfuhr, dass sie den Gottesdienst mit brennenden Kerzen in einer Art kultischem Ritual feierten. Darin zeige sich ihre Fixierung auf den Tod. Wir Protestanten seien da ganz anders. Wir sparten uns unsere besten Anziehsachen, unsere mitreißenden Choräle und unsere wenigen Altargegenstände für Ostern auf.

Zu Beginn meines Studiums der Theologie und Kirchengeschichte fand ich heraus, dass meine Kirche eine falsche Vorstellung von den Katholiken hatte, die genauso wie wir an Ostern glaubten und die sogar viele der Glaubensbekenntnisse verfasst haben, die diese Sicht am besten zum Ausdruck bringen. Aus den Evangelien lernte ich, dass sich der biblische Bericht – im Gegensatz zu dem Leben in meiner Kirche – in der Karwoche eher verlangsamt als beschleunigt. Die Evangelien sind einem frühen christlichen Kommentator zufolge die Chronik der letzten Woche Jesu mit unterschiedlich langen Einleitungen. Von den Biographien, die ich kenne, widmen sich nur wenige über mehr als zehn Seiten dem Thema Tod – auch nicht die über Martin Luther King und Mahatma Gandhi, die gewaltsam umkamen und deren Tod von politischer Bedeutung war. Dagegen widmen die Evangelien fast ein Drittel ihrer Gesamtlänge dem Höhepunkt des Lebens Jesu – seiner letzten Woche. Matthäus, Markus, Lukas und Johannes betrachteten den Tod als das zentrale Geheimnis Jesu.

Nur zwei Evangelien berichten über seine Geburt, und alle vier verwenden nur wenige Seiten auf seine Auferstehung. Aber alle gehen ausführlichst auf die Ereignisse ein, die zum Tod Jesu führten. Zuvor hatte es nichts gegeben, was diesem Ereignis im entferntesten ähnelte. Himmlische Wesen hatten sich schon vor der Menschwerdung Jesu in unsere Sphäre herein- und wieder hinausgeschlichen (man denke etwa an Jakobs Gegner im Ringkampf und die Besucher Abrahams), und einige Menschen waren sogar vom Tod auferweckt worden. Aber als der Sohn Gottes auf der Erde starb – wie konnte es angehen, dass ein Messias eine solche Niederlage hinnehmen musste, dass ein Gott gekreuzigt wurde? Als dies geschah, bäumte sich sogar die Natur dagegen auf: Die Erde bebte, Felsen brachen auseinander und der Himmel verfinsterte sich.

Einige Jahre lang las ich, wenn die Karwoche näher rückte, alle vier Evangelien, manchmal nacheinander, manchmal parallel. Jedes Mal nimmt mich die Dramatik völlig gefangen. Die schlichte, geradlinige Darstellung hat eine zersetzende Kraft, und fast höre ich die dumpfen Schläge einer Pauke, die das Geschehen klagend begleitet. Keine Wunder gebieten Einhalt, keine übernatürliche Macht eilt zur Hilfe. Diese Tragödie stellt Sophokles und Shakespeare weit in den Schatten.

Die Mächte der Welt, das ausgeklügelste Religionssystem seiner Zeit vereint mit dem mächtigsten politischen Imperium, stellten sich gegen eine einzelne Gestalt, den einzigen vollkommenen Menschen, der jemals gelebt hat. Obwohl die Mächtigen ihn verspotten und seine Freunde ihn im Stich lassen, vermitteln die Evangelien den starken Eindruck, dass er die gesamten Vorgänge überblickt. Er hat sich entschlossen nach Jerusalem aufgemacht, obwohl er genau weiß, was ihn dort erwartet. Die ganze Zeit ist das Kreuz sein Ziel gewesen. Jetzt, da der Tod näher rückt, bestimmt er das Geschehen.

In einem Jahr kam ich zu den Evangelien, nachdem ich gerade das ganze Alte Testament durchgelesen hatte. Dort, in Geschichte, Lyrik und Prophetie, hatte ich einen starken, mächtigen Gott kennen gelernt. Da rollten Köpfe, Reiche wurden gestürzt, ganze Völker vernichtet. Einmal im Jahr hielten die Juden als Volk inne, um sich an die großartige Befreiung aus Ägypten zu erinnern, ein Ereignis voller Wunder, das Gott bewirkt hatte. In den Psalmen und bei den Propheten spürte ich die Nachwirkungen dieses Auszugs, Fingerzeige, die einem unterdrückten Volk signalisierten, dass der Gott, der einst ihre Gebete erhört hatte, es wieder tun würde.

Diese Erzählungen hallten noch in meinen Ohren wider, als ich zu der Stelle kam, an der Matthäus Szene für Szene die letzte Woche Jesu auf dieser Erde beschreibt. Wieder waren die Juden in Jerusalem zusammengekommen, um sich an den Auszug zu erinnern und Passa zu feiern. Und wieder einmal setzte sich die Hoffnung durch: *Der Messias war gekommen!*, lautete ein Gerücht. Doch dann trafen die Ereignisse wie ein Pfeil mitten in das Herz der Hoffnung: der Verrat, das Gericht und der Tod Jesu.

Wie können wir, die wir den Ausgang schon kennen, überhaupt ermessen, welche schreckliche Weltuntergangsstimmung die Nachfolger Jesu erfasste? Über die vielen Jahrhunderte hinweg ist uns die Geschichte vertraut geworden, und ich kann nicht verstehen, geschweige denn nachfühlen, wie diese letzte Woche auf die Menschen wirkte, die sie durchleben mussten. Ich kann lediglich sagen, was mir auffällt, wenn ich mir diese Leidensgeschichte nochmals ansehe.

Der triumphale Einzug. Alle vier Evangelien gehen auf dieses Ereignis ein, bei dem Jesus das einzige Mal seine Abneigung, sich als König ausrufen zu lassen, zurückzustellen scheint. Menschenmengen breiteten Tücher und Baumzweige auf der Straße aus, um ihre Ehrerbietung zu zeigen. »Heil dem König, den Gott uns sendet!«, riefen sie. Normalerweise schreckte Jesus vor solchen fanatischen Demonstrationen zurück, aber in diesem Fall ließ er sie gewähren. Den empörten Pharisäern hielt er entgegen: »Wenn sie schweigen, dann werden die Steine am Wege schreien.«

Sollte der Prophet von Galiläa nun in Jerusalem bestätigt werden? »Alle Welt rennt ihm hinterher«, schrien die Pharisäer alarmiert auf. Mehrere hunderttausend Pilger waren in Jerusalem versammelt, und nun sah es für jedermann so aus, als sei ein König eingetroffen, der den ihm zustehenden Thron einnahm.

Ich kann mich noch gut daran erinnern, wie ich als Kind vom Gottesdienst am Palmsonntag nach Hause fuhr. In Gedanken versunken zerpflückte ich meinen Palmwedel und dachte daran, was wir das nächste Mal in der Sonntagsschule behandeln würden. Es ergab einfach keinen Sinn. Wenn die Menschenmengen ihm in der einen Woche zu Füßen lagen, wie konnte Jesus dann in der nächsten verhaftet und umgebracht werden?

Wenn ich heute in den Evangelien lese, bemerke ich tiefer liegende Strömungen, die diesen scheinbaren Bruch erklären können. Am Palmsonntag umgab Jesus eine Menschenmenge aus Bethanien, die immer noch über das Wunder an Lazarus jubelte. Und sicherlich kamen auch viele Pilger aus Galiläa, die ihn gut kannten, dazu. Matthäus betont, dass weitere Unterstützung von dem Blinden, dem Gelähmten und den Kindern kam. Jenseits dieser Gruppe von Anhängern lauerte jedoch bereits Gefahr. Die religiösen Anführer hassten Jesus, und die römischen Legionen, die eigens gekommen waren, um die Festgäste unter Kontrolle zu halten, würden Hinweise des Sanhedrins auf mögliche Ruhestörer nicht in den Wind schlagen.

Jesus selbst hatte bei der lautstarken Parade gemischte Gefühle.

Lukas berichtet, dass er anfing zu weinen, als er sich der Stadt näherte. Er wusste nur zu gut, wie schnell der Mob sich gegen ihn wenden konnte. Stimmen, die nun »Hosianna« riefen, würden eine Woche später »Kreuzigt ihn!« fordern.

Dieser triumphale Einzug vollzog sich in einer zwiespältigen Atmosphäre. Wenn ich alle Berichte zusammen betrachte, fällt zunächst die groteske Komik der Situation ins Auge. Ich stelle mir vor, wie ein römischer Offizier herangeritten kommt, um zu sehen, was der Aufruhr bedeutet. Er hat schon manche Prozession in Rom erlebt, wo sie wissen, wie man so etwas richtig macht: Der siegreiche General sitzt in einem von edlen Rossen gezogenen goldenen Streitwagen, dessen Radspeichen in der Sonne blitzen. In seinem Gefolge tragen Soldaten in polierten Rüstungen die eroberten Fahnen der besiegten Armeen zur Schau. Als Nachhut kommt dann eine kunterbunte Schar von Sklaven und Gefangenen in Ketten, als lebender Beweis dafür, wie es denen ergeht, die sich Rom widersetzen.

Bei dem triumphalen Einzug Jesu ist die anbetende Menge bunt durcheinander gewürfelt: Lahme, Blinde, Kinder, Bauern aus Galiläa und Bethanien. Als der Soldat Ausschau hält, was ihre Aufmerksamkeit fesselt, sieht er eine einsame, *weinende* Gestalt, nicht auf einem Hengst oder Streitwagen, sondern auf dem Rücken eines jungen Esels mit einem geliehenen Mantel als improvisiertem Sattel.

Ja, da war ein Hauch von Triumph am Palmsonntag, aber nicht die Art Triumph, die Rom beeindruckt hätte – oder die die Menschenmengen in Jerusalem noch lange beeindrucken würde. Was für ein König war das nur?

———————————

Das letzte Abendmahl. Immer wenn ich Johannes' Bericht lese, überrascht mich der »moderne« Charakter dieser Schilderung. Hier liefert ein Evangelist sozusagen in Zeitlupe eine realistische Beschreibung, die ihresgleichen sucht. Johannes zitiert lange Dialoge und bemerkt das emotionale Zusammenspiel zwischen Jesus und seinen Jüngern. In Johannes 13-17 finden wir eine ganz persönliche Erinnerung an die wohl qualvollste Nacht Jesu auf der Erde.

Dieser Abend, an dem die Jünger die symbolträchtigen Rituale des Passafestes durchlebten, hielt viele Überraschungen für sie bereit. Als Jesus die Geschichte des Auszugs laut vorlas, ersetzten die Jünger in Gedanken vielleicht »Ägypten« durch »Rom«. Welchen besseren Plan konnte Gott haben, als diese Machtdemonstration jetzt zu wiederholen, zumal sich so viele Pilger in Jerusalem zusammengefunden hatten. Die ausholenden Ankündigungen Jesu beflügelten ihre kühnsten Träume: »Ihr werdet mit mir zusammen in meinem Reich herrschen, das mein Vater mir übergeben hat«, sagte er mit der Autorität eines Herrschers und: »Ich habe die Welt besiegt.«

Im Bericht des Johannes stoße ich mich immer wieder an einer bestimmten Begebenheit, die den Verlauf des Mahls unterbricht. »Jesus aber wusste, dass ihm der Vater unbegrenzte Macht gegeben hatte«, beginnt Johannes energisch und fährt dann unerwartet fort: »Da stand er vom Tisch auf, legte seinen Umhang ab und band sich ein Tuch um.« Wie ein Sklave gekleidet, bückte Jesus sich und wusch seinen Jüngern den Staub Jerusalems von den Füßen.

Das ist ein seltsames Benehmen für einen Ehrengast bei seinem letzten Mahl unter Freunden. Wirklich ein unverständliches Verhalten für jemanden, der einen Augenblick vorher gesagt hat: »Ihr werdet mit mir zusammen in meinem Reich herrschen.« Zu jener Zeit galt das Fußwaschen als so erniedrigend, dass ein Meister es noch nicht einmal von seinem jüdischen Sklaven verlangen konnte. Angesichts einer solchen Provokation wich die Farbe aus Petrus' Gesicht.

Diese Fußwaschung gehört für den Schriftsteller M. Scott Peck zu den bedeutsamsten Ereignissen im Leben Jesu. »Bis zu diesem Augenblick war es immer darum gegangen, dass jemand versuchte nach oben zu kommen. Dort angekommen, musste er seine Position festigen oder aber versuchen, noch höher zu steigen. Aber dieser

Mann, der sich schon oben befand – er war Rabbi, Lehrer, Meister –, begibt sich auf die unterste Stufe und wäscht seinen Anhängern die Füße. Mit dieser symbolischen Handlung kehrte Jesus die ganze soziale Ordnung um. Sein Verhalten erschreckte selbst seine eigenen Jünger, die kaum begriffen, was hier vor sich ging.«

Jesus bat uns, seine Nachfolger, um drei Dinge, die wir in Erinnerung an ihn tun sollen. Wir sollen andere taufen, so wie er von Johannes getauft wurde. Wir sollen uns an sein letztes Mahl mit den Jüngern erinnern. Und schließlich sollen wir uns gegenseitig die Füße waschen. Die Kirche ist den ersten beiden Aufforderungen stets nachgekommen, trotz aller Streitigkeiten darüber, welche Bedeutung sie haben und wie sie am besten zu befolgen sind. Aber die dritte Aufforderung, die Fußwaschung, verbinden wir heutzutage eher mit kleinen Gemeinschaften, die sich irgendwo in die Berge zurückgezogen haben. Nur wenige Denominationen praktizieren noch Fußwaschungen, für die anderen erscheint die ganze Idee eher primitiv. Man kann darüber streiten, ob der Befehl Jesu nur seinen zwölf Jüngern galt oder allen Nachfolgenden. Aber es fehlt auch jeder Hinweis darauf, dass die Jünger ihn befolgten.

Am späteren Abend kam unter den Jüngern Streit auf, wer von ihnen der Größte sei. Jesus sprach sich nicht deutlich gegen diese menschliche Neigung zu Konkurrenzdenken und Ehrgeiz aus. Er führte sie nur in eine andere Richtung: »Der Erste unter euch soll sich allen anderen unterordnen, und wer euch führen will, muss allen dienen.« Das war der Moment, in dem er sagte: »Ihr werdet mit mir in meinem Reich herrschen . . .« – in einem Reich, mit anderen Worten, das auf Dienst und Demut beruht. Mit der Fußwaschung sahen die Jünger, was er damit meinte. Diesem Beispiel zu folgen, ist in den vergangenen zweitausend Jahren nicht einfacher geworden.

Der Verrat. Mitten an diesem Abend im vertrauten Freundeskreis machte Jesus eine überraschende Ankündigung, die wie eine Bombe einschlug: Einer von den zwölf Versammelten um ihn herum würde ihn an die Machthaber verraten. »Die Jünger sahen sich bestürzt an und bemühten sich erschrocken, herauszufinden, wen er meinte.«

Jesus hatte einen Nerv getroffen. »Meinst du mich?«, fragten sie der Reihe nach und zeigten so ihre eigenen Zweifel. Verrat war kein neuer Gedanke. Wer weiß, wie oft die Jünger in dem verschwörerischen Jerusalem von den Feinden Jesu angesprochen worden waren, die versuchten an ihn heranzukommen. Das letzte Abendmahl selbst war von Gefahr überschattet, und die oberen Zimmer waren heimlich bei einem geheimnisvollen Mann mit einem Wasserkrug organisiert worden.

Bald nachdem Jesus diese Bombe hatte einschlagen lassen, verließ Judas schweigend das Zimmer, ohne dass er Verdacht erregt hätte. Als Schatzmeister der Gruppe gab es für ihn genügend Gründe zu gehen, etwa um Vorräte zu besorgen oder finanzielle Dinge zu regeln.

Der früher sehr verbreitete Name Judas ist heutzutage nahezu ungebräuchlich. Niemand möchte sein Kind nach dem berüchtigsten Verräter aller Zeiten nennen. Aber in dem Bericht der Evangelien ist es eher Judas' Durchschnittlichkeit als seine Bösartigkeit, die auffällt. Jesus hatte ihn genauso wie die anderen Jünger nach einer langen Nacht im Gebet persönlich ausgewählt. In den Evangelien findet sich kein einziger Hinweis darauf, dass er sich als Spion in den inneren Kreis eingeschlichen hatte, um Jesus dann ausliefern zu können.

Aber wie konnte Judas dann Gottes Sohn verraten? Noch während ich mich das frage, fallen mir die übrigen Jünger ein, die Jesus in Gethsemane im Stich ließen, und Petrus, der, als man ihn bedrängte, beteuerte: »Ich habe diesen Menschen nie gesehen!«, oder die elf Jünger, die dem Bericht über die Auferstehung Jesu keinen Glauben schenken wollten. Judas' Verrat unterschied sich von vielen anderen Treuebrüchen zwar im Ausmaß, nicht aber in der Sache.

Ich war neugierig, wie Hollywood diesen Verrat darstellen würde, und so sah ich mir fünfzehn verschiedene Versionen von Judas an. Erklärungen für sein Verhalten gab es im Überfluss. Die einen hiel ten ihn für geldgierig. Andere zeigten ihn als ängstlichen Mann, der sich zum Handel entschloss, als die Feinde Jesu bedrohlich näher rückten. Manche zeichnen ihn desillusioniert – warum vertrieb Jesus die Geldwechsler mit einer Peitsche aus dem heiligen Tempel, anstatt eine Armee gegen Rom zu stellen? Vielleicht ärgerte Judas sich zunehmend über die »Weichheit« Jesu: Wie die Terroristen im modernen Palästina oder in Nordirland hatte er keine Geduld für eine langsame, gewaltfreie Revolution. Oder vielleicht hoffte er, Jesus so zum Handeln zwingen zu können? Wenn Judas diese Verhaftung arrangierte, würde Jesus sich sicherlich zu erkennen geben und endlich sein Königreich errichten.

Hollywood zieht es vor, Judas als vielschichtigen, heldenhaften Rebellen darzustellen. Die Bibel hingegen stellt schlicht fest: Als Judas vom Tisch aufstand, »fuhr der Satan in ihn«. Aber ansonsten unterschied sich Judas' Ernüchterung nur geringfügig von dem, was andere Jünger empfunden hatten. Als klar war, dass das Reich Jesu zum Kreuz führte und nicht zu einem Thron, verschwanden sie alle in der Dunkelheit.

Judas war weder der erste noch der letzte Mensch, der Jesus verriet, vielleicht nur der bekannteste. Der christliche japanische Schriftsteller Shusaku Endo behandelt in vielen Romanen das Thema des Verrats. In *Schweigen*, seinem vielleicht bekanntesten Roman, geht es um japanische Christen, die von Shogunen verfolgt werden. Endo hatte viele spannende Geschichten über christliche Märtyrer gelesen, aber keine über christliche Verräter. Wie sollte er auch? Darüber hatte niemand geschrieben. Aber für Endo bestand die maßgebliche Botschaft Jesu in seiner unerschütterlichen Liebe für, ja, *besonders* für Menschen, die ihn verraten hatten. Als Judas die mordlustige Truppe in den Garten führte, sprach Jesus ihn als »Freund« an. Die anderen Jünger hatten ihn im Stich gelassen, und trotzdem liebte er sie immer noch. Sein Volk ließ ihn hinrichten, aber selbst dann noch, als er nackt am Kreuz hing, in der Haltung äußerster Schande, schrie Jesus auf: »Vater, vergib ihnen . . .«

Ich kenne keine menschlichen Schicksale, die unterschiedlicher wären als die von Petrus und Judas. Beide hatten eine Führungsposition unter den Jüngern. Beide sahen und hörten wunderliche Dinge. Beide erlebten die Wechselfälle von Hoffnung, Furcht und Desillusionierung. Als höherer Einsatz verlangt wurde, verleugneten beide ihren Meister. Aber hier hören die Gemeinsamkeiten auf. Judas, zwar mit schlechtem Gewissen, aber offensichtlich ohne Reue, akzeptierte die logische Konsequenz seines Handelns. Er nahm sich das Leben und endete als der größte Verräter der Geschichte. Er starb, weil er nicht gewillt war, das anzunehmen, wofür Jesus gekommen war. Petrus dagegen, gedemütigt, aber noch immer offen für Jesu Angebot der Gnade und der Vergebung, wurde Anführer einer Erneuerung in Jerusalem und ruhte nicht eher, bis er Rom erreicht hatte.

Gethsemane. Jesus verließ mit seinen elf Jüngern das stickige Zimmer im Obergeschoss, in dem es nach Lamm, bitteren Kräutern und Schweiß roch, und machte sich auf zu dem kühlen, weitläufigen Olivenhain in einem Garten namens Gethsemane. In dieser friedlichen Umgebung, unter dem Sternenhimmel fernab der geschäftigen Stadt, schliefen die Jünger schnell ein.

Doch Jesus fand keine Ruhe. »Tiefe Mutlosigkeit und Angst überfielen Jesus«, berichtet Matthäus. Und wie er überliefert auch Markus Jesu schwermütige Worte an die Jünger: »Ich zerbreche beinahe unter der Last, die ich zu tragen habe. Bleibt bei mir und lasst mich nicht allein.« Jesus suchte oft die Einsamkeit, um zu beten. Manchmal schickte er die Jünger sogar in einem Boot fort, damit er die Nacht allein mit seinem Vater verbringen konnte. Aber in dieser Nacht brauchte er ihren Beistand.

Wir Menschen möchten jemanden in der Nähe haben, wenn wir operiert werden, wenn der Tod naht, in jeder schweren Krise. Wir brauchen die beruhigende Gegenwart eines Menschen – Einzelhaft ist die schlimmste Bestrafung, die sich unsere Spezies ausgedacht hat. In den Berichten über Gethsemane entdecke ich eine tiefe Einsamkeit, wie Jesus sie niemals zuvor empfunden hatte.

Wären Frauen bei dem letzten Abendmahl dabei gewesen, hätte Jesus diese Stunden vielleicht nicht allein verbringen müssen. Die Mutter Jesu war vorausschauend nach Jerusalem gekommen – es ist seit dem Beginn des Wirkens Jesu das erste Mal, dass sie in den Evangelien erwähnt wird. Die Frauen am Kreuz, die später seinen starren Körper einwickelten und bei Tagesanbruch zu dem Grab eilten, wären sicherlich im Garten bei ihm gewesen. Sie hätten seinen Kopf gehalten und seine Tränen abgewischt. Aber es waren Männer, die Jesus begleiteten. Träge vom Essen und Wein schliefen sie, während Jesus allein die Feuerprobe bestand.

Als die Jünger ihn im Stich ließen, versuchte Jesus nicht, seine Verletzung zu verbergen: »Könnt ihr denn nicht eine einzige Stunde mit mir wachen?« Seine Worte deuten etwas an, das noch bedrohlicher ist als die Einsamkeit. Ist es denkbar, dass er zum allerersten Mal nicht mit seinem Vater allein sein wollte?

Ein gewaltiger Kampf bahnte sich an, und die Evangelien beschreiben die Qual Jesu ganz anders als jüdische oder christliche Erzählungen von Märtyrern. »Vater, wenn es möglich ist, bewahre mich vor diesem Leiden«, flehte er. Das war kein frommes, förmliches Gebet. »Jesus litt Todesängste und betete so eindringlich, dass sein Schweiß wie Blut auf die Erde tropfte.« Worum ging es genau bei diesem Kampf? Angst vor Schmerzen und vor dem Tod? Natürlich. Jesus gefiel die Aussicht zu sterben ebenso wenig wie mir oder Ihnen. Aber es war noch mehr als das – eine ganz neue Erfahrung für Jesus, die man nur als Gottverlassenheit beschreiben kann. Im Wesentlichen erzählt Gethsemane schließlich von einem unbeantworteten Gebet. Der Kelch des Leidens ging nicht an Jesus vorbei.

Die Welt hatte Jesus abgelehnt: Der Beweis schlängelte sich bereits mit Fackeln durch die Wege des Gartens. Bald würden ihn auch die Jünger verlassen. Während der Gebete, dieser qualvollen Gebete, die auf eine Steinmauer des Schweigens trafen, musste es so scheinen, als hätte Gott sich ebenfalls abgewandt.

John Howard Yoder stellt Vermutungen darüber an, was geschehen wäre, wenn Gott der Bitte, »Lass diesen Kelch an mir vorübergehen!«, nachgekommen wäre. Jesus war keineswegs machtlos. Wenn er auf seinem Willen bestanden hätte, und nicht auf dem seines Vaters, hätte er zwölf Legionen, das heißt 72.000 Engel rufen können, die für ihn gekämpft hätten. In Gethsemane durchlebte Jesus noch einmal die Versuchung Satans in der Wüste. Zu jedem Zeitpunkt hätte er das Problem des Bösen mit Gewalt lösen können, mit einem vernichtenden schnellen Stoß gegen den Widersacher in der Wüste oder in einem heftigen Kampf in dem Garten. Dann würde es keine Kirchengeschichte geben – und übrigens auch keine Kirche –, denn die ganze Menschheitsgeschichte wäre zum Stillstand gekommen und das gegenwärtige Zeitalter wäre vorüber gewesen. All das lag in der Macht Jesu, wenn er nur das entscheidende Wort gesagt, das Opfer nicht gebracht und die so wenig greifbare Zukunft der Erlösung verspielt hätte. Das Reich Gottes wäre nicht wie aus Senfkörnern entstanden, es wäre vielmehr wie ein Unwetter hereingebrochen.

Aber Yoder erinnert uns daran, dass Jesus gerade für das Kreuz, den »Kelch«, der in diesem Augenblick so beängstigend wirkte, auf diese Erde gekommen war. Am Kreuz hing der Mann, der seine Feinde liebte, der rechtschaffener als die Pharisäer war, der reich war, um arm zu werden, der auch noch seinen Umhang gab, als sie sein Kleid wollten, der selbst für die betete, die ihn verhöhnten. Das Kreuz ist kein Umweg oder Hindernis auf dem Weg zum Reich Gottes, nicht einmal der Weg zum Reich, sondern das Reich selbst.

Nach mehreren Stunden quälenden Gebets kam Jesus zu einer Entscheidung. Sein Wille und der seines Vaters wurden eins. »Musste Christus nicht all dies erleiden, bevor Gott ihn zum Herrn über alles einsetzt?«, so formulierte er es später. Er weckte seine verschlafenen Freunde ein letztes Mal und schritt dann mutig in die Dunkelheit hinein denen entgegen, die ihn töten wollten.

Der Prozess. Heutzutage geben Fernsehprogramme und Bestsellerromane Einblick in die früher unbekannte Welt der Gerichtsbarkeit.

Für die, die es noch realistischer wünschen, gibt es in Amerika ein Kabelprogramm, das die gräulichsten Mordprozesse und Verhandlungen der abscheulichsten Fälle sexuellen Missbrauchs überträgt. Immer wieder verfolgt das amerikanische Publikum fasziniert, wie Anwälte ausgeklügelte Argumentationen aufbauen, um bekannte Persönlichkeiten frei zu bekommen, obwohl jeder weiß, dass sie schuldig sind.

In weniger als vierundzwanzig Stunden musste Jesus sich sechs Verhören stellen, zum Teil durch die Juden, zum Teil durch die Römer. Zum Schluss verkündigte ein erschöpfter Prokurator das härteste Urteil, das das römische Recht zuließ. Wenn ich die Gerichtsakten lese, springt die aussichtslose Lage Jesu ins Auge. Kein einziger Zeuge brachte etwas zu seiner Verteidigung vor. Kein einziger Anführer besaß den Mut, gegen diese Ungerechtigkeit aufzubegehren. Noch nicht einmal Jesus selbst versuchte sich zu verteidigen. Und auch Gott, der Vater, sagte zu alledem kein einziges Wort.

Die ganze Sache vor Gericht hatte vermutlich den Zweck, den »schwarzen Peter« weiterzureichen. Niemand war gewillt, die volle Verantwortung für die Hinrichtung Jesu zu übernehmen, aber alle wollten ihn aus dem Weg haben. Gelehrte haben unzählige Bücher geschrieben, um festzulegen, wie viel Schuld Rom und wie viel Schuld den Juden für den Tod Jesu anzulasten sei.* Tatsächlich waren beide Gruppierungen an der Entscheidung beteiligt. Aber wenn man sich zu sehr auf all die Unregelmäßigkeiten bei den Verhand-

---

* Die gesamte jüdische Nation für den Tod Jesu verantwortlich zu machen, gehört zu den größten Verleumdungen der Geschichte. Niemand käme auf die Idee, das heutige Italien für etwas zur Rechenschaft zu ziehen, was seine Vorfahren vor fast zweitausend Jahren begangen haben. Joseph Klausner zufolge trugen die Juden als *Volk* an dem Tod Jesu weniger Schuld als das Volk der Griechen am Tod des Sokrates. Aber wer denkt daran, für das Blut des Sokrates an seinen heutigen Landsleuten Rache zu nehmen? In den vergangenen Jahrhunderten hat man jedoch die Juden immer wieder für den Tod Jesu, der selbst ein Jude war, verantwortlich gemacht und sich an denen gerächt, die schon bezahlt haben und immer noch mit Strömen von Blut bezahlen müssen. Und dies ungeachtet der Tatsache, dass Jesus gesagt hat, er sei für die »verlorenen Schafe Israels« gekommen, und ungeachtet der Tatsache, dass fast alle frühen Christen Juden waren.

lungen konzentriert, läuft man Gefahr, die Hauptsache zu übersehen: Jesus bedeutete eine ernst zu nehmende Gefahr für das Jerusalemer Establishment.

Als charismatischer Führer mit vielen Anhängern hatte sich Jesus bei Herodes in Galiläa und dem Sanhedrin in Jerusalem längst verdächtig gemacht. Es stimmt, dass sie die Art seines Königreichs falsch verstanden. Aber kurz vor seiner Verhaftung hatte Jesus tatsächlich Gewalt angewendet, um die Geldwechsler aus dem Tempel zu vertreiben. Für die Marionettenregierung des Sanhedrins, die für ihre römischen Herren den Frieden um jeden Preis erhalten wollte, war dies natürlich ein Alarmzeichen. Außerdem ging das Gerücht, Jesus habe behauptet, dass er den Tempel niederreißen und in drei Tagen wieder errichten könne. Die jüdischen Anführer hatten Schwierigkeiten, Zeugen zu finden, die den genauen Wortlaut wiedergeben konnten, aber ihre Beunruhigung war nur zu verständlich. Stellen Sie sich nur die Aufregung vor, wenn heutzutage ein Araber durch die Straßen von New York laufen und verkünden würde: »Das World Trade Center wird zerstört werden, aber ich kann es in drei Tagen wieder aufbauen.«

Für die Priester und die gläubigen Juden traten diese politischen Drohungen gegenüber den Berichten über die religiösen Ansprüche Jesu in den Hintergrund. Die Pharisäer waren oft erschrocken und wütend gewesen angesichts der Kühnheit Jesu, Sünden zu vergeben und Gott seinen Vater zu nennen. Seine scheinbare Missachtung des Sabbats schockierte sie, denn nach dem mosaischen Gesetz war das Brechen des Sabbats ein schlimmes Vergehen. Jesus stellte eine Bedrohung für das Gesetz dar, für die Opferordnung, den Tempel, die Bestimmungen für koscheres Essen und die vielen Unterscheidungen zwischen Rein und Unrein.

Am Ende des Verhörs stellte der Hohe Priester Jesus eine Frage, die er als Angeklagter – »Ich nehme dich vor dem lebendigen Gott unter Eid« – beantworten musste: »Sage uns, bist du der Christus, der Sohn Gottes?« Und endlich brach Jesus sein Schweigen: »Du sagst es.«

Dann sprach der Angeklagte weiter vom Menschensohn, der auf den Wolken des Himmels kommen würde. Das war zu viel. In den Ohren eines frommen Juden mussten diese Äußerungen, egal wie man das Gesetz auslegte, wie Gotteslästerungen klingen. »Wozu brauchen wir noch weitere Zeugen?«, empörte sich der Hohe Priester und zerriss sein Gewand.

Entweder war es Gotteslästerung, dann stand darauf die Todesstrafe, oder aber die Aussagen Jesu stimmten und er war der Messias. Wie konnte das sein? Gefesselt und von bewaffneten Wachen umgeben, die Hilflosigkeit in Person, war Jesus wirklich der Letzte in Israel, der wie ein Messias aussah.

Den Römern, die mit religiösen Streitigkeiten möglichst nichts zu tun haben wollten, bedeutete Gotteslästerung allerdings wenig. Für die römischen Richter stand bei der Behauptung Jesu, der Messias zu sein, etwas anderes im Vordergrund, und so lautete die Anklage nicht mehr Gotteslästerung, sondern Aufwiegelung. Das Wort »Messias« bedeutete nun einmal »König«, und Rom duldete keinen Agitator, der einen solchen Titel für sich beanspruchte.

Vor Herodes, der auch Johannes den Täufer geköpft hatte und der Jesus schon lange persönlich befragen wollte, blieb Jesus gelassen und schweigsam. Erst Pilatus bekam aus Jesus eine Art Geständnis heraus. »Bist du wirklich der König der Juden?«, fragte Pilatus. Und Jesus – seine Hände auf dem Rücken gefesselt, das Gesicht von Müdigkeit gezeichnet und auf der Wange noch den Abdruck der Faust eines Soldaten – antwortete auch ihm klar und deutlich: »Ja, du hast Recht. Ich bin ein König.«

Viele Male hatte Jesus Gelegenheiten, sich zu erkennen zu geben, nicht genutzt. Wenn Geheilte, die Jünger oder gar Dämonen ihn als Messias erkannten, hatte er ihnen geboten, es nicht weiterzusagen. Zu Zeiten großer Bekanntheit, als die Menschenmengen ihn fanatisch um den See jagten, war er geflohen. Als diese Anhänger ihn schließlich doch eingeholt hatten und ihn sofort gekrönt hätten, hielt er eine so unangenehme Predigt, dass fast alle sich von ihm abwandten.

Erst an diesem Tag, als sein Anspruch einfach absurd erscheinen musste, gab er sich zu erkennen, zunächst vor dem religiösen und dann vor dem politischen Establishment.

Er sei der »Sohn Gottes«, sagte er den religiösen Anführern, als er sich in ihrer Macht befand. Dem römischen Statthalter sagte er: »Ich bin ein König«, worauf dieser laut aufgelacht haben muss. So wie Jesus da stand, ein armseliges Wesen, erinnerte er Pilatus wahrscheinlich an einen der immer wieder einmal auftretenden geistig Verwirrten in Rom, die behaupteten, Julius Cäsar zu sein.

Schwach, ausgestoßen, verdammt, verloren und völlig allein gelassen – erst zu diesem Zeitpunkt wagte Jesus sich zu erkennen zu geben und den Titel »Christus« zu akzeptieren. Wie Karl Barth feststellte: »Erst in dem Augenblick, wo die Gefahr der Religionsstiftung endgültig vorbei ist, wo das Bekenntnis seiner Messianität zugleich sein eigenes Todesurteil wird, ... wird dieses Bekenntnis von ihm ausgesprochen.«

Solch ein Gedanke, würde Paulus später sagen, war eine Beleidigung. Ein Stein des Anstoßes – die Art Stein, die man als unbrauchbar wegwirft, ein Hindernis auf der Baustelle. Aber solch ein Stein konnte mit Gottes Macht der Eckstein des neuen Königreichs werden.

———————

Golgatha. In seinen Aufzeichnungen aus der Zeit vor dem Zweiten Weltkrieg schildert Pierre Van Passen einen Akt der Demütigung durch SA-Angehörige, die einen älteren jüdischen Rabbiner aufgegriffen und ihn in das Hauptquartier gebracht hatten. In der gegenüberliegenden Ecke des Zimmers prügelten zwei Kollegen einen weiteren Juden zu Tode. Aber die beiden, die den Rabbiner gefangen genommen hatten, wollten sich einen größeren Spaß machen. Sie zogen ihn bis auf die Haut aus und befahlen ihm, die Predigt zu halten, die er für den kommenden Sabbat in der Synagoge vorbereitet hatte. Der Rabbiner fragte, ob er seine Jarmulka, die jüdische Kopfbedeckung, tragen dürfe, und die Nazis stimmten grinsend zu. Das würde den Spaß nur erhöhen. Der zitternde Rabbiner führte nun mit krächzender Stimme aus, was es bedeute, demütig vor Gott zu wandeln, während die höhnenden Nazis ihn schubsten und stießen und sein Landsmann in der anderen Ecke des Raumes seine letzten Schreie ausstieß.

Wenn ich in den Evangelien die Berichte über die Verhaftung, die Folterung und die Hinrichtung Jesu lese, muss ich an den nackten Rabbiner denken, der auf einer Polizeiwache so erniedrigt wurde. Selbst nachdem ich viele Filme zu diesem Thema gesehen und die Evangelien immer wieder gelesen habe, kann ich noch immer nicht die Demütigung, die Schande, die der Sohn Gottes auf dieser Erde erlitten hat, ermessen: entblößt, verprügelt, angespuckt, ins Gesicht geschlagen und mit Dornen gekrönt.

Jüdische wie römische Anführer meinten diese Verhöhnung als Parodie des Verbrechens, für das ihr Opfer verurteilt worden war: *Messias, was? Toll, dann lass mal eine Prophezeiung hören. Wer hat dich geschlagen? Los Mann, spuck's aus, Herr Prophet. Für einen Messias weißt du aber nicht gerade viel, oder?*

Und du willst ein König sein? He, Hauptmann, hör dir das mal an! Wir haben es hier mit einem richtigen König zu tun! Ja, dann sollten wir doch alle vor seiner Majestät auf die Knie fallen! Aber was ist denn das? Ein König ohne Krone? Nein, das gibt es doch nicht. Hier, sehr geehrter Herr König, wir geben dir eine Krone ... Und wie ist das? Ein bisschen schief? Das können wir ändern. He, halt mal still! Guck dir mal an, wie bescheiden wir sind. Na, wie wär's denn mit einer Robe – irgendwas um den blutigen Dreck auf deinem Rücken zu verdecken. Was ist denn passiert, ist eure Majestät etwa gestürzt?

Und so ging das den ganzen Tag weiter. Angefangen mit dem Blinde-Kuh-Spiel im Hof des Hohen Priesters bis zu den professionellen Schlägern von Pilatus und Herodes, den Pfiffen und Buh-Rufen der Zuschauer, die gekommen waren, um die Verbrecher, die die lange Straße nach Golgatha hinaufstolperten, zu verhöhnen – und schließlich bis zum Kreuz selbst, wo Jesus eine Menge höhnischer Bemerkungen von unten und sogar neben sich zu hören bekam: *Du willst der Messias sein? Na, dann steig doch runter von deinem Kreuz! Wie willst du uns denn retten, wenn du dich noch nicht einmal selbst retten kannst?*

Ich habe mich oft gewundert – und manchmal auch geärgert – über die ungebrochene Selbstbeherrschung Gottes durch die Jahrhunderte, in denen er den Dschingis Khans, den Hitlers und Stalins freie Hand gelassen hat. Aber nichts, gar nichts von dem, ist vergleichbar mit dem selbst auferlegten Nichteingreifen an diesem dunklen Freitag in Jerusalem. Bei jedem Peitschenhieb, jedem Schlag ins Gesicht muss Jesus im Geiste nochmals die Versuchung in der Wüste und in Gethsemane durchgemacht haben. Legionen von Engeln warteten nur auf seinen Befehl. Nur ein einziges Wort, und die ganze Tortur hätte ein Ende gehabt.

»Der Begriff Kreuz muss nicht nur dem Leibe römischer Bürger«, meinte Cicero, »sondern ihren Gedanken, ihren Augen, ihren Ohren, fern sein.« Bei den Römern galt die Kreuzigung als grausamste Form der Todesstrafe. Sie wurde nur bei Mord, Sklavenaufständen oder ähnlich schweren Vergehen in den Kolonien verhängt. Römische Bürger wurden geköpft, nicht gekreuzigt. Die Juden teilten diese Abscheu – »Wer so aufgehängt wurde, ist von Gott verflucht« – und zogen eine Steinigung vor, wenn man ihnen die Vollstreckung eines Todesurteils überließ.

Evangelisten, Archäologen und Mediziner haben die grausigen Einzelheiten einer Kreuzigung so gewissenhaft beschrieben, dass ich sie nicht zu wiederholen brauche. Nebenbei bemerkt hatte Jesus in dem Augenblick anderes im Kopf als Schmerzen. Der Aufschrei »Ich habe Durst« kam einer Klage über seinen körperlichen Zustand am nächsten, aber selbst dann lehnte er das angebotene Essigwasser als Betäubungsmittel ab. (Was für eine bittere Ironie: Derjenige, der literweise Wein für ein Hochzeitsfest machte und der von dem lebendigen Wasser gesprochen hatte, das den Durst für immer stillen würde, stirbt mit dem sauren Geschmack eines Essiggemischs auf seiner geschwollenen Zunge.)

Wie immer dachte Jesus auch in dieser Situation an andere. Er vergab den Männern, die die Tat begangen hatten. Er arrangierte die weitere Unterstützung seiner Mutter. Er hieß einen Dieb, der seine Beichte abgelegt hatte, im Paradies willkommen.

Die Evangelien geben unterschiedliche Gesprächsfetzen von Golgatha wieder, und nur zwei der Berichte stimmen bei den letzten Worten Jesu überein. Lukas lässt ihn in einem abschließenden Akt des Vertrauens sagen: »Vater, in deine Hände gebe ich meinen Geist!« Bei Johannes findet sich die rätselhafte Zusammenfassung seines ganzen Auftrages auf dieser Erde: »Es ist vollbracht!« Bei Matthäus und Markus steht die wohl geheimnisvollste Äußerung, das traurige Zitat: »Mein Gott, mein Gott, warum hast du mich verlassen?«* Nur dieses eine Mal von all seinen Gebeten in den Evangelien gebrauchte Jesus die förmliche, distanzierte Anrede »Gott«, und nicht »Abba« oder »Vater«. Natürlich zitierte er damit aus einem Psalm, aber gleichzeitig drückte er auch ein tiefes Gefühl der Entfremdung aus. Eine unerklärliche Kluft hatte sich in der göttlichen Einheit aufgetan. Der Sohn fühlte sich vom Vater verlassen.

Die »Verborgenheit« Gottes, stellte C. S. Lewis fest, schmerze den am meisten, der ihm sonst am nächsten steht. Deshalb leide der Mensch gewordene Gott auch von allen Menschen am meisten unter dieser Verlassenheit. Zweifellos hat er damit Recht. Es macht mir nicht viel aus, wenn die Kassiererin im Supermarkt oder der Nachbar ein paar Häuser weiter mich ignoriert. Aber wenn meine Frau, mit der ich den größten Teil meines Erwachsenenlebens verbracht habe, plötzlich nicht mehr mit mir spricht – das macht mir eine ganze Menge aus.

Kein Theologe kann zufrieden stellend erklären, was sich an diesem Tag auf Golgatha im Wesen der Dreieinigkeit ereignete. Wir haben lediglich den Schmerzensschrei eines Kindes, das sich verlas-

---

* Nach Meinung vieler Kommentare sind gerade die Berichte von Matthäus und Markus ein besonders überzeugender Beweis, dass es sich um authentische Schilderungen handelt, was auf Golgatha geschehen ist. Aus welchem Grund würden die Gründer einer neuen Religion solch verzweifelte Worte in den Mund ihres sterbenden Helden legen, wenn er sie nicht wirklich gesagt hat?

sen fühlt. Ob es Jesus geholfen hat zu wissen, dass sein Auftrag auf dieser Erde mit einem solchen Tod enden würde? War es eine Hilfe für Isaak zu wissen, dass Abraham nur gehorsam war, als er ihn auf dem Altar festband? Was wäre geschehen, wenn kein Engel erschienen wäre und Abraham das Messer in das Herz seines Sohnes gestoßen hätte, seines einzigen Sohnes, den er so liebte? Was wäre dann gewesen? Genau das geschah auf Golgatha und der Sohn fühlte sich im Stich gelassen.

Wir wissen nicht, was Gott, der Vater, in diesem Augenblick schrie. Wir können es uns nur vorstellen. Der Sohn hat »diesen Fluch auf sich genommen«, schrieb Paulus den Galatern. Und den Korinthern schrieb er: »Denn Gott hat Christus, der ohne Sünde war, mit all unserer Schuld beladen und verurteilt.« Wir kennen Gottes Einstellung zur Sünde; das Gefühl der Verlassenheit herrschte wahrscheinlich auf beiden Seiten.

Dorothy L. Sayers hat darauf hingewiesen, dass er als einziger Gott »ein Datum in der Geschichte hat ... Es gibt keine erstaunlichere Zusammenstellung von Sätzen als die, welche im Glaubensbekenntnis von Nicäa diese zwei Feststellungen glatt nebeneinander setzt: ›Wahrer Gott von wahrem Gott ... Er litt unter Pontius Pilatus.‹ Auf der ganzen Welt nennen Christen tausendfach an einem Tag den Namen eines wenig bedeutenden Prokonsuls ... einfach, weil dieser Name den Tod Gottes in einem zeitlichen Rahmen fixiert.«

Trotz aller Schande und Traurigkeit wurden die Ereignisse auf Golgatha die wichtigsten Daten im Leben Jesu – für die Verfasser der Evangelien und Briefe, für die Kirche und, sofern wir so etwas überhaupt einschätzen können, auch für Gott. Die Kirche benötigte einiges an Zeit, um sich mit der Schande des Kreuzes abzufinden. Die Kirchenväter verboten seine Darstellung in der Kunst bis zur Regierungszeit des römischen Kaisers Konstantin, der eine Vision des Kreuzes gehabt hatte und der es auch als Hinrichtungswerkzeug verbot.* Also wurde das Kreuz erst im vierten Jahrhundert ein Symbol für den Glauben, oder, wie C. S. Lewis angemerkt hat, als alle, die selbst noch ein Kreuz gesehen hatten, gestorben waren.

Aber heutzutage begegnet man diesem Symbol überall: Goldschmiede formen das Edelmetall zu dieser römischen Vorrichtung für Hinrichtungen, Sportler bekreuzigen sich vor dem Wettkampf, und in Amerika bieten Konditoren in der Karwoche für die Gläubigen sogar Schokoladenkreuze an. So seltsam es auch scheinen mag: Das Christentum ist eine Religion des Kreuzes geworden – oder, wie man heutzutage sagen würde, des Galgens, des Elektrischen Stuhls oder der Gaskammer.

Normalerweise betrachten wir jemanden, der den Tod eines Verbrechers stirbt, als Versager. Und doch denkt Paulus später so über Jesus nach: »Auf diese Weise wurden die finsteren dämonischen Mächte entmachtet und in ihrer Ohnmacht bloßgestellt, als Christus über sie am Kreuz triumphierte.« Was wollte er damit sagen?

Unwillkürlich denke ich an Menschen unserer Zeit, die Mächtige entwaffnen. Die rassistischen Sheriffs, die Martin Luther King ins Gefängnis brachten; die Sowjets, die Solschenizyn deportierten; die Tschechen, die Vaclav Havel hinter Gitter brachten; die Filipinos, die Benigno Aquino ermordeten; die Mächtigen in Südafrika, die Nelson Mandela inhaftierten – sie alle dachten, sie hätten ein Problem gelöst, und doch offenbarten sie nur ihre eigene Gewalt und Ungerechtigkeit. Moralische Macht kann sehr entwaffnend sein.

Als Jesus starb, rief selbst ein mürrischer Soldat aus: »Dieser Mann ist wirklich Gottes Sohn gewesen!« Der Unterschied zwischen seinen brutalen Kollegen und ihrem Opfer, das ihnen noch bei

---

* Konstantin, so der Historiker Michael Grant, interessierte sich nur wenig für die Person Jesu, empfand aber die Kreuzigung als Schande. Paradoxerweise wandelte Konstantin das Kreuz von einem Symbol für aufopfernde Liebe und Erniedrigung in ein Symbol des Triumphes um: Er ließ es auf die Schilde seiner Soldaten malen, weil er das Kreuz nicht als Zeichen für das Leiden, sondern als ein magisches Emblem betrachtete, das seinen eigenen Triumph betonte.

seinem letzten Atemzug vergab, war für ihn nur zu deutlich. Diese blasse Gestalt, die dort an den Querbalken genagelt hing, enttarnte die herrschenden Mächte dieser Welt als falsche Götter, die ihre eigenen hochtrabenden Versprechen der Frömmigkeit und Gerechtigkeit brachen. Religiöse, nicht Unreligiöse, klagten Jesus an; das Gesetz, und nicht die Gesetzlosigkeit, ließ ihn hinrichten. Durch ihre manipulierten Gerichtsverhandlungen, ihre Bestrafung, ihre vehemente Opposition gegen Jesus. An diesem Tag zeigten die politischen und religiösen Führer ihre wahren Gesichter: Erhalter des Status quo und Verteidiger nur ihrer eigenen Macht. Jeder Angriff auf Jesus entlarvte ihre Unrechtmäßigkeit.

Die Diebe, die neben Jesus gekreuzigt wurden, zeigten die zwei einzig möglichen Reaktionen. Einer machte sich über die Hilflosigkeit Jesu lustig: »Bist du nun der Messias? Dann beweise es! Hilf dir selbst und uns!« Der andere erkannte die andersartige Macht des Mannes neben ihm. Er ging das Risiko des Glaubens ein und bat Jesus: »Herr, denke an mich, wenn du in dein Königreich kommst!« Niemand sonst redete Jesus als König an, es sei denn um ihn zu verhöhnen. Der sterbende Dieb sah deutlicher als alle anderen, wie das Königreich Jesu aussehen würde.

In gewisser Hinsicht repräsentieren die beiden Diebe die Wahl, die jeder Mensch angesichts des Kreuzes hat. Betrachten wir die Hilflosigkeit Jesu als ein Beispiel für Gottes Ohnmacht oder als Beweis seiner Liebe?

Die Römer, die mächtige Gottheiten wie Jupiter gewöhnt waren, konnten wenig Göttliches an diesem gekrümmten Körper am Kreuz erkennen. Fromme Juden, die mit den Geschichten eines mächtigen Jahwe aufgewachsen waren, sahen nichts Bewunderungswürdiges an diesem Gott, der schwach und gedemütigt starb. Justins »Dialog mit dem Juden Tryphon« zeigt, dass der Tod Jesu am Kreuz für die Juden entscheidend dagegen sprach, dass er der Messias war; die Kreuzigung hatte den Fluch des Gesetzes erfüllt.

Und doch war es das Kreuz, das im Laufe der Zeit die moralische Landkarte dieser Welt veränderte. M. Scott Peck schreibt dazu:

Man kann die Methode der Liebe nicht treffender beschreiben als dadurch, dass ich die Worte eines alten Priesters zitiere, der viele Jahre in diesem Kampf gestanden hatte: »Es gibt Dutzende von Möglichkeiten, mit dem Bösen umzugehen, und verschiedene Arten, es zu besiegen. Sie alle sind Facetten der Wahrheit, dass letztlich der einzige Weg zur Überwindung des Bösen darin besteht, dass es in einem bereitwilligen und lebendigen Menschen zur Ruhe kommt. Wenn es dort absorbiert wird wie Blut in einem Schwamm oder ein Speer im Herzen eines Menschen, verliert es die Macht und kann sich nicht weiter ausbreiten.«

Die Heilung des Bösen – wissenschaftlich oder auf einem anderen Weg – kann nur durch die Liebe Einzelner zustande kommen. Ein bereitwilliges Opfer ist erforderlich . . . Ich weiß nicht, wie das geht. Aber ich weiß, dass es geht . . . Wann immer das geschieht, kommt es zu einer kleinen Veränderung im Gleichgewicht der Kräfte in der Welt.

Das Gleichgewicht der Macht verlagerte sich an diesem Tag auf Golgatha erheblich, weil es nicht irgendjemand war, der das Böse dort ertrug. Wäre Jesus von Nazareth ein weiteres unschuldiges Opfer wie King, Mandela, Havel und Solschenizyn gewesen, dann hätte er seinen Beitrag zur Menschheitsgeschichte geleistet und wäre dann von der Szene abgetreten. Keine Religion wäre um seine Person entstanden. Was aber die Geschichte veränderte, war die dämmernde Erkenntnis der Jünger (erst die Auferstehung konnte sie endgültig überzeugen), dass Gott selbst den Weg der Schwachheit gewählt hatte. Das Kreuz definiert Gott neu als denjenigen, der aus freien Stücken seine Macht um der Liebe willen aufgibt.

Macht, wie gut sie auch immer gemeint sein mag, neigt dazu Leiden zu verursachen. Die Liebe lindert es, indem sie sich verletzbar macht. Gott verzichtet auf das eine zugunsten des anderen auf einem Hügel namens Golgatha.

S. 202: »Heil dem König, . . .«: Lukas 19,38

S. 202: »Wenn sie schweigen, . . .«: Lukas 19,40

S. 202: »Alle Welt . . .«: Johannes 12,19

S. 204: »Ihr werdet mit mir . . .«: Vgl. Lukas 22,29-30

S. 204: »Ich habe die Welt besiegt«: Johannes 16,33

S. 204: »Jesus aber wusste, . . .«: Johannes 13,3-4

S. 204: Peck: M. Scott Peck, The different Drum. New York, 1988.

S. 205: »Der Erste unter euch . . .«: Lukas 22,26

S. 205: »Ihr werdet mit mir . . .«: Lukas 22,29

S. 206: »Die Jünger sahen . . .«: Johannes 13,22

S. 206: »Meinst du mich?«: Markus 14,19

S. 206: »Ich habe diesen Menschen . . .«: Matthäus 26,74

S. 207: »fuhr der Satan . . .«: Johannes 13,27

S. 207: »Vater, vergib ihnen . . .«: Lukas 23,34

S. 208: Gethsemane: Matthäus 26,36-56; Markus 14,32-52; Lukas 22,39-53

S. 209: Yoder: John Howard Yoder, Die Politik Jesu. Maxdorf, 1981.

S. 210: »Musste Christus . . .«: Lukas 24,26

S. 211: Klausner: Vgl. Joseph Klausner, Jesus von Nazareth.

S. 212: »Sage uns, bist du . . .«: Matthäus 26,63-65

S. 213: »Bist du wirklich . . .«: Lukas 23,3

S. 213: »Ja, du hast Recht«: Johannes 18,37

S. 214: »Sohn Gottes«: Vgl. Lukas 22,70

S. 214: Barth: Karl Barth, Das Wort Gottes und die Theologie. München, 1924.

S. 216: Cicero: Zitiert nach Walter Kasper, Jesus der Christus.

S. 216: »Wer so aufgehängt wurde, . . .«: 5. Mose 21,23

S. 216: »Ich habe Durst«: Johannes 19,28

S. 217: »Vater, in deine Hände . . .«: Lukas 23,46

S. 217: »Es ist vollbracht!«: Johannes 19,30

S. 217: »Mein Gott, mein Gott, . . .«: Matthäus 27,46; Markus 15,34

S. 217: Lewis: C. S. Lewis, Du fragst mich, wie ich bete. Einsiedeln, 4. Aufl. 1996.

S. 218: »diesen Fluch . . .«: Galater 3,13

S. 218: »Denn Gott hat . . .«: 2. Korinther 5,21

S. 218: Sayers: Dorothy L. Sayers, Zum König geboren. Moers, 1990.

S. 219: Grant: Michael Grant, Constantine the Great. New York, 1994.

S. 219: Lewis: C. S. Lewis, Du fragst mich, wie ich bete.

S. 219: »Auf diese Weise . . .«: Kolosser 2,15

S. 219: »Dieser Mann . . .«: Markus 15,39

S. 220: »Bist du nun . . .«: Lukas 23,39

S. 220: »Herr, denke an mich, . . .«: Lukas 23,42

S. 220: Justin: Vgl. Hans Küng, Christ sein.

S. 220: Peck: M. Scott Peck, Die Lügner. Eine Psychologie des Bösen – und die Hoffnung auf Heilung. München, 1990.

11
Die Auferstehung:
Ein unglaublicher Morgen

Als kleines Kind verband ich Ostern nicht mit Auferstehung, sondern mit Tod, aufgrund dessen, was an einem sonnigen Ostersonntag der einzigen Katze zustieß, die ich jemals hatte. Boots war ein sechs Wochen altes Kätzchen, tiefschwarz bis auf weiße »Boots« an jeder Pfote. Sie hauste in einem Karton auf einer geschützten Veranda und schlief auf einem Kissen, das mit Zedernholzspänen gefüllt war. Meine Mutter war überzeugt, dass Boots zunächst lernen müsste, sich selbst zu verteidigen, bis sie die gigantische Außenwelt erkunden durfte. Für diesen großen Test hatte sie Ostersonntag bestimmt.

Endlich war es so weit. Der Sonnenschein von Georgia hatte den Frühling schon zur vollen Blüte gebracht. Boots schnüffelte an diesem Tag zum ersten Mal an Grashalmen, tapste an ihre ersten Osterglocken, pirschte sich ungeschickt an einen Schmetterling heran, sprang hoch in die Luft und verfehlte ihn. Sie unterhielt uns ausgezeichnet, solange die Nachbarskinder noch nicht da waren, um mit uns Ostereier zu suchen.

Als unsere Spielkameraden dann von nebenan kamen, geschah das Undenkbare. Ihr Hund Pugs, ein Boston-Terrier, folgte ihnen auf unser Grundstück, erspähte Boots, ließ ein lautes Knurren vernehmen und stürmte los. Ich schrie auf, und wir alle liefen auf Boots zu. Aber schon hatte Pugs das winzige Kätzchen in seinem Maul und schüttelte es wie eine alte Socke hin und her. Wir Kinder umzingelten ihn, kreischten und sprangen wild herum, um Pugs Angst einzujagen. Hilflos starrten wir auf ein Gewirr von gefletschten Zähnen und fliegenden Fellbüscheln. Zum Schluss schleuderte Pugs das schlaffe Kätzchen auf den Rasen und trottete davon.

Damals konnte ich es noch nicht ausdrücken, aber was ich an diesem sonnigen Ostersonntag in unserem Garten lernte, war die Bedeutung des hässlichen Wortes »unwiderruflich«. Den ganzen Nachmittag betete ich um ein Wunder. *Nein! Es darf nicht wahr sein! Sag, dass es nicht wahr ist.* Vielleicht würde Boots ja zurückkommen – hatte ich nicht in der Sonntagsschule eine solche Geschichte über Jesus gehört? Oder vielleicht konnte dieser ganze Morgen irgendwie ausgelöscht oder zurückgedreht werden und dann noch einmal beginnen, diesmal ohne das schreckliche Ereignis. Wir könnten Boots für immer auf der geschützten Veranda behalten, ohne dass sie jemals heraus dürfte. Oder wir könnten die Nachbarn überreden, einen Zaun für Pugs zu bauen. Tausend Pläne gingen mir in den folgenden Tagen durch den Kopf, bis ich endlich die Realität nicht mehr leugnen konnte und akzeptieren musste, dass Boots tot war. Unwiderruflich tot.

Von diesem Tag an war der Ostersonntag in meiner Kindheit immer von der Erinnerung an diesen Tod auf dem Rasen überschattet. Mit zunehmendem Alter sollte ich noch viel mehr über das Wort »unwiderruflich« herausfinden.

––––––––––

Vor nicht allzu langer Zeit starben, wie ich schon erwähnt habe, in schneller Folge drei Freunde. Einer war Rentner und bei bester Gesundheit, als er urplötzlich auf einem Parkplatz tot umfiel, nachdem er mit seiner Frau essen gegangen war. Eine junge Frau um die Vierzig kam auf ihrer Fahrt zu einer Missionskonferenz in Flammen um, als ein Tankwagen im Nebel von hinten in ihren Wagen fuhr. Und als Dritter kam mein Freund Bob beim Sporttauchen auf dem Grund des Michigan-Sees ums Leben. In jenem Jahr hielt das Leben dreimal an. Ich sprach auf allen drei Beerdigungen, und jedes

Mal kämpfte ich damit, dieses alte, hässliche Wort »unwiderruflich« auszusprechen, das sich mit noch ungekannter Macht breit machte. Ich konnte nichts sagen, ich konnte nichts tun, um das zu erreichen, was ich mir am meisten wünschte: Ich wollte meine Freunde wiederhaben.

Als Bob zum letzten Mal tauchte, saß ich nichts ahnend in einem Café an der Chicagoer Universität und las *Meine Suche nach der Schönheit* von Rollo May. In diesem Buch erinnert sich der Therapeut an Stationen seiner lebenslangen Suche nach Schönheit, besonders an einen Besuch auf Mount Athos, einer griechischen Kloster-Halbinsel. Dort erlebte er eine griechisch-orthodoxe Osterfeier, die die ganze Nacht dauerte. Weihrauch hing in der Luft. Nur Kerzen spendeten etwas Licht. Auf dem Höhepunkt des Gottesdienstes gab der Priester jedem ein Osterei, das reich verziert und in einen Schleier gehüllt war. »Christos Anesti!«, sprach er dann, »Christus ist auferstanden!« Alle Anwesenden, darunter auch Rollo May, bekräftigten dem Brauch gemäß: »Er ist wahrhaftig auferstanden!«

Rollo May schreibt dazu: »Da ergriff mich die geistliche Realität: Was würde es für unsere Welt bedeuten, wenn er wirklich auferstanden war?« Ich las diese Stelle, kurz bevor ich nach Hause fuhr, wo man mir dann sagte, dass Bob umgekommen war. Rollo Mays Frage ging mir nicht mehr aus dem Kopf, nachdem ich die schreckliche Nachricht gehört hatte. Welche Bedeutung hatte es für unsere Welt, dass Christus auferstanden war?

In der dunklen Wolke der Trauer über Bobs Tod begann ich die Bedeutung von Ostern in einem anderen Licht zu sehen. Als Fünfjähriger hatte ich am Ostersonntag die harte Lektion der Unwiderruflichkeit gelernt. Als Erwachsener hielt Ostern für mich das Ehrfurcht gebietende Versprechen der Umkehrung bereit. Nichts – nicht einmal der Tod – war endgültig. Selbst er konnte wieder rückgängig gemacht werden.

Auf Bobs Beerdigung formulierte ich Mays Frage für unsere persönliche Situation um. Was würde es für uns bedeuten, wenn Bob wieder auferstünde? Wir saßen in einer Kapelle, starr vor Trauer, während der Tod wie eine erdrückende Last auf uns lag. Was wäre, wenn wir gleich auf den Parkplatz gingen und dort stünde zu unserem großen Erstaunen plötzlich Bob? *Bob!* Mit seinem hüpfenden Gang, seinem schiefen Lächeln und den hellen, grauen Augen. Das konnte nur Bob sein, der wieder lebte!

Diese Vorstellung half mir zu verstehen, was die Jünger Jesu an Ostern empfunden haben mochten. Auch sie hatten drei Tage getrauert. Am Sonntag vernahmen sie einen neuen, wohltönenden Klang. Ostern stimmte ein neues Lied der Hoffnung und des Glaubens an, dass Gott das, was er an dem Grab in Jerusalem tat, wiederholen kann und es auch in großem Maße tun wird. Für Bob. Für uns. Für die Welt. Aller Wahrscheinlichkeit zum Trotz wird das Unwiderrufliche widerrufen werden.

Die ersten Christen machten alles von der Auferstehung abhängig, sodass Paulus den Korinthern schrieb: »Wäre aber Christus nicht auferstanden, so hätte unsere ganze Predigt keinen Sinn, und euer Glaube wäre völlig wertlos.« Ist dieses Ereignis, ohne das unser Glaube nutzlos wäre, wirklich geschehen? Wie können wir da sicher sein?

Menschen, die die Auferstehung Jesu nicht anerkennen, beschreiben die Jünger meistens auf eine von zwei Arten: Entweder als leichtgläubige Dummköpfe mit einer gewissen Schwäche für Geistergeschichten oder als gerissene Verschwörer, die die Auferstehungsgeschichte erfanden, um ihrer neuen Religion zu einem Blitzstart zu verhelfen. Die Bibel zeichnet allerdings ein ganz anderes Bild.

Was den ersten der beiden Erklärungsversuche angeht, so berichten die Evangelien, dass die Anhänger Jesu den Gerüchten, Jesus sei auferstanden, selbst am meisten misstrauten. Besonders der »zweifelnde Thomas« hatte den Ruf, ein Skeptiker zu sein, aber tatsächlich fehlte es allen Jüngern an Glauben. Keiner glaubte den wirren Berichten der Frauen, als diese vom leeren Grab kamen. Sie hielten das Ganze schlichtweg für »Geschwätz«. Selbst nachdem Jesus Einzelnen von ihnen erschienen war, berichtet Matthäus, dass »einige aber zweifelten«. Die Elf, die von Jesus getadelt wurden, weil sie sich hartnäckig weigerten zu glauben, kann man kaum als leichtgläubig bezeichnen.

Die andere Möglichkeit, eine Verschwörungstheorie, hält ebenfalls näherer Betrachtung nicht stand. Falls die Jünger sich wirklich eine hieb- und stichfeste Vertuschungsgeschichte hatten ausdenken wollen, war dies ein erbärmlicher Versuch. Chuck Colson, der nach dem Watergate-Einbruch an einem glücklosen Komplott beteiligt war, betont, dass Vertuschungen nur dann funktionieren, wenn alle Beteiligten eine vereinte Front der Zuversicht und Kompetenz bilden. Und das taten die Jünger ganz sicher nicht.

Die Evangelien berichten, wie die Jünger sich weinend in einem verschlossenen Zimmer verkrochen, in panischer Angst, dass ihnen dasselbe widerfahren könnte wie Jesus. Vor lauter Angst nahmen sie noch nicht einmal am Begräbnis Jesu teil. Sie überließen es einigen Frauen, sich um seinen Leichnam zu kümmern. (Ironischerweise warteten die pflichtbewussten Frauen bis zum Sonntagmorgen, um ihn zu Ende einzubalsamieren, obwohl Jesus selbst die Beschränkungen von solchen Diensten am Sabbat so energisch bekämpft hatte.) Die Jünger waren offensichtlich vollkommen unfähig, eine Auferstehung vorzutäuschen oder ihr Leben aufs Spiel zu setzen, indem sie den Leichnam stahlen. In ihrer Verzweiflung kam es ihnen auch gar nicht in den Sinn.

Allen vier Evangelien zufolge waren Frauen die ersten Zeugen der Auferstehung. So etwas hätte sich ein Verschwörer im ersten Jahrhundert niemals ausgedacht. Jüdische Gerichtshöfe erkannten Aussagen von Frauen nicht an. Eine gezielte Täuschung hätte Petrus oder Johannes, oder besser noch Nikodemus, ins Rampenlicht gestellt, anstatt sich auf die Berichte von Frauen zu stützen. Da die Evangelien mehrere Jahrzehnte nach den Ereignissen niedergeschrieben wurden, hätten die Verfasser genügend Zeit gehabt, um solche Ungereimtheiten auszumerzen – es sei denn, sie konstruierten keine Legende, sondern berichteten nur die nackten Tatsachen.

Bei einer Verschwörung hätte man sicher auch die Berichte der ersten Zeugen geglättet. Waren da nun zwei weiß gekleidete Gestalten oder nur eine? Warum hielt Maria Magdalena Jesus für den Gärtner? War sie allein oder hatte sie Salome oder Maria dabei? Die Berichte über die Entdeckung der leeren Grabstelle klingen atemlos und lückenhaft. Die Frauen, so Matthäus, liefen »erschrocken« vom Grab weg, aber »gleichzeitig erfüllte sie große Freude«. Markus spricht von »Angst und Entsetzen«, die die Frauen erfasst hatten. Jesus hat keinen dramatischen, gut inszenierten Auftritt, um alle Zweifel auszuräumen. Die ersten Berichte erscheinen vielmehr dürftig, geheimnisvoll und verwirrt. Verschwörer hätten sicherlich geschickter dargelegt, was sie später als Dreh- und Angelpunkt des Ereignisses bezeichneten.

Die Evangelien schildern die Auferstehung Jesu also nicht aus der Sicht ihrer Verteidiger, die jeden wichtigen Punkt untermauern, sondern zeigen sie eher als schockierenden Störfall, den niemand erwartete, am wenigsten die ängstlichen Jünger. Die ersten Zeugen reagierten genauso, wie wir es auch tun würden – so, wie ich reagieren würde, wenn es an der Tür klingelte, ich hinginge und plötzlich meinem Freund Bob gegenüberstünde. Meine Reaktion wäre eine Mischung aus Furcht und großer Freude. Furcht ist die spontane menschliche Reaktion auf eine Begegnung mit dem Übernatürlichen. Die Furcht der Jünger wurde jedoch von Freude überwältigt, denn die Nachricht war zu gut, um wahr zu sein – oder sie war so gut, dass sie wahr sein musste. Jesus lebte! Der Traum vom Messias erwachte wieder, als die Frauen zitternd vor Angst und Freude davoneilten, um den Jüngern von der Neuigkeit zu erzählen.

Natürlich gab es eine Verschwörung, aber eine, die nicht von den Jüngern ausging, sondern von den Machthabern, die mit der peinlichen Tatsache klarkommen mussten, dass das Grab leer war. Mit einem Hinweis auf das versiegelte Grab oder auf einen Leichnam hätten sie die wilden Gerüchte über eine Auferstehung zum

Schweigen bringen können. Aber das Siegel war aufgebrochen und der Leichnam fehlte. Nun musste eine offizielle Erklärung gefunden werden. Schon als die Frauen auf dem Weg zu den Jüngern waren, legten die Soldaten sich ein Alibi zurecht – als Beitrag zur Schadensbegrenzung.

Die wachhabenden Soldaten vor dem Grab Jesu waren die einzigen Augenzeugen des größten Wunders in der Geschichte. Matthäus berichtet, dass sie, als die Erde zu beben begann und der Engel, hell wie ein Blitz, vor ihren Augen erschien, vor Schreck zitterten und wie tot waren.* Aber das Erstaunliche ist: Am späteren Nachmittag änderten die Soldaten, die mit eigenen Augen den Beweis für die Auferstehung gesehen hatten, ihre Geschichte in eine Lüge um, indem sie den Priestern nachplapperten. Nun behaupteten sie: »In der Nacht, als wir schliefen, sind seine Jünger gekommen und haben den Toten gestohlen.« Diese Version hatte offensichtliche Schwächen (Ein riesiger Stein war zur Seite gerollt worden, ohne dass sie aufgewacht waren? Und wie konnten sie die Jünger im Schlaf identifizieren?), aber zumindest konnten sich die Wachen so aus allem heraushalten.

Wie alles im Leben Jesu rief auch seine Auferstehung gegensätzliche Reaktionen hervor: Die Gläubigen wurden verwandelt; mit neuem Mut und voller Hoffnung gingen sie nun daran, die Welt zu verändern. Doch die Ungläubigen fanden Mittel und Wege, überzeugende Beweise zu ignorieren. Jesus hatte dies schon vorausgesagt: »Wenn sie nicht auf Mose und die Propheten hören, werden

---

* Die Auferstehung war ein Akt des zivilen Ungehorsams, denn dabei wurde das Siegel von Pilatus aufgebrochen und die offiziellen Wachposten umgeworfen. In diesem Fall bedeutete Sieg über die Machthaber aktiven Widerstand.
Das apokryphe Evangelium des Petrus bietet eine phantasievolle Version der Geschehnisse am Grab: Zwei Gestalten stiegen in einer leuchtenden Wolke vom Himmel herab, die so hell war, dass viele Menschen hinzutraten, um alles zu beobachten. Der Stein rollte von allein beiseite. Dann traten die beiden Lichtgestalten aus dem Grab heraus, wobei sie eine dritte Gestalt stützten. Ihnen folgte ein geheimnisvolles Kreuz. Die Köpfe der Männer reichten bis in den Himmel, aber derjenige, den sie stützten, ragte weit darüber hinaus. – Solche Sensationen fehlen in den authentischen Evangelien völlig.

sie sich auch nicht überzeugen lassen, wenn einer von den Toten aufersteht.«

Wenn wir die Evangelien lesen, sehen wir Ostern von der anderen Seite. Das Datum ist in unseren Kalendern rot gedruckt und wir vergessen, wie schwer es für die Jünger gewesen sein muss zu glauben. Das leere Grab allein überzeugte sie nicht – es bedeutete nur: »Er ist nicht hier« und nicht »Er ist auferweckt«. Solche Skeptiker konnten nur von direkten, persönlichen Begegnungen mit dem, der drei Jahre lang ihr Meister gewesen war, überzeugt werden. Und dafür sorgte Jesus in den folgenden sechs Wochen.

Den Schriftsteller Frederick Büchner erstaunt das bescheidene Auftreten Jesu nach dem Auferstehungs-Sonntag. Da gab es keine Engel im Himmel, die Choräle sangen, keine von weit her angereisten Könige mit Geschenken. Jesus erschien unter ganz alltäglichen Umständen: bei einem privaten Essen, als zwei Männer auf einer Straße unterwegs waren, vor einer weinenden Frau in einem Garten und einigen Fischern bei der Arbeit.

Für mich haben diese Auftritte etwas Launenhaftes, als ob Jesus die Freiheit seines auferstandenen Körpers genoss. Lukas zum Beispiel liefert einen bewegenden Bericht über das plötzliche Erscheinen Jesu neben zwei traurigen Anhängern auf einer Straße nach Emmaus. Sie hatten davon gehört, dass die Frauen das Grab leer vorgefunden hatten und dass Petrus dies bestätigt hatte. Wer konnte solchen Gerüchten Glauben schenken? Ist der Tod nicht von Natur aus unwiderruflich? »Dabei hatten wir gehofft, dass er der von Gott verheißene Retter ist, der Israel befreien sollte«, meint einer der beiden sichtlich enttäuscht.

Wenig später macht der Fremde beim Essen eine typische Geste, als er das Brot bricht, und plötzlich fügt sich alles zusammen. Es ist Jesus, der die ganze Zeit mit ihnen zusammen gegangen ist und nun an ihrem Tisch sitzt! Seltsamerweise verschwindet er genau in dem Augenblick, als sie ihren Gast erkennen.

Als die beiden nach Jerusalem zurückeilen, finden sie die Elf hinter verschlossenen Türen versammelt. Sie sprudeln sofort ihre unglaubliche Geschichte heraus, die untermauert, was Petrus bereits erfahren hat: Jesus ist irgendwo da draußen und lebt. Ohne Vorwarnung taucht Jesus dann selbst in ihrer Mitte auf, gerade in dem Augenblick, als die Zweifler darüber diskutieren. »Seht doch die Wunden an meinen Händen und Füßen! Ich bin es wirklich. Hier, fasst mich an und überzeugt euch, dass ich kein Geist bin.« Selbst dann sind noch nicht alle Zweifel beseitigt, bis Jesus ein Stück gebratenen Fisch isst. Geister essen keinen Fisch, und eine Erscheinung kann kein Essen verschwinden lassen.

Fast sechs Wochen lang geht es so weiter: Jesus taucht auf und ist gleich darauf wieder verschwunden. Dabei handelt es sich nicht um gespenstische Erscheinungen, sondern Begegnungen mit einem Wesen aus Fleisch und Blut. Jesus kann jedes Mal seine Identität beweisen – kein Lebendiger sonst hat Wundmale einer Kreuzigung – und doch erkennen ihn die Jünger oft nicht auf Anhieb. Geduldig geht er auf ihre Skepsis ein. Den misstrauischen Thomas fordert er persönlich auf, die Wunden selbst zu berühren. Und der beschämte Petrus wird in einer ergreifenden Szene vor sechs Freunden rehabilitiert.

Ungefähr ein Dutzend Mal erschien Jesus, und dabei wird ein bestimmtes Muster deutlich: Jesus suchte kleinere Gruppen von Menschen in abgelegenen Orten oder hinter verschlossenen Türen auf. Diese privaten Treffen stärkten zwar den Glauben derjenigen, die bereits an Jesus glaubten, aber soviel wir wissen, hat kein einziger Ungläubiger Jesus nach seinem Tod gesehen.

Beim Lesen der Berichte über die Hinrichtung und die Auferstehung habe ich mich manchmal gefragt, warum Jesus sich nicht noch öfter zeigte. Warum tauchte er nur bei seinen Freunden auf? Warum erschien er nicht auf Pilatus' Vorhof oder vor dem Sanhedrin – aber dieses Mal mit einem vernichtenden Schlag gegen die, die ihn verurteilt hatten? Vielleicht enthalten seine Worte zu Thomas an dem Tag, als dessen Skepsis für immer verschwand, einen Hinweis auf seine Strategie: »Du glaubst, weil du mich gesehen hast. Wie glücklich können erst die sein, die nicht sehen und trotzdem glauben.«

In dem sechswöchigen Intermezzo zwischen Auferstehung und Himmelfahrt brach Jesus – soweit man dies sagen darf – seine eigenen Regeln über den Glauben. Er stellte seine Identität so klar unter Beweis, dass ihn kein Jünger mehr verleugnen konnte. Jesus überwältigte den Glauben der Augenzeugen: Wer den auferstandenen Jesus gesehen hatte, der hatte keine Wahl mehr zwischen Glauben und Unglauben. Jesus war nun unwiderlegbar. Selbst der ansonsten unnachgiebige Bruder Jesu, Jakobus, kapitulierte nach einer Begegnung mit dem Auferstandenen. Er wurde sogar der Leiter der Kirche in Jerusalem, und Josephus zufolge starb er als einer der ersten christlichen Märtyrer.

»Du glaubst, weil du mich gesehen hast«, sagte Jesus. Die wenigen Privilegierten konnten nicht anders, als zu glauben. Aber was war mit den anderen? Sehr bald, das wusste Jesus nur zu gut, würden die persönlichen Begegnungen ein Ende haben, und dann würde es nur noch Menschen geben, »die nicht sehen«. Ob die Kirche stand oder fiel, würde dann davon abhängen, wie glaubwürdig diese Augenzeugen für alle die waren, die nichts gesehen hatten – und damit auch für uns. Jesus blieben nur sechs Wochen, um seine Identität für immer zu beweisen.

Dass Jesus es schaffte, eine jammernde Truppe von unzuverlässigen Anhängern in furchtlose Evangelisten zu verwandeln; dass diese elf Männer, die ihn in seiner Todesstunde im Stich gelassen hatten, nun selbst in den Märtyrertod gingen, indem sie ihren Glauben an den auferstandenen Christus bekannten; dass die wenigen Zeugen eine Kraft freisetzten, die die grausame Unterdrückung zuerst in Jerusalem und dann in Rom überwand – diese bemerkenswerte Folge von Verwandlungen ist der überzeugendste Beweis für die Auferstehung. Was sonst könnte diesen urplötzlichen Wandel der Männer erklären, deren Feigheit und Unbeständigkeit hinlänglich bekannt waren?

Andere – mindestens fünfzehn Juden in den ersten hundert Jahren nach Jesus – hatten auch behauptet, der Messias zu sein, nur um kurz aufzuleuchten und dann wie ein Stern wieder zu verlöschen. Ergebene Treue zu Jesus jedoch endete nicht mit seinem Tod. Etwas war geschehen, etwas noch nie Dagewesenes. Sicherlich hätten die Jünger ihr Leben nicht für eine zusammengeschusterte Verschwörungstheorie geopfert. Sicherlich wäre es einfacher und auch natürlicher gewesen, den toten Jesus als einen der Märtyrer-Propheten zu verehren, deren Gräber von den Juden so in Ehren gehalten wurden.

Wenn man erst in den Evangelien liest, wie die Jünger hinter verriegelten Türen hockten, und danach in der Apostelgeschichte sieht, wie dieselben Männer Christus offen auf den Straßen und in Gefängniszellen verkündigen, dann kann man die erdbebengleiche Bedeutung der Ereignisse am Ostersonntag erahnen. Die Auferstehung ist das Epizentrum des Glaubens. Sie ist, wie C. H. Dodd schrieb, »nicht ein Glaube, der innerhalb der Kirche entstand; sie ist der Glaube, aus dem die Kirche entstand und das ›Gegebene‹, auf das sich ihr Bekenntnis gründete.« Der Schriftsteller John Updike drückt dieselbe Wahrheit poetischer aus:

> Täusche dich nicht: Wenn überhaupt,
> so ist Er auferstanden als Sein Leib.
> Hätte nicht die Auflösung der Zellen sich umgekehrt,
> hätten nicht wieder sich verstrickt die Moleküle,
> die Amino-Säuren wieder sich entzündet,
> dann stürzte die Kirche.

»Wie glücklich können erst die sein, die nicht sehen und trotzdem glauben«, hatte Jesus zu Thomas gesagt, nachdem er dessen Zweifel mit dem greifbaren Beweis des Osterwunders ausgeräumt hatte. Außer den ungefähr fünfhundert Menschen, denen Jesus nach seiner Auferstehung erschien, gehört jeder Christ, der seitdem lebte, zu diesen »Glücklichen«. Ich stelle mir selbst die Frage: *Warum*

glaube ich? - Ich, der ich mit meiner Skepsis und meiner Schwerfäl-
ligkeit zu akzeptieren, was nicht über jeden Zweifel erhaben ist,
Thomas ähnlicher bin als jedem anderen Jünger.

Ich habe die Argumente erwogen, die für die Auferstehung sprechen, und sie sind in der Tat beeindruckend. Und doch weiß ich,
dass viele intelligente Menschen sich diese Beweise ansehen und
trotzdem nicht glauben können. Obgleich vieles an der Auferstehung dazu einlädt zu glauben, ist nichts davon zwingend. Glaube
beinhaltet die Möglichkeit der Ablehnung, oder es ist kein Glaube.
Aber was gibt mir dann Osterglauben?

Ich gebe zu, dass ich unter anderem deshalb für den Glauben offen bin, weil ich im Grunde meines Herzens an die Ostergeschichte
glauben *möchte*. Glaube wächst auf dem Boden der Sehnsucht, und
etwas im Menschen, das ihm angeboren ist, wehrt sich entschieden
gegen die Herrschaft des Todes. Ob diese Hoffnung sich in der Form
äußert, dass ägyptische Pharaonen ihre Juwelen und Streitwagen in
Pyramiden verstecken, oder Menschen heutzutage besessen davon
sind, den Körper bis zur letztmöglichen Sekunde am Leben zu erhalten, um ihn dann einbalsamiert und in einem doppelt versiegel-
ten Sarg aufzubewahren – wir Menschen wehren uns gegen die
Vorstellung, dass der Tod das letzte Wort haben soll. Wir wollen
etwas anderes glauben.

Ich denke auch an das Jahr, in dem meine drei Freunde starben.
Vor allen Dingen möchte ich, dass Ostern wahr ist, weil damit das
Versprechen verbunden ist, dass ich eines Tages meine Freunde
wiederhaben werde. Ich möchte das Wort »unwiderruflich« für immer abschaffen.

Vermutlich denken Sie nun, dass ich an Märchen glauben möchte. Aber da bin ich nicht allein. Hat nicht jedes Zeitalter Märchen
hervorgebracht? Wir hören sie zuerst, wenn wir noch Kinder sind,
von unseren Eltern und Großeltern, und geben sie dann an unsere
eigenen Kindern weiter, die sie wiederum ihren Kindern erzählen.
Selbst in unserem wissenschaftlich geprägten Zeitalter sind die
erfolgreichsten Kinofilme Märchenvariationen: *Krieg der Sterne*,

Aladin, König der Tiere. Angesichts der Menschheitsgeschichte ist es eigentlich seltsam, dass die meisten Märchen ein Happy End haben. Die Hoffnung, dieser alte Instinkt, bäumt sich auf. Im Märchen kommen, wie im richtigen Leben, auch Kämpfe und Schmerzen vor, aber trotzdem werden am Ende die Tränen doch immer von einem Lächeln abgelöst. Dasselbe bewirkt auch Ostern, und auch deshalb klingt es wahr.*

Die Menschen bei der Kreuzigung forderten Jesus heraus, sich selbst zu beweisen, indem er vom Kreuz stieg, aber keiner konnte sich ausmalen, was tatsächlich geschah: dass er starb und dann zurückkam. Doch als das Drehbuch in die Tat umgesetzt war, ergab es für diejenigen, die Jesus kannten, einen Sinn. Es passte zu Gottes Wesen und zu seiner früheren Vorgehensweise. Gott hatte immer den langsamen, schwierigen Weg gewählt, indem er die menschliche Freiheit respektierte, gleichgültig, was es kostete. Gott habe die Realität des Bösen nicht abgeschafft, sondern vielmehr verwandelt, schrieb Dorothy L. Sayers. Er habe die Kreuzigung nicht verhindert, sondern sei von den Toten auferstanden. Der Held ertrug alle Konsequenzen, und doch triumphierte er.

In erster Linie glaube ich aber an die Auferstehung, weil ich Gott kennen gelernt habe. Ich weiß, dass Gott Liebe ist, und ich weiß außerdem, dass wir Menschen alles am Leben erhalten möchten, was wir lieben. Ich lasse meine Freunde nicht sterben, sie leben vielmehr in meiner Erinnerung und meinem Herzen weiter, lange nachdem ich sie zum letzten Mal gesehen habe. Aus welchem Grund auch immer – ich nehme an, weil die menschliche Freiheit eine zentrale Rolle spielt – duldet Gott einen Planeten, auf dem ein Mann auf der Höhe seines Lebens beim Sporttauchen umkommt und eine Frau

---

* J. R. R. Tolkien, dem vielleicht größten Märchen-Erzähler dieses Jahrhunderts, wurde oft vorgeworfen, dass Phantasie Eskapismus sei, bei dem die Aufmerksamkeit von den Anforderungen des »richtigen Lebens« abgelenkt würde. Seine Erwiderung war schlicht: Alles hänge davon ab, wovor jemand flüchtet. Wir betrachten die Flucht eines Deserteurs und den Ausbruch eines Sträflings ganz verschieden. »Warum einen Mann verachten, wenn er aus einem Gefängnis auszubrechen versucht, um nach Hause zu gehen?«

bei einem schrecklichen Unfall auf dem Weg zu einer Missionskonferenz stirbt. Aber ich glaube – sonst könnte ich auch nicht an einen liebenden Gott glauben –, dass Gott mit einem solchen unvollkommenen Planeten nicht glücklich ist. Göttliche Liebe wird einen Weg finden, das zu ändern. »Tod, sei nicht hochmütig«, mahnte John Donne. Gott wird den Tod nicht triumphieren lassen.

Ein Detail in den Ostergeschichten hat mich immer fasziniert: Warum behielt Jesus die Narben seiner Kreuzigung? Sicherlich konnte er jeden auferstandenen Körper haben, den er wollte. Und doch wählte er einen, der, hauptsächlich aufgrund der Narben, die man sehen und berühren konnte, identifizierbar war. Warum?

Ich glaube, dass die Ostergeschichte ohne diese Wundmale an den Händen, den Füßen und der Seite Jesu unvollständig wäre. Wenn wir Menschen unserer Phantasie freien Lauf lassen, träumen wir von strahlend weißen, regelmäßigen Zähnen, faltenfreier Haut und einer sexy Figur. Wir träumen von einem unnatürlichen Zustand: dem perfekten Körper. Aber für Jesus war es unnatürlich, in einem Skelett und menschlicher Haut gefangen zu sein. Die Wundmale sind für ihn ein Zeichen für das Leben auf dieser Erde, eine ständige Erinnerung an jene Zeit der Beschränkung und des Leidens.

Mir machen die Wundmale Jesu Mut. Aus der Sicht des Himmels stehen sie für das schrecklichste Ereignis, das in der Geschichte dieses Universums geschehen ist. Aber selbst dieses Geschehen wird durch Ostern zu einer bloßen Erinnerung. Denn wegen Ostern darf ich hoffen, dass die Tränen, die wir vergießen, die Schicksalsschläge, die uns ereilen, die Verletzungen unserer Gefühle, die Trauer über verlorene Freunde und geliebte Menschen, dass all dies zu einer Erinnerung verblasst. Wie die Wundmale Jesu. Narben verschwinden niemals völlig, aber sie tun auch nicht mehr weh. Wir werden neu erschaffene Körper haben, einen neu erschaffenen Himmel und eine neue Erde. Wir werden einen neuen Anfang bekommen, einen Oster-Anfang.

Ich bin zu dem Schluss gekommen, dass es zwei Möglichkeiten gibt, wie man die Geschichte der Menschheit betrachten kann. Man kann sich auf die Kriege und die Gewalt, auf die erbärmlichen Verhältnisse, die Schmerzen und Tragödien und den Tod konzentrieren. Von diesem Standpunkt aus erscheint Ostern wie eine märchenhafte Ausnahme, ein erstaunlicher Widerspruch im Namen Gottes. Das tröstet ein wenig, aber ich muss zugeben, dass die Trauer beim Tod meiner Freunde so übermächtig war, dass jede Hoffnung an ein Leben nach dem Tod schwach und unwirklich erschien.

Man kann die Welt auch anders betrachten. Wenn ich von Ostern als der einzigen unwiderlegbaren Tatsache ausgehe und sehe, wie Gott mit denen umgeht, die er liebt, dann wird die Geschichte der Menschheit zu einem Widerspruch und Ostern zu einer Vorausschau der letztendlichen Realität. Und dann fließt die Hoffnung wie ein Lavastrom unter die Verkrustungen des Alltags.

Dies beschreibt vielleicht die veränderte Perspektive der Jünger, als sie hinter verriegelten Türen über die unverständlichen Ereignisse am Ostersonntag sprachen. In gewisser Hinsicht hatte sich nichts geändert: Nach wie vor war Palästina von den Römern besetzt, religiöse Führer setzten immer noch Kopfgeld auf sie aus, wie zuvor herrschten draußen der Tod und das Böse. Aber allmählich machte der Schock der Erkenntnis einem langen, langsamen Sog der Freude Platz. Wenn Gott das tun konnte ...

S. 225: *May*: Rollo May, *My quest for Beauty*. Dallas, 1985.
S. 226: *»Wäre aber Christus ...«*: 1. Korinther 15,14
S. 227: *»Geschwätz«*: Lukas 24,11
S. 227: *»einige aber zweifelten«*: Matthäus 28,17
S. 228: *»erschrocken«*: Matthäus 28,8
S. 228: *»Angst und Entsetzen«*: Markus 16,8
S. 229: *Evangelium des Petrus*: Vgl. Frederick Büchner, *The Faces of Jesus*. San Francisco, 1989.

S. 229: »*In der Nacht . . .*«: Matthäus 28,13

S. 229: »*Wenn sie nicht . . .*«: Lukas 16,31

S. 230: »*Er ist nicht hier*«: Zitiert nach Hans Küng, *Christ sein.*

S. 230: »*Dabei hatten wir gehofft, . . .*«: Lukas 24,21

S. 231: »*Seht doch . . .*«: Lukas 24,39

S. 232: »*Du glaubst, . . .*«: Johannes 20,29.

S. 233: *Dodd:* C. H. Dodd, *The Founder of Christianity.*

S. 233: *Updike:* John Updike, »Sieben Strophen zu Ostern«, in: Ders., *Gedichte.* Reinbek, 1986.

S. 235: *Tolkien:* J. R. R. Tolkien, »Über Märchen«, in: Ders., *Baum und Blatt.* Frankfurt a. M., 1982.

S. 235: *Sayers:* Dorothy L. Sayers, *Homo Cerator.* Düsseldorf, 1953.

Teil III

Was er hinterließ

12
Die Himmelfahrt:
Blicke ins leere Blau

Manchmal überlege ich, wie die Welt aussehen würde, wenn Jesus nicht von den Toten auferstanden wäre. Die Jünger hätten ihr Leben nicht riskiert, indem sie ihren neuen Glauben in den Straßen von Jerusalem ausposaunten, aber vergessen hätten sie ihn auch nicht. Sie hatten drei Jahre mit Jesus verbracht. Er konnte nicht der versprochene Messias gewesen sein (nicht ohne Ostern), aber er hatte sie als der weiseste Lehrer beeindruckt und unerklärliche Macht bewiesen.

Nach einer Weile, wenn die seelischen Wunden langsam verheilten, hätten die Jünger Mittel und Wege gesucht, um die Erinnerung an Jesus zu bewahren. Vielleicht hätten sie seine Aussprüche in schriftlicher Form zusammengetragen, ähnlich wie in einem der Evangelien, nur ohne die besonders spektakulären Behauptungen und Ansprüche. Oder sie hätten, ähnlich wie die Juden zu jener Zeit es für andere Märtyrerpropheten taten, ein Denkmal für Jesus errichtet. Dann könnten wir heute dieses Denkmal besichtigen und etwas von diesem Zimmermann-Philosophen aus Nazareth erfahren. Wir könnten seine Aussprüche durchgehen und uns heraussuchen, was uns davon gefällt. Jesus würde dann auf der ganzen Welt so geschätzt wie Konfuzius oder Sokrates.

In mancherlei Hinsicht könnte ich einen Jesus ohne Auferstehung leichter akzeptieren. Ostern macht ihn gefährlich. Wegen Ostern muss ich mir seine ausgefallenen Ansprüche anhören und kann mir nicht nur das eine oder andere heraussuchen, das mir gefällt.

Und weiter bedeutet Ostern, dass er irgendwo da draußen sein muss. Wie seine Jünger weiß ich nie, wo er gerade auftauchen wird, was er mir sagen könnte und um was er mich vielleicht bitten wird. Ostern bedeutet, wie Frederick Büchner es formuliert hat, dass wir ihn niemals festnageln können, selbst wenn wir echte Nägel nehmen und ein reales Kreuz.

Ostern zeigt das Leben Jesu in einem völlig neuen Licht. Ohne Ostern wäre es für mich eine Tragödie, dass Jesus bereits nach so wenigen Predigerjahren starb. Was für eine Verschwendung, dass er schon so früh gehen musste, dass er nur wenige Menschen ansprechen konnte, zumal in einem so kleinen Teil der Welt! Wenn ich mir allerdings dasselbe Leben im Licht von Ostern ansehe, stelle ich fest, dass Jesus genau dies die ganze Zeit vorhatte. Er blieb gerade so lange, bis er genügend Anhänger gefunden hatte, die die Botschaft dann weiter verbreiten konnten. Jesus umzubringen, meint Walter Wink, sei wie der Versuch, Löwenzahn auszurotten, indem man gegen eine Pusteblume bläst.

Als Jesus nach seinem Tod wiederkam, um alle Zweifel unter den verbliebenen Gläubigen zu zerstreuen, blieb er nur vierzig Tage, bis er für immer verschwand. Die Zeit zwischen der Auferstehung und der Himmelfahrt war nur ein Zwischenspiel, nicht mehr.

Wenn der aufregendste Tag im Leben der Jünger der Ostersonntag war, so war es für Jesus bestimmt der Himmelfahrtstag. Er, der Schöpfer, der so tief hinabgestiegen war und so vieles aufgegeben hatte, machte sich nun auf den Weg nach Hause. Wie ein Soldat, der nach einem langen und blutigen Krieg von einem anderen Kontinent zurückkehrt. Wie ein Astronaut, der seinen Raumanzug abstreift, um wieder die vertraute Erdatmosphäre einzuatmen. Endlich zu Hause.

Das Gebet Jesu beim letzten Abendmahl mit seinen Jüngern zeigt etwas von dieser Perspektive. »Ich habe hier auf der Erde den Menschen gezeigt, wie herrlich du bist. Ich habe den Auftrag erfüllt, den du mir gegeben hast. Und nun, Vater, zeige an mir die Herrlichkeit, die ich bereits mit dir teilte, bevor die Welt erschaffen wurde.« Bevor die Welt erschaffen wurde! Wie ein alter Mann, der sich erinnert – nein, wie ein altersloser Gott, der sich erinnert – wanderte Jesus in diesem stickigen Zimmer in Jerusalem im Geiste zurück in eine Zeit vor der Milchstraße und dem Andromedanebel. In einer irdischen Nacht voller Angst und Bedrohung bereitete Jesus sich darauf vor, nach Hause zurückzukehren, um wieder in der Herrlichkeit zu leben, auf die er eine Zeit lang verzichtet hatte.

Als Jesus in den Himmel aufstieg, standen die Jünger sprachlos da, wie Kinder, die ihre Eltern verloren haben. Zwei Engel, die gekommen waren, um sie zu beruhigen, stellten die nahe liegende Frage: »Ihr Galiläer, was steht ihr hier und seht zum Himmel?« Am Himmel war nichts zu sehen, er war leer. Immer noch starrten sie hinauf, weil sie nicht wussten, wie es weitergehen würde und was sie als Nächstes tun sollten.

Wie oft habe ich mich beim Schreiben dieses Buches gefühlt wie diese Jünger, die angestrengt in das leere Blau des Himmels starrten. Ich suche nach einem Zeichen von Jesus, einem sichtbaren Hinweis. Wenn ich mir die Kirche ansehe, die er hinterlassen hat, möchte ich meine Augen am liebsten abwenden. Wie die Jünger sehne ich mich danach, nur einen kurzen Blick auf den zu erhaschen, der zum Himmel hinaufgefahren ist. Warum, frage ich mich dann wieder, musste er gehen?

Aber wenn ich die Evangelien noch einmal daraufhin untersuche, wie Jesus selbst seine Zeit auf der Erde sah, ist es doch offensichtlich, dass er sein Fortgehen von Anfang an geplant hatte. Nichts freute Jesus mehr als die Erfolge seiner Jünger. Und nichts machte ihm mehr zu schaffen als ihr Versagen. Er war mit der festen Absicht auf die Erde gekommen, wieder zu gehen, nachdem er anderen seine Mission übertragen hatte. Die sanfte Zurechtweisung des Engels hätte genauso gut von ihm kommen können: »Was steht ihr hier und seht zum Himmel?«

Als Jesus seine Jünger zum ersten Mal allein aussandte, warnte er sie vor Widerstand in Form von Prügelstrafen oder öffentlicher Folterung. Er sagte ihnen: »Ich sende euch wie Schafe unter die Wölfe.« Wenn ich diese furchtbaren Warnungen lese, muss ich unwillkürlich an eine erschütternde Szene in Shusaku Endos Roman *Schweigen* denken. Ein portugiesischer Missionar wird gefesselt und gezwungen mit anzusehen, wie einige Samurai japanische Christen foltern, einen nach dem anderen, und sie ins Meer werfen. Die Samurai beteuern, sie würden erst aufhören, die Christen zu töten, wenn der Priester seinem Glauben abschwöre. Er war in dieses Land gekommen, um sein Leben für andere zu geben. Und nun mussten die Japaner einer nach dem anderen für ihn sterben.

Was für ein Gefühl war es wohl für Jesus, der genau wusste, welche schrecklichen Dinge er in dieser Welt in Gang gesetzt hatte, nicht nur für sich selbst, sondern für die wenigen, die dort um ihn herum saßen, seine besten Freunde in dieser Welt? »Ein Bruder wird den anderen dem Henker ausliefern. Väter werden ihre eigenen Kinder anzeigen ... Alle Welt wird euch hassen, weil ihr euch zu mir bekennt ...«

Ich tue mich schwer damit, diesen Standpunkt – Eltern, die ihre Kinder in die Obhut von Banden geben; ein General, der seine Truppen in die Schusslinie führt – mit dem zu vereinbaren, was beim letzten Abendmahl geschah. Als Jesus dabei den Plan für seinen Abschied unmissverständlich darlegte, sagte er: »Doch glaubt mir: Es ist besser für euch, wenn ich gehe.« Die ganze Zeit hatte er vor zu gehen, damit sein Auftrag von anderen weiter geführt würde. Von ihnen. Von uns. Dem neuen Leib Christi.

Zu diesem Zeitpunkt hatten die Jünger nicht die geringste Ahnung, was Jesus damit meinen könnte. *Was konnte gut daran sein, dass er fortging?* Sie aßen den »Leib, hingegeben für euch«, ohne die drastische Veränderung zu verstehen, dass der Auftrag, den Gott seinem Sohn gegeben hatte, nun ihnen anvertraut wurde. »Wie du mich in die Welt gesandt hast, so sende ich sie in die Welt«, betete Jesus.

244

Jesus hinterließ nicht viele sichtbare Spuren auf dieser Welt. Er schrieb weder Bücher noch Traktate. Als Umherziehender besaß er weder Heim noch Habe, die man in einem Museum aufbauen könnte. Er heiratete nicht, ließ sich nicht nieder und gründete keine Familie. Wir wüssten tatsächlich gar nichts von ihm, gäbe es nicht die Spuren, die er in den Menschen hinterließ. Und das war seine Absicht. Das Gesetz und die Propheten hatten sich wie ein Lichtstrahl auf den einen, der kommen sollte, gebündelt. Und nun sollte sich dieses Licht wie in einem Prisma brechen und sich in ein menschliches Spektrum aus Wellen und Farben teilen.

Sechs Wochen später würden die Jünger herausfinden, was Jesus gemeint hatte, als er sagte: »Es ist besser für euch . . .« Augustinus drückte es so aus: »Du fuhrst vor unseren Augen hinauf in den Himmel. Und wir wandten uns in unserer Trauer ab, um dich in unseren Herzen zu entdecken.«

Ich denke, man kann sagen, dass Jesus seit der Himmelfahrt Körper gesucht hat, in denen er das Leben, das er auf Erden geführt hat, neu beginnen konnte. Die Kirche ist eine Erweiterung der Menschwerdung und Gottes wichtigster Weg, in dieser Welt präsent zu sein.

Die Kirche ist dort, wo Gott lebt. Was Jesus nur wenigen brachte – Heilung, Gnade, die gute Nachricht von der Liebe Gottes –, kann die Kirche nun allen weitergeben. Das war die Herausforderung, der Missionsbefehl, den Jesus erteilte, kurz bevor er aus den Augen der verblüfften Jünger entschwand. Schon früher hatte er erklärt: »Ein Weizenkorn, das nicht in den Boden kommt und stirbt, kann keine Frucht bringen, sondern bleibt ein einzelnes Korn. In der Erde aber keimt es und bringt viel Frucht, obwohl es selbst dabei stirbt.« Vermehrung nach der Löwenzahn-Methode.

So sieht zumindest die Theorie aus. Realistisch betrachtet, muss ich mich jedoch in die Gruppe der Jünger einreihen, die mit offenem Mund dastehen, als Jesus in den Himmel hinauffährt wie ein flügelloses Wesen, das sich jeder Schwerkraft widersetzt. »Herr, wirst du jetzt Israel wieder zu einem freien und mächtigen Reich machen?«, hatten sie ihn gerade gefragt – und nun das! Er ist fort! Ich kann ihre Verwirrung sehr gut nachvollziehen, weil ich mich auch nach dem Super-Messias sehne, der diese Welt, in der Böses, Gewalt und Armut herrschen, in Ordnung bringt. Obwohl ich zweitausend Jahre nach den Jüngern lebe, staune ich, wie wenig die Kirche in dieser Welt verändert hat. Warum hat Jesus es uns überlassen, mit all dem fertig zu werden? Wie kann es für uns gut sein, dass er gegangen ist?

Mittlerweile denke ich, dass die Himmelfahrt meinen Glauben am meisten auf die Probe stellt. Dabei geht es nicht darum, *ob* sie geschah, sondern aus welchem Grund. Das fordert mich mehr heraus als das Problem des Leides, mehr als die Schwierigkeit, Wissenschaft und Bibel zu vereinen, mehr als der Glaube an die Auferstehung und andere Wunder. Dieses Eingeständnis ist vielleicht etwas befremdlich. Ich habe noch nie ein Buch oder auch nur einen Artikel gesehen, in dem Zweifel an der Himmelfahrt behandelt würden – und doch berührt das, was nach dem Abschied Jesu passierte, den Kern meines Glaubens. Wäre es nicht besser gewesen, wenn die Himmelfahrt nie stattgefunden hätte? Wenn Jesus auf der Erde geblieben wäre, könnte er unsere Fragen beantworten, unsere Zweifel beheben, bei unseren Auseinandersetzungen über Lehre und strategisches Vorgehen vermittelnd eingreifen.

Ich kann viel leichter akzeptieren, dass Gott in Jesus von Nazareth Mensch wurde als in den Leuten, die zu meiner Ortsgemeinde gehören – und in mir. Aber genau das sollen wir doch glauben. Und danach sollen wir auch leben. Das Neue Testament erklärt, dass die Kirche die Zukunft der Welt bestimmt (vergleiche Römer 8,19-21; Epheser 3,10). Jesus hat seinen Teil getan und ist dann gegangen. Jetzt sind wir an der Reihe.

»Es ist eine ernste Angelegenheit«, schrieb C. S. Lewis, »in einer Welt von möglichen Göttern und Göttinnen zu leben und sich ständig vor Augen zu halten, dass auch der langweiligste und uninteressanteste Mensch, mit dem wir hier zu tun haben, eines Tages ein Geschöpf sein kann, das wir, wenn wir es jetzt schon wüssten, ernsthaft versucht wären zu verehren, oder aber ein Schrecken und Verderben, wie er uns jetzt höchstens in einem Alptraum begegnet. Jeden Tag verhelfen wir einander in gewisser Weise gegenseitig zu der einen oder anderen Bestimmung.«

Antike Religionen, wie etwa das römische Heidentum zu Lebzeiten Jesu, gingen davon aus, dass die Handlungen der Götter oben im Himmel das Geschehen auf der Erde beeinflussten. Wenn Zeus wütend war, schleuderte er Blitze. Wie Kinder, die von Autobahnbrücken Steine auf die fahrenden Autos werfen, ließen die Götter Verheerungen auf die Erde regnen. Jesus jedoch drehte diese Gesetzmäßigkeit um. »Wer auf euch hört, der hört mich. Und wer euch ablehnt, der lehnt mich ab«, sagte Jesus zu seinen Jüngern. Ein Glaubender betet, und der Himmel antwortet; ein Sünder bereut, und die Engel jubeln; eine Mission verbucht Erfolg, und Satan fällt; ein Gläubiger rebelliert, und der Heilige Geist ist betrübt. Was wir Menschen hier unten tun, hat ganz sicherlich Auswirkungen auf den Kosmos.

Ich glaube diese Dinge und doch »entfallen« sie mir irgendwie immer wieder. Ich vergesse, dass meine Gebete eine Bedeutung für Gott haben. Ich vergesse, dass ich meinen Nachbarn den Weg zu ihrer ewigen Bestimmung zeige. Ich vergesse, dass meine alltäglichen Entscheidungen den Herrn der ganzen Welt freuen oder traurig machen. Ich lebe in einer Welt voller Bäume, Telefonapparate und Faxgeräte. Die Wirklichkeit dieses konkreten Universums überlagert oft meinen Glauben an ein geistliches Universum, das alles umgibt. Ich sehe ins leere Blau des Himmels und kann nichts erkennen. Mit der Himmelfahrt ging Jesus das Risiko ein, vergessen zu werden.

Als ich vor kurzem im Matthäusevangelium las, fiel mir plötzlich auf, dass Jesus dieses Dilemma vorausgesehen hatte. Vier Gleichnisse gegen Ende des Evangeliums, unter den letzten, die Jesus erzählte, haben unter der Oberfläche ein gemeinsames Thema: Ein Eigentümer lässt sein Haus leer stehen, ein abwesender Eigentümer überträgt seinem Bediensteten die Verantwortung, ein Bräutigam kommt so spät, dass die Gäste müde werden und einschlafen, ein Fürst verteilt Pfunde unter seiner Dienerschaft und geht dann fort – immer geht es um das Thema des abwesenden Gottes.

Letztendlich haben die Geschichten Jesu die zentrale Frage moderner Zeiten bereits vorweggenommen: »Wo ist Gott jetzt?« Die neuzeitliche Antwort von Nietzsche, Freud, Marx, Camus und Beckett lautet, dass der Eigentümer uns aufgegeben hat, was uns die Freiheit lässt, nach unseren eigenen Regeln zu leben. In Orten wie Auschwitz und Ruanda sehen wir reale Versionen dieser Gleichnisse, plastische Beispiele dafür, was geschieht, wenn man nicht mehr an einen souveränen Gott glaubt. Wenn es keinen Gott gibt, stellte Dostojewski fest, ist alles erlaubt.

Als ich weiterlas, stieß ich auf ein anderes Gleichnis, vermutlich das letzte, das Jesus lehrte. Es handelt von Schafen und Böcken:

»Wenn der Menschensohn in seiner ganzen Herrlichkeit, begleitet von allen Engeln, wieder kommt, dann wird er auf dem Thron Gottes sitzen. Alle Völker werden vor ihm erscheinen, und er wird die Menschen in zwei Gruppen teilen, so wie ein Hirte die Schafe von den Böcken trennt. Rechts werden die Schafe und links die Böcke stehen.

Dann wird der Richter zu denen an seiner rechten Seite sagen: ›Kommt her! Euch hat mein Vater gesegnet. Nehmt das Reich Gottes in Besitz, das er seit Erschaffung der Welt für euch als Erbe bereithält! Denn als ich hungrig war, habt ihr mir zu essen gegeben. Als ich Durst hatte, bekam ich von euch etwas zu trinken. Ich war ein Fremder bei euch, und ihr habt mich aufgenommen. Ich war nackt, ihr habt mir Kleidung gegeben. Ich war krank, und ihr habt mich besucht. Ich war im Gefängnis, und ihr seid zu mir gekommen.‹

Dann werden sie fragen: ›Herr, wann bist du denn hungrig gewesen und wir haben dir zu essen gegeben? Oder durstig und wir gaben dir zu trinken? Wann haben wir dir Gastfreundschaft gewährt, und wann bist du nackt gewesen und wir haben dir Kleider gebracht? Wann warst du denn krank oder im Gefängnis und wir haben dich besucht?‹

Der Richter wird ihnen dann antworten: ›Das will ich euch sagen. Was ihr für einen meiner geringsten Brüder getan habt, das habt ihr für mich getan!‹

Zu denen auf seiner linken Seite aber wird er sagen: ›Geht mir aus den Augen, ihr Verfluchten, ins ewige Feuer, das für den Teufel und seine Helfer bestimmt ist! Denn ich war hungrig, aber ihr habt mir nichts zu essen gegeben. Ich war durstig, aber ihr habt mir nichts zu trinken gegeben. Ich war ein Fremder unter euch, aber ihr habt mich nicht aufgenommen. Ich war nackt, aber ihr wolltet mir nichts zum Anziehen geben. Ich war krank und im Gefängnis, aber ihr habt euch nicht um mich gekümmert.‹

Dann werden auch sie ihn fragen: ›Herr, wann haben wir dich denn hungrig oder durstig, ohne Unterkunft, nackt, krank oder im Gefängnis gesehen und dir nicht geholfen?‹ Darauf wird ihnen der Richter antworten: ›Die Hilfe, die ihr meinen geringsten Brüdern verweigert habt, die habt ihr mir verweigert.‹ Und sie werden der ewigen Strafe ausgeliefert sein. Aber die Gottes Willen getan haben, erwartet unvergängliches Leben.«

Ich kannte dieses Gleichnis gut. Es ist kraftvoll und beunruhigend wie alles, was Jesus jemals gesagt hat. Aber seine logische Verbindung zu den vier vorhergehenden Gleichnissen war mir bisher nie aufgefallen.

In zweierlei Hinsicht greift das Gleichnis von den Schafen und Böcken direkt die Fragen auf, die die anderen bereits aufgeworfen hatten: die Frage des abwesenden Besitzers, des abwesenden Gottes. Zum einen gibt es einen kurzen Einblick in die Geschehnisse am Tag des Gerichts: Der Abwesende wird zurückkehren, aber diesmal mit Macht und Herrlichkeit, um abzurechnen – für alles, was auf der Erde geschehen ist. »Ihr Galiläer, was steht ihr hier und seht zum Himmel?«, hatten die Engel gefragt. »Gott hat Jesus aus eurer Mitte zu sich in den Himmel genommen; aber eines Tages wird er genauso zurückkehren.«

Zum anderen bezieht sich das Gleichnis auf die Zwischenzeit, das jahrhundertelange Intervall, in dem wir uns jetzt befinden und in dem Gott abwesend erscheint. Die Antwort auf die äußerst moderne Frage der Abwesenheit Gottes ist sowohl tiefgründig als auch schockierend. Gott hat sich nicht heimlich davongemacht. Er hat vielmehr eine Verkleidung angenommen und zwar die unerwartete Verkleidung der Fremden, der Armen, der Hungernden, der Gefangenen, der Kranken, der Abgerissenen auf dieser Erde: »Das will ich euch sagen. Was ihr für einen meiner geringsten Brüder getan habt, das habt ihr für mich getan.« Wenn wir Gott in dieser Welt nicht entdecken, könnte es sein, dass wir an den falschen Orten suchen.

Der bekannte amerikanische Theologe Jonathan Edwards hat in einer Auslegung dieser Bibelstelle gesagt, dass Gott die Armen als seine »Empfänger« bestimmt hat. Da wir Gott unsere Liebe nicht direkt erweisen können, möchte er, dass wir den Armen Gutes tun, die er dafür bestimmt hat, christliche Liebe zu empfangen. »Wir sind ein kontemplativer Orden«, erklärte Mutter Teresa einmal einem reichen, amerikanischen Besucher, der ihr entschlossenes Engagement für den Abschaum von Kalkutta einfach nicht verstehen konnte. »Zuerst denken wir über Jesus nach und dann gehen wir hinaus, um herauszufinden, wie er sich verkleidet hat.«

Als ich über das letzte Gleichnis in Matthäus 25 nachdachte, ging mir auf, dass viele meiner eigenen Fragen an Gott eigentlich Bumerang-Fragen waren, die direkt wieder zu mir zurückkamen. Warum lässt Gott zu, dass Babys in Ghettos in Brooklyn oder an einem todbringenden Fluss in Ruanda geboren werden? Warum lässt Gott Gefängnisse, Obdachlosenheime, Krankenhäuser und Flüchtlingslager zu? Warum brachte Jesus nicht alles in Ordnung, was auf dieser Welt im Argen lag, als er hier auf der Erde war?

Diesem Gleichnis zufolge wusste Jesus, dass er eine Welt mit Armen, Hungrigen, Gefangenen und Kranken zurückließ. Der heruntergekommene Zustand dieser Welt überraschte ihn nicht. Er machte Pläne, um dies in den Griff zu bekommen: einen langfristigen und einen kurzfristigen Plan. Der langfristige Plan beinhaltet seine Wiederkehr mit Macht und großer Herrlichkeit, die er auf dieser Erde ausbreiten wird. Der kurzfristige Plan besteht darin, die Aufgabe auf diejenigen zu übertragen, die die endgültige Befreiung der Welt einleiten werden. Er fuhr in den Himmel hinauf, damit wir seinen Platz einnehmen können.

»Wo ist Gott, wenn es wehtut?«, habe ich oft gefragt. Die Antwort darauf ist eine weitere Frage: »Wo ist die Kirche, wenn es wehtut?«

―――――――――

Die letzte Frage fasst das eigentliche Problem der Menschheitsgeschichte gut zusammen, und sie erklärt auch, warum die Himmelfahrt für mich den größten Glaubenskampf bedeutet. Als Jesus ging, hat er die Schlüssel für das Königreich unseren ungeschickten Händen überlassen. Bei meiner Suche nach Jesus kam ich immer wieder auf dasselbe Thema: Ich musste immer wieder Schichten von Staub und Schmutz, die *von der Kirche selbst* stammten, entfernen. In meinem Fall verstellten Rassismus, Intoleranz und die borniere Gesetzlichkeit der fundamentalistischen Kirchen in den Südstaaten den Blick auf Jesus. Ein Mitglied der russisch-orthodoxen Kirche oder ein europäischer Katholik haben ganz andere Dinge aufzuarbeiten. »Denn nicht nur Staub, auch zu viel Gold kann die wahre Gestalt verdecken«, schrieb Hans Küng über seine eigene Suche. Viele, zu viele geben ihre Suche ganz auf. Von der Kirche abgestoßen kommen sie gar nicht bis zu Jesus.

»Schade, dass gleich hinter Jesus die Christen kommen«, bemerkte Annie Dillard. Ihre Aussage erinnert mich an einen T-Shirt-Aufdruck, den man heutzutage manchmal auf politischen Kundgebungen sieht: »Jesus rette uns . . . vor seinen Anhängern.« Und an einen Satz aus dem neuseeländischen Film *Himmlische Kreaturen*, in dem zwei Mädchen beschreiben, wie sie sich ihr Phantasie-Reich vorstellen: »Es ist wie der Himmel – nur besser, weil es dort keine Christen gibt!«

Das Problem zeigte sich schon früh. Frederick Büchner schreibt über die Gemeinde in Korinth: »Sie waren wirklich der Leib Christi, wie es Paulus in seiner häufigsten Metapher ausdrückte – Augen, Ohren, Hände Christi –, aber so wie sie es anstellten, konnte Christus Gottes Arbeit in einer gefallenen Welt nur mit blutunterlaufenen Augen, eselohrig und mit zwei linken Händen fortsetzen.« Und Augustinus kommentierte im vierten Jahrhundert frustriert die zerstrittene Kirche: »Die Wolken verkünden mit Donnergrollen, dass das Haus des Herrn auf der ganzen Erde gebaut werden soll. Und diese Frösche sitzen im Sumpf und quaken: ›Wir sind die einzigen Christen.‹«

Ich könnte Seiten über Seiten mit solch plastischen Zitaten füllen. Alle unterstreichen sie das Risiko, Gottes guten Ruf jemandem wie uns anzuvertrauen. Anders als Jesus können wir Gottes Wort nicht vollkommen vermitteln. Wir sprechen in unverständlichen Sätzen, stottern herum, bringen mehrere Sprachen durcheinander und betonen die falschen Stellen. Deswegen sieht die Welt, wenn sie Christus sucht – wie die Menschen in Platons Höhlengleichnis – nur die vom Licht erzeugten Schatten, nicht aber das Licht selbst.

Warum sind wir der Kirche, wie sie Jesus beschrieben hat, nicht ähnlicher? Warum ähnelt der Leib Christi ihm so wenig? Wenn Jesus wirklich solche Katastrophen wie die Kreuzzüge, die Inquisition, den Sklavenhandel durch Christen und die Apartheid voraussehen konnte, warum ist er dann gleich wieder in den Himmel gefahren?

Darauf kann ich keine erschöpfenden Antworten geben, weil ich Teil des Problems bin. Näher betrachtet nimmt meine Suche erschreckend persönliche Züge an: Warum ähnele *ich* ihm nur so wenig? Ich kann nur drei Beobachtungen anbieten, die mir helfen zu verstehen, was seit der Himmelfahrt Jesu geschehen ist.

Zunächst brachte die Kirche nicht nur Finsternis, sondern auch Licht. Im Namen Jesu küsste Franziskus den Bettler und legte seine prächtige Kleidung ab, Mutter Teresa gründete ein Heim für Sterbende, Wilberforce befreite Sklaven, General Booth gründete eine städtische Heilsarmee und Dorothy Day gab Hungrigen zu essen. Und diese Arbeit setzt sich bis heute fort: Als Journalist sind mir

Erzieher, Pastoren, Ärzte und Krankenschwestern, Sprachwissenschaftler, Sozialarbeiter und Ökologen begegnet, die sich auf der ganzen Welt für wenig Geld und Ansehen im Namen Jesu engagieren. Auf andere Weise haben Michelangelo, Bach, Rembrandt, die Steinmetze, die Kathedralen bauten, und viele andere ihr Bestes bei ihrem Schaffen »zur Ehre Gottes« gegeben. Gottes Hände haben seit der Himmelfahrt Jesu auf der Erde eine größere Spannbreite.

Es ist meiner Meinung nach sinnlos, das Unvermögen der Kirche gegen ihre Verdienste aufzurechnen. Das letzte Wort spricht Gott. Die ersten Kapitel der Offenbarung zeigen, wie realistisch Gott die Kirchen einschätzt, aber andererseits zeigt das Neue Testament auch, dass Gott Freude an uns hat: Wir sind ein »Wohlgeruch«, »Gaben, an denen er Wohlgefallen hat«. Solche Aussagen sind mir ein Rätsel, ich kann sie nur aufgrund meines Glaubens akzeptieren. Nur Gott selbst kann wissen, was Gott gefällt.

Zweitens übernimmt Jesus die volle Verantwortung für die einzelnen Teile seines Leibes. »Nicht ihr habt mich erwählt, sondern ich habe euch zu mir gerufen«, sagte er zu seinen Jüngern, den Taugenichtsen, die ihn zur Verzweiflung brachten und ihn später in seiner größten Not allein ließen. Dabei kommt mir Petrus in den Sinn, dessen Aufbäumen, Aufbegehren, Liebe, Hitzköpfigkeit, fehlgelenkte Leidenschaft und treuloser Verrat im Kern bereits zweitausend Jahre Kirchengeschichte vorwegnahmen. Auf »Felsen« wie ihn baute Jesus seine Kirche und versprach, dass die »Pforten der Hölle« sie nicht überwältigen sollten.

Ich bekomme neue Hoffnung, wenn ich mir ansehe, wie Jesus mit seinen Jüngern umging. Am meisten enttäuschten sie ihn in der Nacht, in der er verraten wurde. Und doch hörte er selbst dann »nicht auf, sie zu lieben«, und übertrug ihnen sein Königreich.

Und schließlich sind die Probleme der Kirche dieselben, mit denen jeder einzelne Christ zu kämpfen hat. Wie kann eine Ansammlung unheiliger Männer und Frauen der Leib Christi sein? Ich möchte darauf mit einer anderen Frage antworten: Wie kann ein sündiger Mensch wie ich als Kind Gottes angenommen werden? Das eine Wunder ermöglicht das andere.

Ich rufe mir in Erinnerung, dass Paulus seine hochtrabenden Worte über die Braut Christi und den Tempel Gottes an einen Haufen schrecklich fehlerhafter Individuen an Orten wie Korinth richtete. »Diesen kostbaren Schatz tragen wir allerdings in einem zerbrechlichen Gefäß. Denn so wird jeder erkennen, dass die außerordentliche Kraft, die in uns wirkt, von Gott kommt und nicht von uns selbst«, schrieb Paulus in einer der zutreffendsten Äußerungen, die jemals zu Papier gebracht wurden.

Der Schriftsteller Flannery O'Connor, dem man sicher nicht vorwerfen kann, dass er über die menschlichen Abgründe leichtfertig hinweggeht, antwortete einmal auf den Brief eines Lesers, der sich über die Zustände innerhalb der Kirche beklagte. »Ihre Unzufriedenheit mit der Kirche scheint mir von einem unzureichenden Verständnis von Sünde herzurühren«, schrieb O'Connor:

... Sie verlangen eigentlich von der Kirche, dass sie das Himmelreich schon jetzt hier auf der Erde aufrichtet, dass der Heilige Geist sich sofort in allem Fleisch zeigt. Der Heilige Geist zeigt sich jedoch nur selten an der Oberfläche. Sie verlangen, dass der Mensch sofort in den Zustand zurückkehrt, in dem ihn Gott erschaffen hat. Dabei vergessen Sie jedoch den schrecklichen menschlichen Stolz, der den Tod bewirkt. Christus wurde auf der Erde gekreuzigt, und die Kirche wird im Laufe der Zeit gekreuzigt. (...) Die Kirche gründet sich auf Petrus, der Christus dreimal verleugnete und der nicht über Wasser gehen konnte. Aber von seinen Nachfolgern verlangen Sie, dass sie über Wasser gehen. Die menschliche Natur widersetzt sich der Gnade, weil Gnade Veränderung bringt und Veränderung schmerzlich ist. Geistliche widersetzen sich ihr genauso wie andere auch. Damit die Kirche so würde, wie Sie es sich wünschen, müsste sich Gott durch ständige Wunder in menschliche Belange einmischen ...

Dies sind die Alternativen, vor die Gott angesichts der Geschichte der Menschheit gestellt war: Er konnte sich »durch ständige Wunder in menschliche Belange einmischen« oder zulassen, dass er »im Laufe der Zeit gekreuzigt« wird, wie sein eigener Sohn auf der Erde. Von wenigen Ausnahmen abgesehen wählte Gott, dessen Natur die selbstgenügsame Liebe ist, die zweite Möglichkeit. Christus trägt die Wundmale der Kirche, die sein Leib ist, genauso wie er die Wundmale der Kreuzigung trug. Manchmal frage ich mich, was mehr schmerzt.

S. 242: *Büchner:* Frederick Büchner, *The Magnificent Defeat.* New York, 1979.

S. 242: *Wink:* Walter Wink, *Engaging the Powers.*

S. 242: »*Ich habe hier...*«: Johannes 17,4-5

S. 243: »*Ihr Galiläer, ...*«: Apostelgeschichte 1,11

S. 244: »*Ich sende euch...*«: Matthäus 10,16

S. 244: *Endo:* Shusaku Endo, *Schweigen.* München, 1989.

S. 244: »*Ein Bruder...*«: Matthäus 10,21-22

S. 244: »*Doch glaubt mir*«: Johannes 16,7

S. 244: »*Wie du mich...*«: Johannes 17,18

S. 245: *Augustinus:* Zitiert nach Paul Johnson, *A History of Christianity.* New York, 1976.

S. 245: »*Ein Weizenkorn, ...*«: Johannes 12,24

S. 245: »*Herr, wirst du jetzt...*«: Apostelgeschichte 1,6

S. 246: *Lewis:* C. S. Lewis, »Das Gewicht der Herrlichkeit«, in: Ders., *Der innere Ring*, 1991.

S. 247: »*Wer auf euch hört, ...*«: Lukas 10,16

S. 248: »*Wenn der Menschensohn...*«: Matthäus 25,31-46

S. 249: »*Gott hat Jesus...*«: Apostelgeschichte 1,11

S. 250: *Edwards:* Vgl. Gerald R. McDermott, »What Jonathan Edwards can Teach us About Politics«, in: *Christianity Today*, 18. Juli 1995.

S. 251: *Küng:* Hans Küng, *Christ sein.*

S. 251: *Dillard:* Zitiert nach Alfred Corn, *Incarnation.*

S. 251: *Büchner:* Frederick Büchner, *The Magnificent Defeat.*

S. 252: *Augustinus:* Zitiert nach Paul Johnson, *A History of Christianity.* New York, 1976.

S. 253: »*Nicht ihr habt...*«: Johannes 15,16

S. 253: »*Pforten der Hölle*«: Matthäus 16,18

S. 253: »*nicht auf, sie zu lieben*«: Johannes 13,1

S. 254: »*Diesen kostbaren Schatz...*«: 2. Korinther 4,7

S. 254: *O'Connor:* Flannery O'Connor, *The Habit of Being.* New York, 1979.

13
Das Reich Gottes: Weizen inmitten von Unkraut

Jedes Frühjahr unterstützte die Gemeinde, in der ich meine Kindheit verbrachte, eine Weissagungs-Versammlung. Weißhaarige Männer mit landesweitem Ruf malten ihre Lieblings-Prophezeiungen über die »letzten Tage«, in denen wir lebten, in leuchtenden Farben aus.

Ich lauschte ängstlich und fasziniert zugleich, wenn sie eine gerade Linie von Moskau bis nach Jerusalem zogen und die Bewegungen von millionenstarken Truppen, die bald von überall in Israel zusammenströmen würden, grob umrissen. Ich erfuhr, dass die zehn Mitgliedstaaten der Europäischen Wirtschaftsgemeinschaft, wie sie damals noch hieß, kürzlich Daniels Prophezeiung von dem Tier mit den zehn Hörnern erfüllt hätten. Bald würden wir alle eine Nummer auf der Stirn haben – das Zeichen des Tieres – und dann in einem Computer irgendwo in Belgien registriert sein. Ein atomarer Weltkrieg würde ausbrechen und die Erde würde kurz vor der Auslöschung stehen, wenn im allerletzten Moment Jesus selbst erschiene, um die Truppen der Rechtschaffenen anzuführen.

Dieses Szenario erscheint heute, nachdem Russlands Macht gebrochen ist und die Europäische Union mittlerweile mehr als zehn Mitgliedstaaten umfasst, ziemlich unwahrscheinlich. Was sich mir eingeprägt hat, ist weniger die Detailfreudigkeit der Prophezeiungen, sondern vielmehr ihre emotionale Wirkung auf mich. Ich wuchs mit großer Angst und verzweifelter Hoffnung auf. Auf der High-School belegte ich Chinesisch-Kurse und mein Bruder lernte Russisch, damit einer von uns mit den einfallenden Truppen kommunizieren könnte, je nachdem, aus welcher Richtung sie kamen. Mein Onkel ging sogar so weit, mit seiner Familie nach Australien auszuwandern. Aber selbst inmitten der größten Angst verließ uns die Hoffnung nicht: Trotz meiner festen Überzeugung, dass die Welt bald enden würde, hatte ich in meiner Kindheit das Vertrauen, dass Jesus irgendwie siegen würde.

Bei meiner späteren Beschäftigung mit der Kirchengeschichte wurde mir bewusst, dass es schon zu früheren Zeiten – bei den ersten Christen, gegen Ende des zehnten Jahrhunderts, im ausgehenden dreizehnten Jahrhundert, unter Napoleon, im Ersten Weltkrieg, unter Hitler und Mussolini – Endzeitvorstellungen gegeben hatte. Wie vor kurzem, als Saddam Hussein im Golfkrieg als Antichrist bezeichnet wurde, als neuer Auslöser der Apokalypse. Und jedes Mal durchlebten Christen eine Zeit voller Angst, Hoffnung und peinlicher Desillusionierung. Denn die Endzeit kam dann doch noch nicht.

Ich erfuhr ebenfalls, dass auch die Juden immer wieder denselben Zyklus durchliefen, jedoch niemals so schmerzlich wie im ersten Jahrhundert vor Christus. Zu jener Zeit erwarteten viele Juden den Messias, der sie von der schrecklichen römischen Herrschaft befreien sollte – eine Hoffnung, die der Mann aus Nazareth zunächst weckte und dann enttäuschte. Um Jesus und seinen Auftrag, den er nach der Himmelfahrt hinterließ, zu verstehen, muss ich mich noch einmal in seine Umgebung versetzen, in seine Zeit, um ihm zuzuhören, wie er über sein Lieblingsthema sprach: das Reich Gottes. Was er im ersten Jahrhundert darüber sagte, hat für mich heute im zwanzigsten Jahrhundert eine große Bedeutung.

Zu Lebzeiten Jesu studierten die Juden dieselben Bibelstellen aus Daniel und Hesekiel, die später auf den Weissagungs-Versammlungen in meiner Kindheit eine so herausragende Rolle spielten.* In einigen Einzelheiten gibt es gewisse Abweichungen – so war Nordeuropa damals ein Wald voller Barbaren und nicht eine Europäische Gemeinschaft, und Russland war unbekannt – aber unsere Vorstellungen von dem Messias waren doch die gleichen: Wir erwarteten einen triumphierenden Helden. Jeder, der verkündete: »Das Reich Gottes ist zu euch gekommen«, ließ damit in der Vorstellung seiner Zuhörer das Bild eines politischen Anführers entstehen, der das mächtigste Reich aller Zeiten besiegen würde.

Jesus kannte die explosive Kraft des Wortes »Messias« in einer solchen Atmosphäre nur zu gut. William Barclay ist überzeugt, dass ein unsinniges Blutvergießen nicht zu vermeiden gewesen wäre, wenn Jesus sich selbst öffentlich als Messias betitelt hätte. Obwohl Jesus selbst es nie tat, ließ er es zu, wenn andere ihn so nannten, und die Evangelien zeigen, wie es den Jüngern allmählich dämmerte, dass ihr Lehrer niemand anderes war als der lang erwartete König.

Jesus nährte diesen Glauben mit Formulierungen, die das Herz des Volkes höher schlagen ließen. »Jetzt beginnt die Herrschaft Gottes«, verkündigte er in seiner ersten Predigt. Immer wenn er davon sprach, weckte dies Erinnerungen: wehende Fahnen, glanzvolle Armeen, Gold und Elfenbein aus Salomos Tagen, und die wieder aufgerichtete Nation Israel. Und was in Zukunft geschehen würde, kündigte Jesus an, würde die Vergangenheit bei weitem übertreffen: »Propheten und Könige hätten viel darum gegeben, das zu erleben, was ihr seht und hört. Aber die Zeit war noch nicht da.« Bei einer anderen Gelegenheit sagte er herausfordernd: »Der hier vor euch steht, ist größer als Salomo.«

Zeloten standen am Rande der Zuhörerschaft Jesu, bewaffnete und gut organisierte Guerillas, die auf einen Kampf mit Rom brannten. Aber zu ihrer Verärgerung kam niemals das Signal zum Auf-

---

* Die Schriftgelehrten, die so eifrig die Prophezeiungen im Alten Testament studierten, erkannten Jesus nicht als deren Erfüllung. Sollte ihr Unvermögen, die Zeichen seines ersten Kommens zu deuten, nicht denen eine Warnung sein, die heutzutage so überzeugt die Zeichen seines zweiten Kommens verkünden?

stand. Mit der Zeit enttäuschte Jesus mit seinem Verhalten alle, die einen Anführer im herkömmlichen Sinne wollten. Er wich großen Ansammlungen eher aus, als dass er sie suchte. Er diskreditierte die Erinnerung an Israels ruhmreiche Zeiten, als er König Salomo mit einer gewöhnlichen Lilie verglich. Als die Menge ihn einmal mit Gewalt krönen wollte, zog er sich auf mysteriöse Weise zurück. Und als Petrus schließlich für ihn das Schwert zog, heilte Jesus die Wunden des Opfers.

Zur allgemeinen Bestürzung wurde immer deutlicher, dass Jesus über ein merkwürdig anderes Reich sprach. Die Juden erwarteten, was Menschen schon immer von einem sichtbaren Königreich erwartet haben: für jeden genug zu essen, Vollbeschäftigung und eine starke Armee, um Eindringlinge abzuwehren. Jesus kündigte jedoch ein Reich an, in dem man sich selbst verleugnen, sein Kreuz auf sich nehmen, auf Wohlstand verzichten und sogar seine Feinde lieben sollte. Diese Aussichten ließen die Erwartungen der Menge schrumpfen.

Als Jesus schließlich an die hölzernen Kreuzbalken genagelt wurde, hatten die Menschen ihre Hoffnung bereits begraben und sich von Jesus abgewandt. Wissenschaftler haben aufgezeigt, dass den Juden im ersten Jahrhundert das Konzept eines leidenden Messias völlig fremd war. Und was die Jünger betraf, so begriffen sie nichts, egal wie oft und wie offen Jesus mit ihnen über seinen nahenden Tod sprach. Niemand hielt es für möglich, dass ein Messias sterben konnte.

Das Wort »Reich« hatte für Jesus und die Menge eine ganz unterschiedliche Bedeutung. Jesus wurde hauptsächlich deswegen abgelehnt, weil er den Erwartungen an einen Messias nicht entsprach.

Eine Frage hat mich lange beschäftigt: Warum schürte Jesus mit diesem Begriff die Hoffnungen seiner Nachfolger, obwohl er wusste, was sie damit verbanden? Beharrlich benutzte er diesen Begriff im Zusammenhang mit seiner Person, was zu Missverständnissen führen musste. Was verstand Jesus unter dem Reich Gottes?

Paradoxerweise ging derjenige, der die Erwartungen seines Volkes so enttäuschte, als König in die Geschichte ein. Dies ging so weit, dass es zum Bestandteil seines Namens wurde. »Christus« ist die griechische Übersetzung des hebräischen Wortes »Messias«, was »gesalbt« bedeutet und sich darauf bezieht, wie man in der Antike Könige krönte. Und wenn wir uns heute Christen nennen, so erinnern wir damit an das Wort, das die Menschen zu Lebzeiten Jesu vor solche Rätsel stellte. Ich frage mich: Verstehen wir das Reich Gottes besser?

Jesus hat nie eine eindeutige Definition von dem Reich Gottes gegeben. Stattdessen sprach er indirekt, in Form von Geschichten darüber. Die Wahl seiner Bilder ist bezeichnend: alltägliche Skizzen von Landwirten, Fischern, Frauen, die Brot backen, und Händlern, die Perlen kaufen.

Das Reich Gottes ist wie ein säender Bauer. Jeder Landwirt weiß, dass nicht alle Samen aufgehen. Manche fallen auf Felsen, manche werden von Vögeln oder Feldmäusen gefressen und manche werden von Unkraut überwuchert. Für einen Landwirt ist dies völlig normal, aber für einen zukünftigen Herrscher klingt es ketzerisch. Werden Könige nicht nach ihrer Macht beurteilt, nach ihrer Fähigkeit, der Bevölkerung den eigenen Willen aufzudrücken, und ihrer Stärke, Feinde abzuwehren? Jesus wollte andeuten, dass das Reich Gottes mit einer Kraft kam, der man sich widersetzen kann. Sie ist demütig und unauffällig neben dem Bösen – eine Botschaft, die den patriotischen Juden, die auf Revolution aus waren, sicher nicht gefiel.

Seht euch nur ein Senfkorn an: Es ist so winzig, dass es von Menschen und Vögeln unbemerkt auf dem Boden liegen kann. Aber nach einer gewissen Zeit wächst daraus unter Umständen ein Strauch, der jede andere Pflanze im Garten überwuchert. Der Busch gedeiht so üppig und grün, dass Vögel in seinen Zweigen nisten. Gottes Reich funktioniert genauso. Es fängt so klein an, dass Menschen es verachten und ihm gar keine Chancen einräumen. Aber allen Widrigkeiten zum Trotz wird das Reich Gottes wachsen und sich in der ganzen Welt ausbreiten und Kranken, Armen, Gefangenen und Ungeliebten Schutz geben.

Das Reich Gottes ist wie ein Geschäftsmann, der sich auf seltene Juwelen spezialisiert hat. Eines Tages findet er eine so wundervolle Perle, dass selbst Prinzessinnen vor Neid erblassen würden. Der Mann erkennt ihren Wert und verkauft alles, was er hat, um sie zu erwerben. Obwohl der Kauf ihn seinen ganzen Besitz kostet, bereut er es keinen Augenblick. Für ihn ist dieses Geschäft der größte Erfolg seines Lebens und dementsprechend freut er sich: Der Schatz wird ihn überleben und noch bestehen, wenn der Name seiner Familie längst in Vergessenheit geraten ist. So ist es auch mit Gottes Reich. Das Opfer – verleugne dich selbst und nimm das Kreuz auf dich – erweist sich als kluge Investition. Das Ergebnis ist keine Reue, sondern unbeschreibliche Freude.

Diese Geschichten erzählte Jesus. Wenn ich allerdings die Gleichnisse vom Reich Gottes genauer ansehe, zeigt sich, wie weit sich meine Vorstellung schon von diesen schlichten Bildern entfernt hat. Auch ich neige dazu, das Reich Gottes wie die Juden zu sehen – als sichtbares, mächtiges Königreich. Mir kommt Konstantin in den Sinn, wie er seine Truppen anführt. Auf ihren Rüstungen prangten Kreuze und der Wahlspruch »Durch dieses Zeichen siege!«. Mir kommen die Armeen in den Sinn, die man auf den Weissagungs-Versammlungen aufmarschieren ließ. Offenbar muss ich mir noch einmal anhören, wie Jesus das Reich Gottes beschrieben hat.

Da es im zwanzigsten Jahrhundert nur wenige richtige »Könige« gibt, verbinden wir das Wort »Reich« mit Begriffen wie Macht und Polarisierung. Wir sind Kinder der Revolution. Vor zweihundert Jahren standen die Unterdrückten in Amerika und Frankreich auf, um die herrschenden Verhältnisse umzukehren. Später gab es in Russland und China Revolutionen mit einer Ideologie, die zu einer Art Religion wurde: Die Marxisten betrachteten die ganze Geschichte als Ergebnis des Klassenkampfes oder des dialektischen Materialismus. »Arbeiter, vereinigt euch! Befreit euch von euren Ketten!«, forderte Marx, und das taten sie den größten Teil unseres blutigen Jahrhunderts.

Eine Zeit lang versuchte ich die Evangelien mit den Augen der Befreiungstheologen zu lesen. Letztendlich kam ich zu dem Schluss, dass das Reich Gottes – was immer es auch sonst sein mag – auf keinen Fall der Aufruf zu einer gewalttätigen Revolution ist. Die Juden im ersten Jahrhundert warteten zweifellos auf solche Umwälzungen. Die Fronten waren klar: unterdrückte Juden gegen die bösen Römer, die Heiden, die Steuern eintrieben, mit Sklaven handelten, die Religion reglementierten und unbequeme Meinungen unterdrückten. Unter diesen Umständen formulierten die Zeloten einen ähnlichen Aufruf wie die Marxisten: »Juden, vereinigt euch! Befreit euch von euren Ketten!« Aber die Botschaft Jesu vom Reich Gottes hatte wenig mit dieser Polarisierungsstrategie zu tun.

In den Evangelien hatte Jesus offenbar eine zweigeteilte Botschaft mitzuteilen. Für die Unterdrücker hatte er warnende und verurteilende Worte. Er behandelte die Regierungsmächte mit milder Verachtung. Er bezeichnete Herodes als »Fuchs« – ein jüdischer Ausdruck für unbedeutende und unwichtige Menschen – und willigte ein, die Tempelsteuer zu entrichten, um keinen Anstoß zu geben. Er maß der Politik nur wenig Bedeutung zu, und doch war es schließlich die Regierung, die versuchte, ihn zu vernichten.

Den Unterdrückten, seiner vorrangigen Zuhörerschaft, brachte Jesus eine Botschaft des Trostes. Er nannte Arme und Verfolgte »selig«. Niemals stachelte er Unterdrückte auf, sich zu erheben und sich von ihren Ketten zu befreien. Seine Aufforderung, »Liebt eure Feinde!«, muss die Zeloten aufgebracht haben. Er beschwor eine andere Art der Macht: Liebe, nicht Zwang.

Menschen, die in Jesus ihren politischen Retter sahen, wunderten sich über die Wahl seiner Freunde. Er war als Freund der Zolleintreiber bekannt, die man eindeutig mit den fremden Ausbeutern in Verbindung brachte, nicht mit den Ausgebeuteten. Obwohl er das herrschende religiöse System angriff, behandelte er Nikodemus, einen der führenden Köpfe, mit Respekt. Und obgleich er die Gefahren von Geld und Gewalt anprangerte, brachte er einem reichen jungen Mann und einem römischen Zenturio Liebe und Mitgefühl entgegen.

Kurz: Jesus achtete die Würde der einzelnen Menschen, ob er ihre Einstellung teilte oder nicht. Er würde sein Reich nicht auf der Grundlage von Rassen, Klassen oder ähnlichen Kriterien aufbauen. Alle, auch eine Frau mit fünf Männern oder ein sterbender Dieb am Kreuz, waren in seinem Reich willkommen. Der einzelne Mensch war wichtiger als seine Zugehörigkeit zu einer Gruppe oder sein Ruf.

Diese Eigenschaft Jesu überführt mich immer wieder, wenn es um eine Sache geht, an die ich fest glaube. Wie leicht lasse ich mich auf eine Seite ziehen und ertappe mich dabei, wie ich den »Feind« auf der anderen Seite angreife. Ich vergesse so schnell, dass Gottes Reich mich auffordert, die Frau zu lieben, die gerade aus der Abtreibungsklinik herauskommt (und sogar ihren Arzt), den Menschen mit wechselnden Geschlechtspartnern, der an Aids stirbt, und den reichen Landbesitzer, der Gottes Erde ausbeutet. Wenn ich diesen Menschen keine Liebe entgegenbringen kann, muss ich mich fragen, ob ich das Evangelium wirklich verstanden habe.

Eine politische Bewegung zieht von Natur aus Trennlinien, macht Unterschiede und verurteilt. Im Gegensatz dazu überschreitet die Liebe Jesu Trennlinien, setzt sich über Unterschiede hinweg und übt Barmherzigkeit. Ungeachtet der guten Ansätze und des lobenswerten Engagements – ob nun für eine Pro-Vita-Kampagne der Rechten oder eine Friedens- und Gerechtigkeitsinitiative der Linken – stehen politische Bewegungen in der Gefahr, sich mit dem Mantel der Macht zu umgeben, der die Liebe erstickt. Von Jesus lerne ich, dass keine meiner Handlungen Liebe und Demut verdrängen darf, sonst verrate ich das Reich Gottes.

Wenn ich versucht bin, das Reich Gottes nur als eine weitere Machtstruktur zu begreifen, muss ich nur den Bericht über den Prozess in

Jerusalem lesen. Diese Begebenheit lässt die beiden Reiche in auffälliger Opposition aufeinander prallen. An diesem Tag der Entscheidung standen die Herrscher »dieser Welt« Jesus und seinem Reich von Angesicht zu Angesicht gegenüber.

Die zwei Könige, Herodes und Jesus, repräsentierten zwei völlig unterschiedliche Mächte. Herodes hatte Legionen römischer Soldaten, um seinen Willen durchzusetzen, und die Geschichte berichtet, wozu er seine Macht benutzte: Er stahl seinem Bruder die Frau, sperrte Andersdenkende ein, ließ Johannes den Täufer aus einer Party-Laune heraus köpfen. Auch Jesus besaß Macht, aber er setzte sie ein, um den Hungernden zu essen zu geben und Kranke zu heilen. Herodes hatte eine goldene Krone, Paläste, Wachen und all die sichtbaren Symbole eines Königs. Bei Jesus ereignete sich, was einer offiziellen Krönung oder einer Salbung des Messias am nächsten kam, in einer peinlichen Situation, als eine Frau mit zweifelhaftem Ruf Duftöl über sein Haupt goss. Als er den Titel »König der Juden« erhielt, kam dies einer Verurteilung gleich. Seine »Krone« aus Dornen bereitete ihm nur zusätzliche Schmerzen. Und obwohl er eine Legion Engel zum Schutz hätte rufen können, verzichtete er darauf.

Jesus benutzte seine Macht auch nie, um etwas zu erzwingen. Wissentlich ließ er sich von einem Jünger verraten und von Soldaten widerstandslos gefangen nehmen. Es erstaunt mich immer wieder, dass sich die christliche Hoffnung auf einen Mann stützt, dessen Botschaft abgelehnt, dessen Liebe verschmäht und der als Verbrecher zum Tode verurteilt wurde.

Trotz des deutlichen Vorbilds Jesu konnten und können viele seiner Anhänger der Versuchung nicht widerstehen, sich wie Herodes zu verhalten. Die Kreuzritter, die den Nahen Osten plünderten, die Konquistadoren, die die Neue Welt mit dem Schwert bekehrten, die christlichen Forscher, die mit den Sklavenhändlern zusammenarbeiteten – wir spüren noch immer die Auswirkungen dieser Vergehen. Der Lauf der Geschichte zeigt, dass die Kirche, wenn sie die Instrumente des weltlichen Reiches benutzt, so uneffektiv oder tyrannisch wird wie jede andere Macht. Wann immer sich die Kirche mit dem Staat einließ (während des Römischen Reiches, im England Cromwells, in Genf unter Calvin), wirkte sich das negativ auf die Anziehungskraft des Glaubens aus. Paradoxerweise nimmt unser Ansehen in der Welt desto mehr ab, je heftiger wir versuchen, unseren Standpunkt durchzusetzen.

Schafe unter Wölfen, ein winziges Saatkorn im Garten, Hefe im Brotteig, Salz am Fleisch – die Bilder Jesu für das Reich Gottes beschreiben eine Art »geheime Kraft«, die von innen wirkt. Die Rede war nicht von einer triumphierenden Kirche, die sich die Macht mit den Herrschern teilt. Das Reich Gottes funktioniert anscheinend am besten als Bewegung einer Minderheit und in Opposition zu dem Reich der Welt. Wenn es mehr sein will als das, verändert es sich langsam, aber sicher.

Aus diesem Grunde habe ich Bedenken, wenn ich, besonders in den Vereinigten Staaten, den zunehmenden Einfluss von Christen sehe, die sich mehr und mehr auf die politische Macht konzentrieren. Früher überging man Christen oder man verachtete sie, nun werden sie von jedem geschäftstüchtigen Politiker umworben. Besonders Evangelikale werden mit einer bestimmten politischen Haltung verknüpft. Wenn ich einen Durchschnittsamerikaner frage, was er unter einem evangelikalen Christen versteht, erhalte ich in etwa die Antwort: »Das ist jemand, der großen Wert auf die Familie legt und der gegen die Rechte von Homosexuellen und gegen Abtreibung ist.«

Diese Entwicklung beunruhigt mich, weil die Botschaft Jesu nicht in erster Linie politisch war. Die Fragen, die sich einem Christen in einer säkularen Welt stellen, müssen angesprochen und ernst genommen werden. In einer Demokratie haben Christen das Recht, sich zu äußern. Aber wir sollten aufpassen, dass wir nicht zu viel in weltliche Belange investieren und dabei unsere Hauptaufgabe – anderen Menschen ein völlig anderes Reich nahe zu bringen, das auf Gottes Gnade und Vergebung beruht – vernachlässigen. Gesetze durchzubringen, die die Moral festigen, sind sicherlich nützlich, um das Böse einzudämmen, aber es kann die menschlichen Probleme nicht lösen. Wenn Historiker in hundert Jahren über Evangelikale nur sagen können, dass sie sich für die Familie stark machten, dann haben wir den Auftrag Jesu nicht erfüllt, nämlich Sündern Gottes versöhnende Liebe nahe zu bringen.

Jesus sagte nicht: »Wenn ihr Gesetze durchbringt, Unmoral überführt und Familie wie Regierung wieder anständig macht, . . . wird die Welt erkennen, dass ihr meine Jünger seid«, sondern: ». . . an eurer Liebe füreinander.« Dies sagte er in der Nacht vor seinem Tod – in einer Nacht, in der die menschliche Macht, verkörpert von der römischen Herrschaft und der geballten Kraft der jüdischen, religiösen Anführer, frontal mit der Macht Gottes zusammenstießen. Sein ganzes Leben war Jesus in »Kulturkämpfe« mit dem starren religiösen Establishment und einem heidnischen Reich verwickelt gewesen, und doch gab er sein Leben für die, die ihn bekämpften. Am Kreuz vergab er ihnen. Er war vor allen Dingen gekommen, um Liebe zu bringen: »Denn Gott hat die Menschen so sehr geliebt, dass er seinen einzigen Sohn für sie hergab . . .«

Als der römische Prokurator Pilatus Jesus geradeheraus fragte, ob er der König der Juden sei, entgegnete er: »Mein Königreich gehört nicht zu dieser Welt, man kann es mit keinem anderen Reich vergleichen. Wäre ich ein weltlicher Herrscher, dann hätten meine Leute für mich gekämpft, damit ich nicht in die Hände der Juden falle. Aber mein Reich ist von anderer Art.« Die Treue zu einem Königreich, das »nicht zu dieser Welt« gehört, ermutigte christliche Märtyrer, die seit dem Tod ihres Gründers von den Königreichen dieser Welt angefeindet wurden. Unbewaffnete Gläubige benutzten diesen Text gegen ihre römischen Verfolger im Kolosseum, Tolstoi setzte ihn ein, um die Macht der Zaren zu unterwandern, und Bürgerrechtler zogen ihn heran, um die Apartheid in Südamerika und Afrika in Frage zu stellen. Es ist die Rede von einer Herrschaft, die die Grenzen – und manchmal die Gesetze – von Völkern und Mächten ignoriert.

Bei einer anderen Gelegenheit fragten die Pharisäer Jesus, wann das Reich Gottes komme. Darauf antworte er: »Das Reich Gottes kann man nicht sehen, wie man ein irdisches Reich sieht. Niemand wird euch sagen können: ›Hier ist es!‹ oder ›Dort ist es!‹ Das Reich Gottes ist schon jetzt da – mitten unter euch.«

Das Reich Gottes folgt ganz anderen Regeln als jedes weltliche Reich. Es hat keine geographischen Grenzen, keine Hauptstadt, kein Parlamentsgebäude, keine sichtbaren königlichen Insignien. Seine Anhänger wohnen inmitten ihrer Feinde, anstatt durch einen Zaun oder eine Mauer von ihnen getrennt. Das Reich Gottes lebt und wächst im Innern der Menschen.

Wer Jesus nachfolgt, hat eine doppelte Staatsbürgerschaft. Wir leben in einem äußeren Reich von Familien, Städten und Nationen und gehören zugleich zum Reich Gottes. Mit seinem Befehl »Gebt dem Kaiser, was ihm zusteht, und gebt Gott, was ihm gehört!« betonte Jesus die grundsätzliche Spannung, die sich daraus ergeben kann. Die Treue der ersten Christen zum Reich Gottes bedeutete manchmal einen tödlichen Zusammenstoß mit Cäsars sichtbarem Königreich.

In unserem Jahrhundert haben wir ein solches Aufeinanderprallen zweier Königreiche bereits anschaulich erlebt. In kommunistischen Ländern – in Albanien, der UdSSR oder China – zwangen die Regierungen Christen in den Untergrund, sodass sie im eigentlichen Sinne des Wortes »unsichtbar« wurden. In Wellen der Verfolgung in den sechziger und siebziger Jahren bekamen zum Beispiel chinesische Christen Geldstrafen oder sie wurden verhaftet und gefoltert. Außerdem waren die meisten religiösen Aktivitäten verboten. Und trotz dieser Unterdrückung seitens der Regierung gab es die vielleicht größte geistliche Erweckung der Kirchengeschichte. Fünfzig Millionen Gläubige hielten an dem unsichtbaren Reich fest, obwohl sie dafür im sichtbaren Reich leiden mussten.

Es gibt immer Probleme, wenn die Kirche zu äußerlich wird und sich mit einer Regierung zu sehr anfreundet. So sagte eine amerikanische Justizbeamtin nach einer Chinareise: »Ich glaube, die apolitische Haltung der chinesischen Untergrundkirche sollte uns ein Vorbild sein. Sie beten inständig für die Machthaber, achten aber konsequent auf Unabhängigkeit. Wir haben das Privileg, in einer Demokratie zu leben. In den zehn Jahren, die ich nun in der amerikanischen Politik tätig bin, sind mir nicht wenige Gläubige begegnet, die ihr Bürgerrecht im Himmel für ein schnödes irdisches Linsengericht abtraten. Wir sollten uns immer wieder fragen: Ist uns in erster Linie daran gelegen, die Regierung zu verändern, oder wollen wir, dass Menschen in und außerhalb der Regierung ihr Leben für Christus ändern?«

Oder um ihre Frage anders zu formulieren: Besteht unser Ziel in erster Linie darin, das äußere, politische Königreich zu ändern oder aber Gottes alles überragendes Reich zu fördern. In einer westlichen Demokratie verwechselt man das leicht.

Ich bin in einer Kirche groß geworden, die stolz die »christliche Fahne« neben die amerikanische Flagge hängte, und wir schworen beiden die Treue. Stellen aus dem Alten Testament, die offensichtlich für eine Zeit galten, in der Gott durch ein sichtbares Reich auf Erden, das Volk Israel, wirkte, bezog man auf die Vereinigten Staaten. So hörte ich oft, wie der folgende Vers wie eine Formel für nationale Erneuerung zitiert wurde: »Wenn dieses Volk, das meinen Namen trägt, seine Sünde bereut, von seinen falschen Wegen umkehrt und nach mir fragt, dann will ich ihnen vergeben und ihr Land wieder fruchtbar machen.« Natürlich mag diese Aussage auch generell zutreffen, aber das konkrete Versprechen gab Gott den Israeliten als Bestandteil seines Bundes, und zwar bei der Einweihung von Salomos Tempel, der Wohnung Gottes auf der Erde. Haben wir wirklich Grund anzunehmen, dass Gott ein vergleichbares Abkommen mit den Vereinigten Staaten oder einer anderen Nation hat?

Ja, mehr noch, gibt es einen einzigen Hinweis darauf, dass Gott die Vereinigten Staaten oder jeden anderen Staat überhaupt als nationale Einheit betrachtet? Jesus erzählte das Gleichnis vom Königreich unter anderem auch, um unsere nationalistischen Vorstellungen zu korrigieren. Gott wirkt nicht in erster Linie durch Völker, sondern durch ein Reich, das über die einzelnen Nationen hinausgeht.

Wenn ich heute über die Geschichten Jesu vom Reich Gottes nachdenke, spüre ich, dass das Unbehagen vieler Christen durch die Vermischung der beiden Königreiche entsteht, des sichtbaren mit dem unsichtbaren. Bei jedem Wahlkampf stellen Christen die Überlegung an, ob dieser oder jener der »Mann Gottes« für das Weiße Haus sei. Ich halte es für unwahrscheinlich, dass Jesus seinerzeit überlegt hat, ob Tiberius, Oktavian oder Julius Cäsar jeweils der »Mann Gottes« war. Die Politik Roms war praktisch ohne Belang für das Reich Gottes.

In der gegenwärtigen Situation, in der die Säkularisierung der modernen Gesellschaft voranschreitet, scheinen sich Kirche und Staat immer weiter voneinander zu entfernen. Aber je besser ich die Botschaft Jesu begreife, desto weniger alarmiert mich diese Entwicklung. Unsere wirkliche Herausforderung besteht nicht darin, die Vereinigten Staaten oder ein anderes Land zu christianisieren (ohnehin ein zum Scheitern verurteiltes Vorhaben), sondern vielmehr darin, bestrebt zu sein, in einer zunehmend feindlichen Umgebung das Reich Gottes zu verkörpern. Die Kirche, so der Theologe Karl Barth, existiert, um in der Welt ein völlig neues Zeichen zu setzen, das ganz anders als die Welt ist und ihr sogar widerspricht, da es voller Hoffnung ist.

Paradoxerweise könnte die Kirche, falls die Vereinigten Staaten wirklich in den moralischen Abgrund schlittern, umso besser ein Zeichen der Hoffnung setzen – wie sie es in Rom und auch in China getan hat. Allerdings muss ich zugeben, dass ich lieber in einem Land leben würde, in dem die Mehrheit der Bevölkerung nach den Zehn Geboten lebt, in dem man einander mit Respekt begegnet und in dem man sich einmal am Tag zu einem einfachen, unparteiischen Gebet beugt. Dabei denke ich mit einer gewissen Nostalgie an die fünfziger Jahre zurück, in denen ich aufgewachsen bin. Aber auch wenn diese Verhältnisse nicht wiederkehren, werde ich deswegen nicht schlechter schlafen. Wenn Amerika in den Abgrund schlittert, werde ich dafür arbeiten und beten, dass das Reich Gottes kommen möge. Wenn selbst die Pforten der Hölle nichts gegen die Kirche ausrichten können, dann verliert die aktuelle politische Situation ihre Schrecken.

In Stuttgart diskutierte Martin Buber im Jahre 1933 mit einem Neutestamentler, warum er als Jude Jesus zwar bewundern, ihn aber trotzdem nicht annehmen könne. In den Augen der Christen, sagte er, müssten die Juden wirklich halsstarrig scheinen, weil sie immer noch hartnäckig auf den Messias warten. Warum Jesus also nicht als den Messias anerkennen? »Die Kirche steht auf dem Glauben an das Gekommensein Christi, als an die der Menschheit durch Gott zuteil gewordene Erlösung. Wir, Israel, *vermögen* das nicht zu glauben. (...) Tiefer, echter wissen wir, dass die Weltgeschichte nicht bis auf ihren Grund aufgebrochen, dass die Welt noch nicht erlöst ist. Wir *spüren* die Unerlöstheit der Welt.« Bubers Aussage erhielt in den nächsten Jahren zusätzliche Brisanz, denn Hitlers Machtergreifung im selben Jahr ließ keinen Zweifel mehr an der unerlösten Welt. Wie konnte ein wahrer Messias zulassen, dass solch eine Welt weiterexistierte?

Die einzig mögliche Erklärung findet sich in der Lehre Jesu, dass das Reich Gottes in Phasen kommt. Es ist »jetzt« und »noch nicht«, Gegenwart und Zukunft. Manchmal betonte Jesus die gegenwärtigen Aspekte, etwa als er sagte, das Königreich sei »schon jetzt da«, in uns. Bei anderen Gelegenheiten deutete er an, dass das Reich Gottes in der Zukunft liege, zum Beispiel als er die Jünger das Beten lehrte: »Dein Reich komme. Dein Wille geschehe wie im Himmel so auf Erden.« Martin Buber merkte zu Recht an, dass Gottes Wille weniger auf der Erde erfüllt wird als im Himmel. In einigen wichtigen Aspekten ist das Reich Gottes noch nicht gekommen.

Vermutlich hätte Jesus Bubers Einschätzung über den Zustand dieser Welt geteilt. »In der Welt werdet ihr von allen Seiten bedrängt«, kündigte er seinen Jüngern an. Und er warnte auch vor dro hendem Unheil: »Wenn ihr von Kriegen und Unruhen hört, achtet darauf, aber erschreckt nicht! Das muss geschehen, doch es bedeutet noch nicht das Ende.« Die Gegenwart des Bösen garantiert, dass die Geschichte voller Zwietracht ist und die Welt unerlöst aussieht. Eine Zeit lang existiert das Reich Gottes neben der aktiven Auflehnung gegen Gott. Gottes Reich tastet sich langsam heran, demütig, wie eine heimliche Invasionsmacht, die im Reich des Teufels arbeitet. Oder wie C. S. Lewis es ausdrückte:

> Warum landet Gott »getarnt« auf dieser vom Feind besetzten Welt und gründet eine Art Geheimbund, um so den Teufel zu unterlaufen? Warum fällt er nicht mit Heeresmacht ein? Ist er womöglich nicht stark genug? Nun, die Christen glauben, dass er eines Tages mit Macht kommen wird. Wir wissen zwar nicht, wann; aber wir können ahnen, warum er noch wartet. Er möchte uns die Möglichkeit geben, freiwillig auf seine Seite zu treten. (...) Gott wird angreifen. Aber ich frage mich, ob diejenigen, die von Gott jetzt verlangen, er solle offen und direkt in unsere Welt eingreifen, sich vorstellen können, was dann geschehen wird. Das ist das Ende dieser Welt. Wenn der Autor auf die Bühne tritt, ist die Vorstellung zu Ende.

Selbst den Jüngern, die Jesus so nahe standen, fiel es schwer, diese doppelte Sichtweise vom Reich Gottes zu begreifen. Nach seinem Tod und seiner Auferstehung verstanden sie wenigstens, dass er nicht als triumphierender König kam, sondern in Demut und Schwachheit gekleidet. Doch selbst dann waren sie von einer Frage besessen: »Herr, wirst du jetzt Israel wieder zu einem freien und mächtigen Reich machen?« Dabei schwebte ihnen ohne Zweifel ein sichtbares Königreich anstelle der römischen Herrschaft vor. Jesus fegte diese Frage weg und beauftragte sie, die Botschaft in alle Teile der Welt zu bringen. Das geschah, als er zu ihrer Verwunderung aus ihrem Blickfeld entschwand und die Engel wenig später erklärten: »Gott hat Jesus aus eurer Mitte zu sich in den Himmel genommen; aber eines Tages wird er genauso zurückkehren.« Das Königreich, nach dem sie sich so sehnten, würde eines Tages tatsächlich kommen, aber noch nicht jetzt.

Ich muss zugeben, dass ich jahrelang vermieden habe, über die Wiederkunft Christi nachzudenken, zum Teil sicher auch als Reaktion auf die Prophezeiungsmanie, die ich als Kind miterlebte. Der Glaube daran schien irgendwie peinlich, als wäre er nur etwas für Menschen, die an UFOs glauben. Nach wie vor weiß ich nichts Sicheres über die Wiederkunft, aber ich betrachte sie inzwischen als notwendigen Höhepunkt für das Reich Gottes. In dem Maße, wie die Kirche die Wiederkunft für immer unwahrscheinlicher hält, sich hier auf der Erde häuslich einrichtet und nicht als Vorhut in ein anderes Reich voranzieht, riskieren wir, unseren Glauben an einen souveränen Gott zu verlieren.

Gott hat seinen guten Ruf aufs Spiel gesetzt. Das Neue Testament weist auf eine Zeit hin, in der einmal alle vor Jesus niederknien werden. »Und jeder ohne Ausnahme soll zur Ehre Gottes, des Vaters, bekennen: Jesus Christus ist der Herr!« Mehrere Jahrzehnte nach Ostern sprach der Apostel Paulus über die Schöpfung, die unter den Geburtswehen einer noch nicht verwirklichten Erlösung leide. Das erste Kommen Jesu löste nicht die Probleme der Erde, es war vielmehr ein Hinweis auf das Reich Gottes, um den Bann der irdischen Selbsttäuschung zu brechen.

Erst bei der Wiederkunft Jesu wird das Reich Gottes vollständig errichtet werden. In der Zwischenzeit arbeiten wir für eine bessere Zukunft und entnehmen den Evangelien, wie die Zukunft sein wird. Jürgen Moltmann hat darauf hingewiesen, dass die Formulierung »Tag des Herrn« im Alten Testament Angst auslöste, im Neuen Testament aber Vertrauen bewirkte, weil die Verfasser Jesus kennen gelernt hatten. Nun wussten sie, was sie erwartete.

Als Jesus auf der Erde lebte, heilte er Blinde und Gelähmte. Er wird wiederkehren, um in einem Reich zu herrschen, in dem es keine Krankheiten oder Behinderungen gibt. Auf der Erde ist er gestorben und wieder auferstanden. Bei seiner Wiederkunft wird es keinen Tod mehr geben. Auf der Erde trieb er Dämonen aus, aber bei seiner Wiederkunft wird er den Widersacher vernichten. Auf der Erde wurde er als Säugling in eine Krippe gelegt, aber wiederkehren wird er als ein strahlendes, herrliches Wesen, wie es in der Offenbarung beschrieben wird. Das Königreich, das er auf der Erde in Gang setzte, war nicht das Ende, sondern der Anfang vom Ende.

Das Reich Gottes wird auf Erden wachsen, indem die Kirche eine alternative Gesellschaft schafft, die zeigt, was die Welt noch nicht *ist*, aber eines Tages *sein wird*: eine Gesellschaft, die nicht nach Hautfarbe oder sozialem Hintergrund fragt; eine Gesellschaft, für die Liebe und nicht Kampf charakteristisch ist; die sich um die Schwächsten kümmert; die sich inmitten einer Welt voller Selbstsucht und Dekadenz für Gerechtigkeit und Rechtschaffenheit stark macht; eine Gesellschaft, deren Mitglieder um das Privileg wetteifern, dem anderen zu dienen – das verstand Jesus unter dem Reich Gottes.

Die vier Reiter in der Offenbarung sind eine Vorschau darauf, wie diese Welt enden wird: Krieg, Hunger, Krankheit und Tod. Aber Jesus hat eine Vorschau darauf gegeben, wie diese Welt wieder erneuert werden soll, durch die Umkehrung der Taten der vier Reiter. Er stiftete Frieden, gab Hungrigen zu essen, machte Kranke gesund und erweckte Tote wieder zum Leben. Er machte die Botschaft vom Reich Gottes lebendig, weil er sie auslebte, indem er sie an den Menschen seiner Umgebung verwirklichte. Die märchenhaften Prophezeiungen von einer Welt ohne Schmerzen, Tränen und Tod bezogen sich nicht auf eine Phantasiewelt, sondern auf diese Welt.

Wir Menschen in der Kirche, die Nachfolger Jesu, haben die Aufgabe, Hinweise auf das Reich Gottes zu geben. Die beobachtende Welt wird dieses Reich nach uns beurteilen. Wir leben in einer Zeit des Übergangs – eines Übergangs vom Tod zum Leben, von menschlicher Ungerechtigkeit zu göttlicher Gerechtigkeit, vom Alten zum Neuen –, die noch tragisch unvollkommen ist. Aber hier und da finden sich Anzeichen auf das, was Gott eines Tages in Vollkommenheit schaffen wird. Die Herrschaft Gottes bricht in diese Welt ein, und wir können seine Vorboten sein.

S. 259: »*Das Reich Gottes . . .*«: Matthäus 12,28

S. 259: *Barclay:* Vgl. Malcolm Muggeridge, *Jesus, der Mann der lebt.*

S. 259: »*Jetzt beginnt . . .*«: Matthäus 3,2

S. 259: »*Propheten und Könige . . .*«: Lukas 10,24

S. 259: »*Der hier vor euch steht . . .*«: Matthäus 12,42

S. 262: *Konstantin:* Vgl. Will Durant, *Kulturgeschichte der Menschheit.* Lausanne, o.J.

S. 263: »*Fuchs*«: Lukas 13,32

S. 263: *Tempelsteuer:* Vgl. Matthäus 17,27

S. 263: »*Liebt eure Feinde!*«: Matthäus 5,44

S. 267: »*an eurer Liebe . . .*«: Vgl. Johannes 13,35

S. 267: »*Denn Gott hat . . .*«: Johannes 3,16

S. 267: »*Mein Königreich . . .*«: Johannes 18,36

S. 268: »*Das Reich Gottes . . .*«: Lukas 17,20-21

S. 268: »*Gebt dem Kaiser . . .*«: Matthäus 22,21

S. 268: *Justizbeamtin:* Zitiert nach »Chinese Lessons«, in: *Christianity Today* vom 16. Mai 1994.

S. 269: »*Wenn dieses Volk, . . .*«: 2. Chronik 7,14

S. 270: *Barth:* Karl Barth, *Die kirchliche Dogmatik.* Zürich, 1987.

S. 271: *Buber:* Zitiert nach Jürgen Moltmann, *Der Weg Jesu Christi.*

S. 271: »*Dein Reich komme . . .*«: Matthäus 6,10

S. 271: »*In der Welt . . .*«: Johannes 16,33

S. 272: »*Wenn ihr von . . .*«: Matthäus 24,6

S. 272: *Lewis:* C. S. Lewis, *Pardon, ich bin Christ.* Basel, Gießen, 1991.

S. 272: »*Herr, wirst du . . .*«: Apostelgeschichte 1,6

S. 272: »*Gott hat Jesus . . .*«: Apostelgeschichte 1,11

S. 273: »*Und jeder . . .*«: Philipper 2,10-11

14
Was er verändert hat

Scott Peck schreibt, dass er zunächst mit Skepsis an die Evangelien heranging. Er hatte den Verdacht, dass sie eher werbewirksame Berichte waren, in denen die Verfasser Einzelheiten geschickt zusammengefügt und das Leben Jesu geschönt dargestellt hatten. Aber die Evangelien belehrten ihn bald eines Besseren:

> Die außergewöhnliche *Realität* der Evangelien berührte mich wie ein Donner. Ich entdeckte einen Mann, der fast ständig frustriert wurde. Seine Frustration zeigt sich fast auf jeder Seite: »Was muss ich euch denn noch sagen? Wie oft habe ich euch das schon gesagt? Was kann ich machen, damit ich endlich zu euch durchdringe?«
>
> Ich entdeckte auch einen Mann, der oft traurig war und manchmal deprimiert, oft besorgt und ängstlich ... einen Mann, der schrecklich einsam war, und trotzdem oft das Bedürfnis hatte, allein zu sein. Ich entdeckte einen Mann, der so real war, dass ihn keiner erfunden haben konnte.
>
> Wenn es den Verfassern wirklich um PR und Schönfärberei gegangen wäre, hätten sie einen Jesus beschrieben, wie ihn immer noch Dreiviertel aller Christen erschaffen wollen ... mit einem süßlichen, unendlichen Lächeln, kleinen Kindern über das Haar streichend, der mit unerschütterlicher Gelassenheit auf der Erde nur spazieren geht ... Aber der Jesus in den Evangelien – dem manche nachsagen, er sei das bestgehütete Geheimnis der Christenheit – hatte keinen solchen »inneren Frieden«, wie wir ihn uns für gewöhnlich vorstellen. Und als seine Nachfolger – soweit wir das überhaupt sein können – werden wir ihn vielleicht auch nicht haben.

Wie können wir etwas von dem »wirklichen« Jesus erfahren, auf den Peck einen kurzen Blick werfen konnte? Ich habe bewusst versucht, Jesus »von unten« zu betrachten, um so gut wie möglich zu erfassen, wie es wohl gewesen sein mag, mit eigenen Augen diese außergewöhnlichen Ereignisse in Galiläa und Judäa zu sehen. Und genau wie Scott Peck war ich durch meine Entdeckungen wie vom Donner gerührt.

Ikonen auf bleiverglasten Fenstern in orthodoxen Kirchen und die Bilder aus den Sonntagsschulräumen der reformierten, puritanischen Kirche in Amerika zeigen auf ebenen Flächen einen friedfertigen, »gezähmten« Jesus. Aber der Jesus in den Evangelien ist alles andere als zahm. Seine große Ehrlichkeit ließ ihn zuweilen taktlos erscheinen. Diejenigen, die sich in seiner Umgebung wohlfühlten, gehörten zu den Leuten, mit denen andere es nicht gern zu tun hatten. Er war notorisch unberechenbar, man konnte ihn nicht auf etwas festnageln oder ihn auch nur verstehen.

Am Ende meiner Suche nach dem Jesus der Evangelien habe ich ebenso viele Fragen wie Antworten. Ganz sicher ist es mir nicht gelungen, ihn für mich zu »zähmen«, geschweige denn für andere. Ich bin jetzt automatisch skeptisch, wenn jemand versucht, Jesus irgendwie einzuordnen, ihn in eine Schublade zu stecken. Jesus ist radikal anders als alle anderen, die je gelebt haben.

Um zusammenzufassen, was ich über Jesus herausgefunden habe, schildere ich nun eine Reihe von Eindrücken. Sie ergeben keineswegs ein komplettes Bild, sondern sind die Facetten des Lebens Jesu, die mich herausfordern und vermutlich auch niemals aufhören werden, das zu tun.

Ein sündloser Freund der Sünder. Als Jesus auf die Erde kam, erkannten ihn Dämonen, Kranke belagerten ihn und Sünderinnen salbten sein Haupt und seine Füße mit Öl. Gleichzeitig stieß er fromme Juden vor den Kopf, die ganz konkrete Vorstellungen hatten, wie Gott zu sein hatte. Angesichts ihrer Ablehnung damals stellt sich mir die

Frage, ob die Gläubigen heutzutage tatsächlich anders denken. Vermitteln wir nicht auch oft ein Bild von Jesus, das unseren frommen Erwartungen entspricht, nicht aber der Person, die die Evangelien so lebhaft schildern?

Jesus war der Freund der Sünder. Er stellte nicht einen gottesfürchtigen Pharisäer, sondern einen kriecherischen Zöllner als Vorbild hin. Eine Samariterin, die fünf gescheiterte Ehen hinter sich hatte und nun mit einem weiteren Mann zusammenlebte, war der erste Mensch, dem er sich als Messias zu erkennen gab. Noch bei seinem letzten Atemzug vergab er einem Dieb, der nicht den Hauch einer Möglichkeit hatte, geistlich zu wachsen.

Aber Jesus war selbst kein Sünder. »Wenn ihr nicht mehr aufweisen könnt als die Pharisäer und Schriftgelehrten, kommt ihr nicht in Gottes Reich«, lehrte er. Die Pharisäer suchten vergeblich einen Beweis dafür, dass er das Gesetz Moses gebrochen hatte. Er widersetzte sich zwar manchen ihrer Traditionen, aber bei seinem Prozess blieb nur ein einziges »Vergehen« übrig: seine Behauptung, der Messias zu sein.

Mich erstaunt seine kompromisslose Mischung aus Barmherzigheit gegenüber Sündern und Hass auf die Sünde, denn in der Kirchengeschichte war und ist es meistens umgekehrt. Mit den Lippen bekennen wir zwar, dass wir die Sünde hassen, den Sünder jedoch lieben – aber wie steht es mit der Umsetzung dieses Grundsatzes?

Die christliche Kirche hat immer Mittel und Wege gefunden, die drastischen Worte Jesu über moralisches Verhalten abzuschwächen. Dreihundert Jahre lang verstanden Christen den Befehl »Widersetzt euch nicht dem Bösen« wörtlich, aber schließlich entwickelte die Kirche die Lehre vom »gerechten« und sogar »heiligen Krieg«. Zu den unterschiedlichsten Zeiten haben sich kleine christliche Gruppen an die Worte Jesu gehalten, Reichtum abzugeben, aber die meisten lebten am Rand einer wohlhabenden, etablierten Kirche. Dieselben Christen verdammen lautstark die Homosexualität, die Jesus mit keinem Wort erwähnte, missachten aber seinen sehr deutlichen Standpunkt gegen Ehescheidung. Immer wieder definieren wir Sünde neu und setzen andere Schwerpunkte.

Gleichzeitig verwendet die etablierte Kirche viel Kraft darauf, sich nach außen gegen die sündige Welt abzugrenzen. Kürzlich habe ich mir ein Theaterstück angesehen, das auf Erlebnissen einer Selbsthilfegruppe für Aidskranke basierte. Der Direktor erklärte, er habe sich zu dieser Inszenierung entschlossen, nachdem ein Lokalpolitiker bekundet hatte, jede Todesanzeige eines jungen, ledigen Mannes sei für ihn ein Grund zum Feiern, denn jeder Tod sei ein neues Zeichen für Gottes Missbilligung. Ich fürchte, dass die Kirche zunehmend als Feindin der Sünder betrachtet wird.

Nur zu oft fühlen Sünder sich ungeliebt in der Kirche, die Sünde immer wieder neu definiert – genau im Gegensatz zu den Grundsätzen Jesu. Etwas läuft da schief.

In einem seiner frühen Bücher, *Scham und Schande*, sagte Salman Rushdie, dass der wahre Kampf nicht zwischen Arm und Reich, Sozialisten und Kapitalisten oder Schwarz und Weiß ausgefochten werde, sondern zwischen denen, die er als Epikuräer und Puritaner bezeichnete. Das Pendel der Gesellschaft schwingt vor und zurück zwischen denen, die sagen: »Alles ist möglich«, und denen, die sagen: »O nein, das tust du nicht!«, die Restauration gegen Cromwell, die Liberalen gegen die religiöse Rechte, moderne Säkularisten gegen islamische Fundamentalisten. Wie um seine Behauptung zu bestätigen, setzte der Iran bald darauf eine Million Dollar Kopfgeld auf Rushdie aus. Er hatte eine Grenze überschritten.

In der Geschichte finden sich viele Beispiele für Gesetzlichkeit und auch für Dekadenz. Aber wie kann man gleichzeitig auf hohe moralische Prinzipien pochen und denen gegenüber barmherzig sein, die ihnen nicht gerecht werden? Wie kann man den Sünder in die Arme schließen, ohne ihn zur Sünde zu ermutigen? In der Geschichte der Christenheit gibt es nur wenige Beispiele dafür, dass die Verhaltensweisen Jesu übernommen wurden.

Bei meinen Recherchen über das Leben Jesu las ich auch einige ausführliche Darstellungen der ersten Jahrhunderte des Christentums. Die frühe Kirche machte einen guten Anfang, indem sie den Schwerpunkt auf moralische Integrität legte. Wer sich taufen lassen wollte, musste sich zunächst lange unterweisen lassen, und die Kirchenzucht wurde streng gehandhabt. Sporadische Verfolgung durch römische Kaiser half, die Kirche von »lauwarmen« Christen zu befreien. Selbst heidnische Beobachter waren davon angezogen, wie die Christen sich um andere kümmerten und den Unterdrückten, Armen und Kranken halfen.

Mit Kaiser Konstantin setzte ein gewaltiger Wandel ein. Er legalisierte als Erster das Christentum und machte es zur staatlich unterstützten Religion. Seine Herrschaft schien der größte Triumph des Glaubens zu sein, denn er ließ mit staatlichen Geldern Kirchen erbauen und unterstützte theologische Konferenzen, anstatt Christen zu verfolgen. Allerdings hatte dieser Triumph seinen Preis: Die beiden Königreiche wurden miteinander verwechselt. Der Staat ernannte nun Bischöfe und andere Kirchenbedienstete, und bald war die Hierarchie innerhalb der Kirche ein genaues Abbild der staatlichen Rangordnung. Und die christlichen Bischöfe begannen ihrerseits, nicht nur der Kirche, sondern der ganzen Gesellschaft ihre Moralvorstellungen aufzuerlegen.

Seit Konstantin war die Kirche in Versuchung, die »Moralpolizei« der Gesellschaft zu werden. Die katholische Kirche im Mittelalter, Calvins Genf, England unter Cromwell, Winthrops Neuengland, die russisch-orthodoxe Kirche – sie alle haben versucht, eine Art christliche Moral per Dekret zu erlassen. Und alle taten sich auf ihre jeweilige Weise schwer, Gnade zu vermitteln.

Wenn ich mir das Leben Jesu ansehe, wird mir bewusst, wie weit wir uns von dem göttlichen Gleichgewicht, das er uns vorgelebt hat, entfernt haben. Wenn ich die Ansprachen und Schreiben der zeitgenössischen Kirche in den Vereinigten Staaten betrachte, entdecke ich darin manchmal mehr von Konstantin als von Jesus. Der Mann von Nazareth war ein sündenfreier Freund der Sünder, ein Vorbild, das uns in beiden Punkten beschämen sollte.

Der Gott-Mensch. Manchmal denke ich, es wäre besser gewesen, wenn Gott uns eine bestimmte Anzahl von Vorstellungen gegeben hätte, die wir uns durch den Kopf gehen lassen könnten, ausdiskutieren und dann entscheiden könnten, ob wir sie annehmen oder ablehnen. »Jesus macht frei«, verkündet ein Autoaufkleber. Wie lächerlich würde dies klingen, wenn wir Jesus durch Namen wie Sokrates, Napoleon oder Marx ersetzten. Buddha gestattete seinen Anhängern, ihn zu vergessen, solange sie seine Lehre würdigten und seinem Weg folgten. Platon sagte etwas Vergleichbares von Sokrates. Jesus jedoch wies auf sich selbst hin und sagte: »Ich bin der Weg.«

Da ich mir das Leben Jesu hauptsächlich »von unten« ansah, habe ich Konzepte wie Präexistenz, göttliches Wesen oder duale Natur, die in theologischen Abhandlungen so viel Raum einnehmen, unberücksichtigt gelassen. Die Kirche brauchte fünfhundert Jahre, um die Einzelheiten des Mensch- und Gottseins Jesu herauszuarbeiten. Ich habe mich bewusst an die Sichtweise von Matthäus, Markus, Lukas und Johannes gehalten und nicht an den auslegenden Charakter des übrigen Neuen Testaments oder der Konzile von Nicäa und Chalkedon.

Aber auch in den Evangelien findet sich die geheimnisvolle doppelte Identität Jesu. Wie kam es dazu, dass dieser galiläische Jude mit Familie und Heimatstadt als »wahrer Gott von wahrem Gott« angebetet wurde? In den Evangelien wird es deutlich, insbesondere bei Johannes. Jesus ließ zu, dass Petrus ihn kniend anbetete. Einem Lahmen und einer Ehebrecherin gebot er wie vielen anderen: »Ich vergebe dir deine Sünden.« Jerusalem kündigte er an: »Ich werde euch Propheten, geisterfüllte Männer und Lehrer schicken«, als wäre er kein Rabbi, sondern der unumschränkte Gott der Geschichte. Wenn man ihn provozierte, entgegnete Jesus ohne Umschweife: »Ich und der Vater sind eins.« Bei einer anderen Gelegenheit meinte er: »Lange bevor Abraham überhaupt geboren wurde, *bin ich*«, und sprach dabei das heilige hebräische Wort für Gott aus, falls seinen Zuhörern die entscheidende Aussage entgangen sein sollte. Frommen Juden entging sie nicht – einige Male griffen sie zu Steinen, um Jesus für solche Gotteslästerung zu bestrafen.

Die absoluten Ansprüche Jesu, was seine eigene Person betraf, sind vielleicht das zentrale Problem der gesamten Menschheitsgeschichte, denn sie unterscheiden das Christentum von anderen Religionen. Moslems und auch zunehmend Juden erkennen Jesus zwar als einen großen Lehrer und Propheten an, aber kein Moslem könnte sich vorstellen, dass Mohammed für sich beanspruchte, Allah zu sein. Und für einen Juden wäre es unvorstellbar, dass Mose Jahwe sein sollte. Hindus wiederum glauben zwar an Inkarnationen, aber nicht an eine einzige Menschwerdung. Die Buddhisten können sich dagegen gar nicht vorstellen, dass der souveräne Gott Mensch werden könnte.

Könnten die Jünger Jesu solche ungeheuren Ansprüche zusätzlich in seine Lehren eingebaut haben, im Zuge ihrer Verschwörung, eine neue Religion zu begründen? Unwahrscheinlich. So wie wir die Jünger kennen gelernt haben, sind sie unfähig eine Verschwörung anzuzetteln. Außerdem zeigen die Evangelien, dass sie sich gegen die Vorstellung sträubten, dass Jesus Gott sein sollte. Alles in allem gehörte jeder einzelne Jünger zu den entschiedensten Monotheisten auf der ganzen Welt. Erst in der allerletzten Nacht mit Jesus bat ein Jünger, nachdem sie seine Ansprüche vernommen und alle Wunder gesehen hatten: »Herr, zeige uns den Vater.« Und trotzdem begriffen sie nichts. Dabei war die Antwort Jesu klar wie nie: »Kennt ihr mich, dann kennt ihr auch meinen Vater. Von jetzt an kennt ihr ihn; ja, ihr habt ihn schon gesehen.«

Es ist eine unbestreitbare Tatsache, dass dieselben Jünger, die beim letzten Abendmahl so wenig verstanden, Jesus einige Wochen später als »den Herrn« und »Schöpfer des Lebens« verkündigten. Als dann die Evangelien geschrieben wurden, betrachteten sie ihn als das Wort, das Gott war, durch das alle Dinge geschaffen wurden. In einem späteren Brief hob Johannes besonders hervor: »Christus war von allem Anfang an da . . . Jetzt aber haben wir ihn mit unseren eigenen Augen gesehen und mit unseren Händen berühren können, ihn, der uns die Botschaft vom Leben brachte.« Das Buch der Offenbarung beschreibt Jesus als leuchtendes Wesen, dessen Gesicht »strahlend hell wie die Sonne« ist. Aber immer stellt der Verfasser eine Verbindung zwischen diesem kosmischen Christus und dem konkreten Mann aus Galiläa her, den die Jünger gehört, gesehen und berührt hatten.

Warum sollten die Jünger Jesu so etwas erfinden? Anhänger von Mohammed und Buddha, die gewillt waren, ihr Leben für ihren Meister zu geben, taten keinen solchen Schritt, der jeder menschlichen Logik widerspricht. Warum sollten die Jünger Jesu, die selbst so große Schwierigkeiten hatten, es zu akzeptieren, uns etwas so schwer Verständliches glauben machen wollen? Warum sollten sie es schwerer machen, Jesus anzunehmen, anstatt leichter?

Die andere Erklärung ist, dass Jesus selbst diese ungeheuren Ansprüche formulierte. Aber das vergrößert nur das Problem. Manchmal versuche ich die Evangelien wie ein Außenstehender zu lesen, etwa wie ich es mit dem Koran oder den Upanischaden mache. Wenn ich diesen Blickwinkel einnehme, merke ich, wie mich die Arroganz erstaunt und sogar ärgert, mit der jemand von sich behaupten kann: »Ich bin der Weg, ich bin die Wahrheit und ich bin das Leben! Ohne mich kann niemand zum Vater kommen.« Es dauert nicht lange, bis ich beim Lesen über solche Aussagen stolpere, die neben seinen weisen Lehren und guten Taten so haarsträubend wirken. Wenn Jesus nicht Gott ist, dann ist er das Opfer einer gewaltigen Selbsttäuschung.

C. S. Lewis legte diesen Punkt überzeugend dar. »Die Diskrepanz zwischen der Tiefe, der Vernünftigkeit und (lassen Sie mich hinzufügen) dem *Scharfsinn* seiner Morallehre einerseits und dem zügellosen Größenwahnsinn andererseits, der seiner Theologie zugrunde liegen müsste, wenn er nicht wirklich Gott wäre, ist niemals zufrieden stellend geklärt worden«, schrieb er in *Wunder*. In der bekannten Stelle aus *Pardon, ich bin Christ* entfaltete Lewis denselben Gedankengang etwas plastischer: »Ein Mensch, der solche Dinge wie Jesus sagte, wäre kein großer Morallehrer. Er wäre entweder ein Irrer –

oder der Satan in Person. Wir müssen uns deshalb entscheiden: Entweder war dieser Mensch Gottes Sohn, oder er war ein Narr oder Schlimmeres.«

Ich erinnere mich, wie ich diese Stelle im College las und sie für eine bodenlose Übertreibung hielt. Ich kannte viele Leute, die Jesus als großen Morallehrer akzeptierten und ihn trotzdem weder für Gottes Sohn noch für einen Verrückten hielten. Genau genommen war das zu jener Zeit auch meine Sicht der Dinge. Als ich dann die Evangelien näher studierte, musste ich Lewis Recht geben. Jesus machte nie Kompromisse, wenn es um seine Identität ging. Er war entweder der Sohn Gottes, der gekommen war, um die Welt zu retten oder aber ein Hochstapler, der die Kreuzigung verdient hatte. Die Menschen zu seinen Lebzeiten haben klar erkannt, dass es nur diese beiden Möglichkeiten gab.

Ich begreife nun, dass das ganze Leben Jesu mit seinem Anspruch, Gott zu sein, steht und fällt. Ich kann seiner verheißenen Vergebung nicht trauen, wenn er nicht die Vollmacht besitzt, ein solches Angebot zu machen. Ich kann mich nicht auf seine Worte über das Jenseits verlassen (»Ich gehe hin, um dort alles für euch vorzubereiten«), wenn ich ihm nicht glaube, dass er vom Vater gekommen und dorthin zurückgekehrt ist. Und was am wichtigsten ist: Wenn er nicht auf eine bestimmte Weise Gott ist, muss ich das Kreuz als einen Akt göttlicher Grausamkeit auffassen und nicht als selbstaufopfernde Liebe.

In unbegreiflicher Weise erfuhr Gott das Kreuz am eigenen Leibe: »Denn Gott war in Christus und versöhnte die Welt mit sich selber.« Ansonsten müsste Golgatha als Beispiel für Kindesmissbrauch durch Gott in die Geschichte eingehen, und nicht als ein kirchlicher Feiertag.*

---

* Oder wie Frederick Büchner es ausdrückt: »An dem Neuen Bund ist nicht die Vorstellung neu, dass Gott diese Welt so sehr liebt, um dafür zu bluten, sondern die Behauptung, dass er seinen Worten Taten folgen lassen will – so wie ein Vater zu seinem kranken Kind sagt: ›Ich werde alles tun, damit du gesund wirst.‹ Gott lässt es schließlich darauf ankommen und tut es. Jesus Christus ist das, was Gott tut, und das Kreuz, an dem er es tat, ist das zentrale Symbol für den Glauben des Neuen Bundes.«

Abbild Gottes. Der frühere Kaplan von Harvard, George Butttick, er-innert sich daran, wie Studenten in sein Büro kamen, sich auf einen Stuhl fallen ließen und erklärten: »Ich glaube nicht an Gott.« Butttick antwortete darauf entwaffnend: »Jetzt erklär mir erst einmal, an welchen Gott du nicht glaubst. Höchstwahrscheinlich glaube ich auch nicht an diesen Gott.« Und dann sprach er über Jesus, der unse-re Vorstellungen über Gott korrigiert.

Theologische Abhandlungen definieren Gott eher über Negativ-aussagen: *un*sterblich, *un*sichtbar, *un*begrenzt. Aber wie kann man Gott positiv beschreiben? Jesus beantwortet diese äußerst wichtige Frage für Christen. Der Apostel Paulus nannte Jesus mutig »Abbild seines Vaters; in ihm wird der unsichtbare Gott für uns sichtbar«. Je-sus war eine genaue Nachbildung Gottes. »Denn Gott wollte mit al-lem, was er ist und hat, in seinem Sohn wohnen.«

Gott ist also Christus ähnlich. Jesus vertritt mit Haut und Haaren einen Gott, den wir annehmen oder ablehnen, lieben oder ignorie-ren können. In diesem sichtbaren, maßstabgetreuen Modell können wir Gottes Eigenschaften deutlicher erkennen.

Ich muss zugeben, dass dieser leibhaftige Jesus viele meiner unan-genehmen Eindrücke von Gott revidiert hat. *Warum bin ich Christ?*, frage ich mich manchmal. Wenn ich ehrlich bin, gibt es eigentlich nur zwei Gründe: Erstens in Ermangelung einer besseren Alternative und zweitens wegen Jesus. Geistreich, ungezähmt, sanft, kreativ, un-berechenbar, nicht festlegbar, paradoxerweise demütig – Jesus hält forschenden Blicken stand. Ihn möchte ich als Gott haben.

Martin Luther riet seinen Studenten, dem versteckten Gott zu entfliehen und zu Christus zu eilen. Ich weiß jetzt warum. Wenn ich ein Vergrößerungsglas benutze, um etwas genauer zu betrachten, bleibt das Objekt in der Mitte deutlich und klar, zum Rand hin wird jedoch alles immer verschwommener. Für mich ist Jesus zum Brenn-punkt geworden. Wenn ich über Unwägbarkeiten wie das Problem des Schmerzes oder die Frage nach Vorherbestimmung kontra frei-em Willen spekuliere, vernebelt sich alles. Aber wenn ich auf Jesus direkt sehe, wie er zum Beispiel mit leidenden Menschen umging und wie er zu freiem und entschiedenem Handeln aufforderte, tritt wieder Klarheit ein. Ich kann mich mit geistlichen Fragen zermürben wie etwa: »Warum noch beten, wenn Gott ohnehin schon alles weiß?« Jesus bringt solche Fragen zum Schweigen: Er betete, also sollen wir es auch tun.

Während meiner Arbeit an einer Studentenbibel tauchte ich mehrere Jahre in das Alte Testament ein. Bei einer konsequenten »Diät« mit dem »Alten Bund« sog ich die Haltung der orthodoxen Juden in mich auf. Das Alte Testament unterstreicht die riesige Kluft zwischen Gott und den Menschen. Gott ist der Höchste, der Allmächtige, und er überschreitet die sinnlich wahrnehmbare Welt. Schon der geringste Kontakt mit ihm gefährdet den Menschen. Die Verhaltensmaßregeln für die Anbetung etwa im dritten Buch Mose erinnern mich an Gebrauchsanweisungen für radioaktives Material: Bringt nur fehlerlose Lämmer zur Stiftshütte. Berührt nicht die Bundeslade. Sie soll immer von Rauch umgeben sein, denn wenn ihr die Bundeslade anseht, müsst ihr sterben. Niemand außer dem Hohen Priester (und auch dieser nur ein einziges Mal im Jahr) darf das Allerheiligste betreten. An diesem Tag, Yom Kippur, befestigt ein Seil und eine Glocke an seinem Fußgelenk, sodass er, falls er einen Fehler im Allerheiligsten begeht und deswegen dort umkommt, herausgezogen werden kann.

Die Jünger Jesu wuchsen in einer solchen Umgebung auf. Sie sprachen niemals den Namen Gottes laut aus, unterwarfen sich den komplizierten Vorschriften der Reinheitsgebote, beachteten das mosaische Gesetz. Sie hielten es wie jeder andere Gläubige seinerzeit auch für selbstverständlich, dass Anbetung immer mit Opfer verknüpft war: Etwas musste sterben. Ihr Gott hatte Menschenopfer verboten. Und so war Jerusalem an Festtagen erfüllt von dem Blöken und Schreien einer viertel Million Tiere, die für den Tempelaltar bestimmt waren. Der Lärm und der Gestank der Opfertiere erinnerten eindringlich an die gigantische Kluft zwischen Gott und den Menschen.

Ich hatte mich so intensiv mit dem Alten Testament beschäftigt, dass mich der Gegensatz richtig aufschrecken ließ, als ich eines Tages die Apostelgeschichte aufschlug. Nun trafen sich Gottes Anhänger, die meisten gute Juden, in Privathäusern, sangen geistliche Lieder und redeten Gott mit dem vertraulichen *Abba* an. Wo waren die Furcht und das feierliche Einhalten der Vorschriften derjenigen, die sich in die Nähe des großen Gottes wagten? Niemand opferte Tiere; stattdessen spielte der Tod bei der Anbetung nur in dem feierlichen Augenblick eine Rolle, wenn sie das Brot brachen und Wein tranken und an das endgültige Opfer, das Jesus gebracht hatte, erinnerten.

So veränderte Jesus radikal unsere Sicht von Gott. Vor allen Dingen hat er ihn uns nahe gebracht. Den Juden, die nur einen fernen, erhabenen Gott kannten, brachte Jesus die Botschaft, dass Gott sich um das Gras auf dem Feld kümmert, die Spatzen füttert und weiß, wie viele Haare ein Mensch auf dem Kopf hat. Ihnen, die es nicht wagten, Gottes Namen auszusprechen, brachte er die schockierende Intimität des aramäischen Wortes *Abba*. Dieses Wort benutzte man in Familien als Kosenamen, so wie unsere Kinder »Papa« sagen. Bevor Jesus kam, wäre niemand auch nur auf den Gedanken gekommen, Jahwe, den souveränen Herrn des ganzen Universums, so zu nennen. Nach Jesus war diese Anrede für Gott selbst in den griechisch sprechenden Gemeinden üblich. Dem Beispiel Jesu folgend, übernahmen sie das Wort aus der fremden Sprache, um ihre Vertrautheit mit dem Vater auszudrücken.

Als Jesus am Kreuz hing, passierte etwas, was diese neue Vertrautheit der jungen Kirche in gewisser Weise besiegelte. Markus berichtet, was geschah, als Jesus seinen letzten Atemzug tat: »In demselben Augenblick zerriss im Tempel der Vorhang vor dem Allerheiligsten von oben bis unten.« Dieser gewaltige Vorhang hatte das Allerheiligste, in dem Gott gegenwärtig war, abgetrennt. Der Verfasser des Hebräerbriefs merkte später dazu an, dass dieses Zerreißen untrüglich zeigte, was der Tod Jesu bedeutete. Nun waren Opfer überflüssig geworden. Und kein Hoher Priester musste mehr zittern, wenn er den heiligen Raum betrat.

Heutzutage erscheint uns diese Vertrautheit mit Gott selbstverständlich. Wir singen Gott Lieder und sprechen mit ihm in formlosen Gebeten. In unseren Augen erscheinen Opfer primitiv. Nur zu schnell vergessen wir dabei, was es Jesus gekostet hat, um uns – uns allen, nicht nur den Priestern – direkten Kontakt mit Gott zu ermöglichen. Aber erst durch Jesus kennen wir Gott als *Abba*, den liebenden Vater.

Der Liebende. Wäre ich auf mich allein gestellt, hätte ich vermutlich eine ganz andere Vorstellung von Gott. Mein Gott wäre statisch, unveränderlich. Ich würde mir nicht vorstellen, dass Gott »kommt« und »geht«. Mein mächtiger Gott hätte alles unter Kontrolle, Opposition würde er entschieden unterdrücken. Genauso wie ein muslimischer Junge dem Psychiater Robert Coles sagte: »Allah würde der ganzen Welt, jedem Einzelnen, sagen: ›Gott ist sehr, sehr groß!‹ . . . Er würde jeden dazu bringen, an ihn zu glauben. Wenn jemand sich dagegen auflehnt, müsste er sterben. Genau das würde passieren, wenn Allah käme.«

Aber wegen Jesus muss ich meine instinktiven Vorstellungen über Gott revidieren. Vielleicht war das sogar der Kern seiner Mission. Jesus offenbart einen Gott, der uns sucht; einen Gott, der uns Freiheit gewährt, selbst wenn dies seinen Sohn das Leben kostet; einen verletzbaren Gott. Aber in erster Linie offenbart Jesus einen liebenden Gott.

Kämen wir von allein darauf, dass Gott uns liebt und sich danach sehnt, geliebt zu werden? Wer in christlicher Tradition aufgewachsen ist, erfasst vielleicht das Schockierende daran nicht, aber mit Liebe hatte man bisher nie bezeichnet, was zwischen einer Gottheit und einem Menschen ablief. Kein einziges Mal bezeichnet der Koran Liebe als Eigenschaft Gottes. Aristoteles stellte ohne Umschweife fest, dass es exzentrisch sei, wenn jemand behaupten würde, dass er Zeus liebe – oder auch, dass Zeus ein menschliches Wesen liebt. In beeindruckendem Kontrast dazu versichert die Bibel: »Gott ist Liebe« und nennt die Liebe als Hauptgrund, warum Jesus auf die Erde kam: »Gottes Liebe zu uns ist für alle sichtbar geworden, als er seinen einzigen Sohn in die Welt sandte, damit wir durch Christus ein neues und ewiges Leben bekommen.«

Oder wie Sören Kierkegaard schrieb: »Der Vogel auf dem Zweige, die Lilie auf der Wiese, der Hirsch im Walde, der Fisch im Meere, zahllose frohe Menschen jubeln: Gott ist die Liebe! Aber, gleichsam tragend, wie die Basspartie, klingt unter all diesen Sopranen das *de profundis* von den Geopferten her: Gott ist die Liebe!«

Die Geschichten Jesu über die Liebe Gottes haben etwas Verzweifeltes. In Lukas 15 erzählt er von einer Frau, die eine ganze Nacht lang nach einer verlorenen Münze sucht. Und dann von einem Hirten, der im Dunkeln dem verirrten Schaf nachspürt, bis er es findet. Jedes Gleichnis schließt mit einer Freudenszene, einer himmlischen Party, die bei der Nachricht gefeiert wird, dass ein verlorener Sünder heimgekehrt ist. Dann mündet die Rede Jesu in den emotionalen Höhepunkt: die Geschichte vom verlorenen Sohn, einem Verschwender, der die Liebe seines Vater verschmäht und sein Erbe in einem fernen Land durchbringt.

Der Priester Henri Nouwen meditierte in der Eremitage in St. Petersburg über Rembrandts Gemälde »Die Rückkehr des verlorenen Sohnes«. Während er das Bild ansah, erkannte er etwas Neues in dem Gleichnis: Jesus wurde für uns zu einem verlorenen Sohn. »Er verließ das Haus seines himmlischen Vaters, kam in ein fremdes Land, gab alles fort, was er besaß, und kehrte durch das Kreuz wieder zum Vater zurück. Aber all dies tat er nicht als rebellierender, sondern als gehorsamer Sohn, der gesandt wurde, um alle verlorenen Kinder wieder zu Gott zu bringen. (. . .) Jesus ist der verlorene Sohn von dem verlorenen Vater, der alles aufgab, was ihm der Vater anvertraut hatte, damit ich wie er werden und mit ihm zu seinem Vater zurückkommen kann.«

Die Bibel erzählt eigentlich von 1. Mose 3 bis Offenbarung 22 die Geschichte eines Gottes, der sich danach sehnt, seine Familie wieder bei sich zu haben und der alles dafür tun würde. Gott tat den entscheidenden Schritt zur Versöhnung, als er seinen Sohn auf die lange Reise zum Planeten Erde schickte. Die letzte Szene in der Bibel endet, wie das Gleichnis vom verlorenen Sohn, mit Jubel, weil die Familie wieder zusammen ist.

An anderen Stellen kommentiert die Bibel die Dimensionen von Gottes Rettungsplan:

> Das Einzigartige an dieser Liebe ist: Nicht wir haben Gott geliebt, sondern er hat uns seine Liebe geschenkt. Er gab uns seinen Sohn, der alle Schuld auf sich nahm, um uns von unserer Schuld freizusprechen.

> Die größte Liebe beweist jemand, der sein Leben für die Freunde hingibt.

> Denn Gott hat die Menschen so sehr geliebt, dass er seinen einzigen Sohn für sie hergab ...

Ich erinnere mich an eine lange Nacht, in der ich auf einem unbequemen Kunstlederstuhl am Flughafen ungeduldig auf einen Flug wartete, der fünf Stunden Verspätung hatte. Neben mir saß eine Frau, die zu derselben Konferenz wollte wie ich. Die große Verspätung und die fortgeschrittene Tageszeit schufen eine merkwürdig melancholische Stimmung, und in den fünf Stunden hatten wir Gelegenheit, uns über die Fehler in unserer Kindheit, unsere Enttäuschungen mit der Kirche und unsere Glaubensfragen auszutauschen. Ich schrieb gerade an meinem Buch *Von Gott enttäuscht*, und die Leiden, Kümmernisse, Zweifel und unbeantworteten Gebete anderer Menschen belasteten mich.

Meine Nachbarin hörte mir lange schweigend zu. Dann plötzlich stellte sie mir eine Frage, die wie aus dem Nichts kam und die mich seitdem begleitet: »Philip, lässt du jemals zu, dass Gott dich ganz einfach liebt? Ich glaube, das ist ziemlich wichtig.«

Plötzlich wurde mir klar, dass sie einen schwarzen Fleck in meinem geistlichen Leben ans Licht gebracht hatte. Bei aller intensiven Auseinandersetzung mit dem christlichen Glauben hatte ich die wichtigste Botschaft übersehen. Die Geschichte von Jesus ist die Geschichte einer Feier, sie ist eine Liebesgeschichte. Sie beinhaltet auch Leid und Enttäuschung, ja, für Gott ebenso wie für uns. Aber Jesus verkörpert die Verheißung, dass Gott alles daran setzt, um uns zurückzugewinnen. Es ist eins der größten Verdienste Jesu, dass er es irgendwie geschafft hat, uns in Gottes Augen liebenswert zu machen.

Der Autor und Literaturkritiker Reynolds Price formulierte es folgendermaßen: »Er sagte mit deutlicher Stimme den Satz, den wir in allen Geschichten hören möchten: *Der Schöpfer aller Dinge liebt mich und möchte mich!* . . . In keinem anderen Buch unserer Kultur können wir ein klareres Schaubild dieses Bedürfnisses entdecken – zerbrechliche Geschöpfe, von Gottes Hand geschaffen, in den Weltraum geschleudert und am Ende von einem Mann aufgefangen, der in mancher Hinsicht war wie wir.«

Abbild der Menschheit. Wenn Licht in einen Raum dringt, wird ein Fenster zum Spiegel, in dem sich die Einrichtung reflektiert. Mit Jesus haben wir nicht nur ein Fenster zu Gott, sondern auch einen Spiegel auf uns selbst, eine Spiegelung dessen, was Gott sich dabei dachte, als er uns erschuf. Die Menschen sind schließlich nach dem Bild Gottes geschaffen – und Jesus zeigt, wie dieses Bild aussehen sollte.

Die Menschwerdung zeige dem Menschen durch die Größe des benötigten Heilmittels, wie groß seine Not sei, erklärte Pascal. Auf beunruhigende Art führt uns Jesus unser menschliches Versagen vor Augen. Wir neigen dazu unsere vielfältigen Mängel herunterzuspielen, indem wir entschuldigend sagen: »Das ist ja nur menschlich.« Ein Mann betrinkt sich, eine Frau hat ein Verhältnis, ein Kind quält ein Tier, ein Volk zieht in den Krieg – das ist ja nur menschlich. Jesus setzt solchem Gerede ein Ende. Indem er uns zeigt, wie wir sein könnten, macht er deutlich, wie weit wir davon entfernt sind.

»Seht ihn euch an, diesen Menschen!«, rief Pilatus. Seht euch dieses unübertroffene Exemplar eines Menschen an. Und dann seht, was es ihm gebracht hat. Jesus demaskierte für alle Zeiten die Eifersucht, die Gier nach Macht, die Gewalt, die diesen Planeten wie ein

Virus verseucht. In gewisser Weise – so merkwürdig das klingt – war dies der Grund für seine Menschwerdung. Jesus wusste genau, was ihn auf der Erde erwartete. Sein Tod stand von Anfang an fest. Er kam für einen besonders absurden Tauschhandel, den die Briefe des Neuen Testaments so beschreiben:

> Er war reich und wurde doch arm, um euch durch seine Armut reich zu machen.

> Obwohl er Gott in allem gleich war und Anteil an Gottes Herrlichkeit hatte, bestand er nicht auf seinen Vorrechten. Nein, er verzichtete darauf und wurde rechtlos wie ein Sklave. Er wurde wie jeder andere Mensch geboren und lebte als Mensch unter uns Menschen.

> Denn Gott hat Christus, der ohne jede Sünde war, mit all unserer Schuld beladen und verurteilt, damit wir von dieser Schuld frei sind und Menschen werden, die Gott gefallen.

> Und Christus ist deshalb für alle gestorben, damit alle, die durch seinen Tod das Leben geschenkt bekamen, nicht länger für sich selbst leben. Ihr Leben soll jetzt Christus gehören, der für sie gestorben und auferstanden ist.

Reichtum für Armut, Göttlichkeit für Sklaverei, Vollkommenheit für Sünde, sein Tod für unser Leben – dieser Tausch scheint absolut einseitig. Aber andere Bibelstellen geben interessante Hinweise, dass die Menschwerdung auch für Gott etwas bedeutete. Tatsächlich war sein Leiden auf der Erde für Gott eine Art »Lernerfahrung«. Solche Worte klingen etwas ketzerisch, aber ich folge damit lediglich dem Hebräerbrief: »Auch Jesus, der Sohn Gottes, musste durch sein Leiden lernen, was Gehorsam heißt.« An anderer Stelle heißt es in dem Brief, dass unser Erlöser durch Leiden vollkommen wurde. Auslegungen übergehen diese Verse oft, weil sie mit unseren traditionellen Vorstellungen eines unwandelbaren Gottes schwer zu vereinbaren sind. In meinen Augen weisen sie auf »Veränderungen«, die sich in der göttlichen Einheit vollziehen mussten, damit wir versöhnt werden konnten.

Während dieser Zeitspanne machte Gott die Erfahrung, was es bedeutet, Mensch zu sein. In den dreiunddreißig Jahren auf der Erde lernte Gottes Sohn Armut, Familienstreitereien, soziale Ablehnung, Beschimpfungen und Verrat kennen. Und er lernte auch das Leiden kennen. Wie es ist, wenn der Gegner seine roten Striemen im Gesicht hinterlässt. Wie man einen Peitschenhieb auf dem Rücken spürt. Und wie es ist, wenn grobe Eisennägel durch Muskeln, Sehnen und Knochen hindurchgetrieben werden. Auf der Erde »lernte« der Sohn Gottes all das kennen.

Gottes Wesen ließ es nicht zu, dass er über diesen unzulänglichen Planeten einfach sagte: »Es ist nicht wichtig.« Gottes Sohn musste dem Bösen persönlich begegnen, wie eine vollkommene Gottheit noch niemals dem Bösen begegnet war. Er musste Sünde vergeben, indem er unsere Sünde auf sich nahm. Er musste den Tod besiegen, indem er starb. Er musste Mitgefühl für menschliche Wesen lernen, indem er selbst Mensch wurde. Der Verfasser des Hebräerbriefs erklärt, dass Jesus ein »mitleidiger« Anwalt für uns wurde. Man kann nur auf eine Art Mitleid empfinden, nämlich indem man mit-leidet. Durch die Menschwerdung, so der Hebräerbrief, hört Gott unsere Gebete auf andere Art, weil er hier auf der Erde gelebt und gebetet hat wie ein schwaches und verletzbares, menschliches Wesen.*

Zu den letzten Äußerungen Jesu, bevor er starb, zählt sein Gebet: »Vater, vergib ihnen« – ihnen allen: den römischen Soldaten, den religiösen Anführern, den Jüngern, die in die Dunkelheit flohen, Ihnen, mir, die wir ihn auf so vielerlei Art und Weise verleugnet haben – »vergib ihnen, denn sie wissen nicht, was sie tun.« Nur durch seine Menschwerdung konnte der Sohn Gottes wissen, was das bedeutete: »Sie wissen nicht, was sie tun.« Er hatte unter uns gelebt. Nun verstand er es.

---

* Ein Arzt in einem Sterbehospiz sagte mir: »Wenn meine Patienten beten, sprechen sie zu jemandem, der schon einmal selbst gestorben ist – und das kann kein anderer Berater oder Sterbebegleiter von sich behaupten.«

Der verwundete Heiler. Goethe warf einmal die Frage auf: »Es steht das Kreuz mit Rosen dicht umschlungen. Wer hat dem Kreuze Rosen zugesellt?« Auf meinen Auslandsreisen verblüfften mich die verschiedenen Symbole, die die bedeutenden Religionen verwenden. In Indien, wo die vier größten Religionen nebeneinander bestehen, kam ich bei einem Spaziergang durch Bombay an Gotteshäusern aller vier Religionen vorbei.

Hinduistische Tempel gab es an jeder Ecke, sogar tragbare auf Karren, wie sie von fliegenden Händlern verwendet werden. Jeder war mit geschnitzten, in leuchtenden Farben lackierten Bildern von den Tausenden von Göttern und Göttinnen des hinduistischen Götterhimmels geschmückt. Im krassen Gegensatz dazu fanden sich in einer riesigen muslimischen Moschee im Stadtzentrum überhaupt keine Bilder. Ein hoch hinauf ragendes Minarett wies in den Himmel zu dem einzigen Gott, Allah, der sich niemals auf ein von Menschen geschaffenes Bild reduzieren ließe. Als ich das hinduistische und das muslimische Gebäude so nebeneinander stehen sah, wurde mir klar, warum die beiden Religionen einander mit so viel Unverständnis begegnen.

An diesem Nachmittag besuchte ich auch ein buddhistisches Zentrum. Verglichen mit den betriebsamen, lärmenden Straßen draußen war es von einer ruhigen Atmosphäre umgeben. Mönche in safrangelben Gewändern knieten zum Gebet in dem abgedunkelten, stillen Raum, der von Weihrauchduft erfüllt war. Eine vergoldete Buddha-Statue beherrschte den Raum, das kluge Lächeln auf ihrem Gesicht ein Ausdruck der buddhistischen Überzeugung, dass der Schlüssel zur Zufriedenheit darin liegt, eine innere Kraft zu entwickeln, die jedes Leid überwinden kann.

Und dann kam ich zu einer christlichen Kirche. Es war ein protestantisches Gebäude, das bewusst auf Bilder verzichtete. Es erinnerte am ehesten an die Moschee, mit einer Ausnahme: Oben auf der Kirchturmspitze erhob sich ein großes, geschmücktes Kreuz.

In einem fremden Land, von meiner eigenen Kultur entfernt, sah ich das Kreuz mit anderen Augen, und plötzlich erschien es mir abwegig. Was brachte Christen dazu, ausgerechnet dieses Hinrichtungsgerät als Symbol für ihren Glauben herauszustellen? Warum nicht alles tun, um die Erinnerung an diese skandalöse Ungerechtigkeit auszulöschen? Wir könnten die Auferstehung hervorheben und die Kreuzigung nur als unglückselige Fußnote in der Geschichte erwähnen. Warum aber die Kreuzigung ins Zentrum des Glaubens rücken? »Vor diesem Bild kann manch einem der Glaube vergehen«, schrie eine Romanfigur von Dostojewski auf, als sie Holbeins Bild vom gekreuzigten Christus gesehen hatte.

Da ist zunächst natürlich die einfache Tatsache, dass Jesus uns aufgefordert hat, uns an seinen Tod zu erinnern, wenn wir uns zur Anbetung zusammenfinden. Über Palmsonntag oder Ostern brauchte er nicht extra zu sagen: »Und das tut zu meinem Gedächtnis«, aber ganz offensichtlich wollte er nicht, dass in Vergessenheit geriet, was auf Golgatha geschehen war. Und die Christen haben es nicht vergessen. John Updike schrieb: »Das Kreuz war ein Stein des Anstoßes für die Griechen mit ihrem munteren, schönen, unverletzlichen Götterhimmel und für die Juden mit ihren traditionellen Erwartungen an einen hoheitsvollen Messias. Und doch entsprach es den Tatsachen, etwas im Kern des Menschen. Der gekreuzigte Gott hat eine Verbindung hergestellt zwischen unserer menschlichen Wahrnehmung einer grausam unvollkommenen und gleichgültigen Welt und unserem menschlichen Bedürfnis nach Gott, unserem menschlichen Bewusstsein, dass Gott da ist.«

An dieser Straßenecke in Bombay mit den Fußgängern, Radfahrern und Tieren um mich herum, begriff ich, warum das Kreuz für die Christen eine so große Bedeutung hat, warum es für mich solch eine große Bedeutung hat. Das Kreuz verdeutlicht tiefe Wahrheiten, die ohne es keinen Sinn ergeben würden. Das Kreuz lässt hoffen, wenn es keine Hoffnung mehr gibt.

Der Apostel Paulus hörte von Gott, dass dieser seine Kraft in besonderem Maße an ihm zeigen konnte, wenn er schwach war. Daraus schloss Paulus: »Gerade wenn ich schwach bin, bin ich stark durch Christus. Und so trage ich alles, was Gott mir auferlegt hat:

alle Misshandlungen und Entbehrungen, alle Verfolgungen und Ängste.« Er wies damit auf ein Geheimnis hin, das einige Schritte weiter geht als der buddhistische Weg, Leiden und Nöte anzunehmen. Paulus sprach nicht aus Resignation, sondern aus einer Verwandlung heraus. Was uns das Gefühl gibt, unzulänglich zu sein, und was uns die Hoffnung raubt, benutzt Gott, um sein Werk zu erfüllen. Das Kreuz ist der Beweis.

Ich wünschte, jemand mit dem Talent von Milton oder Dante würde einmal beschreiben, wie es am Todestag Jesu in der Hölle zugegangen sein mag. Zweifellos brach ein infernalisches Freudengeschrei aus. Die Schlange aus dem ersten Buch Mose hatte in die Ferse Gottes gestochen und der Drache aus der Offenbarung hatte endlich das Kind verschlungen. Gottes Sohn, der mit einer Rettungsmission auf die Erde geschickt wurde, hing zum Schluss wie eine lumpige Vogelscheuche an einem Kreuz. Oh, welch teuflischer Sieg!

Oh, welch kurzlebiger Sieg! In der ironischsten Wendung der Geschichte wollte Gott das, was der Teufel für das Böse nutzen wollte, zum Guten gebrauchen. Der Tod Jesu am Kreuz überbrückte die Kluft zwischen einem vollkommenen Gott und einer fatal unzulänglichen Menschheit. Am Karfreitag besiegte Gott die Sünde, rottete den Tod aus, triumphierte über Satan und bekam seine Familie zurück. So verwandelte Gott die schlimmste Tat der Geschichte in den größten Sieg. Kein Wunder also, dass das Symbol dafür niemals verschwand; kein Wunder, dass Jesus uns auftrug, es niemals zu vergessen.

Weil es das Kreuz gibt, habe ich Hoffnung. Durch die Wunden des Knechts sind wir geheilt, sagt Jesaja – nicht durch seine Wunder. Wenn Gott aus einer so offensichtlichen Niederlage einen solchen Triumph machen kann, Stärke aus dem Moment der größten Schwachheit, was kann Gott dann alles mit dem offensichtlichen Versagen und Leid in meinem eigenen Leben tun?

Nichts – noch nicht einmal der Mord an Gottes eigenem Sohn – kann der Beziehung zwischen Gott und den Menschen ein Ende setzen. In der Erlösung wird das niederträchtigste Verbrechen für uns zur heilenden Kraft.

Der tödlich verwundete Heiler kehrte Ostern zurück, an dem Tag, der einen Blick darauf gestattet, wie die Geschichte aus der Perspektive der Ewigkeit aussieht, wenn jede Narbe, jede Verletzung, jede Enttäuschung in einem anderen Licht erscheinen wird. Unser Glaube beginnt, wo er zu enden schien. In der Spannung zwischen dem Kreuz und dem leeren Grab liegt das Versprechen der Geschichte: Hoffnung für diese Welt und Hoffnung für jeden Einzelnen von uns.

Der Theologe Jürgen Moltmann fasste in einem einzigen Satz die große Spanne von Karfreitag und Ostern zusammen. Es ist eigentlich eine Zusammenfassung der ganzen Menschheitsgeschichte, der Vergangenheit, der Gegenwart und der Zukunft: »Gott weint mit uns, damit wir eines Tages mit ihm lachen können.«

Eine aufrüttelnde Predigt des Schriftstellers und Predigers Tony Campolo, die von einem älteren, schwarzen Pastor seiner Kirche in Philadelphia inspiriert ist, trägt den Titel »Es ist Freitag, aber Sonntag kommt«. Der Titel sagt alles. Geschickt stellt Campolo die Welt, wie sie am Freitag aussah – als die Mächte des Bösen über die guten Mächte siegten, als jeder Freund und Jünger ängstlich die Flucht ergriff und der Sohn Gottes am Kreuz starb – der Welt gegenüber, wie sie am Sonntag war. Die Jünger, die beide Tage erlebten, zweifelten danach nie wieder an Gott. Sie hatten erfahren, dass Gott am nächsten sein kann, wenn er am entferntesten erscheint; dass er besonders mächtig sein kann, wenn er schwach zu sein scheint, und dass er, wenn es aussieht, als sei er tot, wieder lebendig werden kann. Sie hatten gelernt, Gott niemals abzuschreiben.

Aber Campolo hat in seiner Predigt einen Tag übersprungen. Die anderen beiden Tage haben im Kirchenjahr einen Namen bekommen: Karfreitag und Ostern. Aber richtig betrachtet leben wir am Samstag, dem namenlosen Tag. Was die Jünger im Kleinen kennen lernten – drei Tage Trauer um einen Mann, der am Kreuz starb – erleben wir nun in weltumfassendem Ausmaß. Die Mühle der

Menschheit dreht sich knirschend weiter zwischen der Zeit der Verheißungen und ihrer Erfüllung. Können wir darauf vertrauen, dass Gott Heiliges, Schönes und Gutes aus dieser Welt machen kann, in der es Bosnien und Ruanda, die Gettos in den Innenstädten und überfüllte Gefängnisse in den reichsten Ländern gibt? Es ist Samstag auf dem Planeten Erde. Wird der Sonntag jemals kommen?

Dass dieser dunkle Freitag auf Golgatha für uns ein Feier-Tag sein kann, hat seinen Grund in dem, was am Ostersonntag geschehen ist. Ostern besiegelte das Versprechen, dass Gott eines Tages das Osterwunder in großem Maßstab, an dem gesamten Universum, vollbringen wird.

Wir sollten uns immer wieder klar machen, dass wir am Samstag leben, an diesem Tag, der keinen besonderen Namen hat. Ich kenne eine Frau, deren Großmutter unter einer 150 Jahre alten Eiche auf einem Friedhof im ländlichen Louisiana begraben ist. Auf den ausdrücklichen Wunsch ihrer Großmutter steht auf dem Grabstein nur: »Ich warte.«

S. 277: *Peck:* M. Scott Peck, *Further Along the Road Less Traveled.* New York, 1993.

S. 279: *»Wenn ihr nicht . . .«:* Matthäus 5,20

S. 282: *»Ich bin der Weg«:* Johannes 14,6

S. 282: *»Ich werde euch . . .«:* Matthäus 23,34

S. 282: *»Ich und der Vater . . .«:* Johannes 10,30

S. 282: *»Lange bevor . . .«:* Johannes 8,58

S. 283: *»Herr, zeige uns . . .«:* Johannes 14,8

S. 283: *»Kennt ihr mich, . . .«:* Johannes 14,7

S. 283: *»Christus war von . . .«:* 1. Johannes 1,1

S. 284: *»strahlend hell . . .«:* Offenbarung 1,16

S. 284: *»Ich bin der Weg, . . .«:* Johannes 14,6

S. 284: *Lewis:* C. S. Lewis, *Wunder: – möglich – unwahrscheinlich – undenkbar?* Basel, 1991.

S. 284: *Lewis:* C. S. Lewis, *Pardon, ich bin Christ.* Basel, Gießen, 1991.

S. 285: *»Ich gehe hin, . . .«:* Johannes 14,2

S. 285: »*Denn Gott war...*«: 2. Korinther 5,19 (LÜ)

S. 285: *Büchner:* Frederick Büchner, *Wishful Thinking.* San Francisco (o.J.)

S. 286: »*Abbild seines Vaters;...*«: Kolosser 1,15

S. 286: »*Denn Gott wollte...*«: Kolosser 1,19

S. 288: »*In demselben Augenblick...*«: Markus 15,38

S. 289: *Coles:* Robert Coles, *Wird Gott naß, wenn es regnet?* Hamburg, 1992.

S. 289: *Aristoteles:* Vgl. Diogenes Allen, *Love,* Cambridge, 1987.

S. 289: »*Gott ist Liebe*«: 1. Johannes 4,8

S. 290: »*Gottes Liebe zu uns...*«: 1. Johannes 4,9

S. 290: *Kierkegaard:* Zitiert nach Karl Barth, *Das Wort Gottes und die Theologie.*

S. 290: *Nouwen:* Henri Nouwen, *The Return of the Prodigal Son.* New York, 1994.

S. 291: »*Das Einzigartige...*«: 1. Johannes 4,10

S. 291: »*Die größte Liebe...*«: Johannes 15,13

S. 291: »*Denn Gott hat...*«: Johannes 3,16

S. 292: *Price:* Zitiert nach Alfred Corn, *Incarnation.*

S. 292: *Pascal:* Blaise Pascal, *Gedanken.*

S. 292: »*Seht ihn euch an,...*«: Johannes 19,5

S. 293: »*Er war reich...*«: 2. Korinther 8,9

S. 293: »*Obwohl er Gott...*«: Philipper 2,6-7

S. 293: »*Denn Gott hat...*«: 2. Korinther 5,21

S. 293: »*Und Christus ist...*«: 2. Korinther 5,15

S. 293: »*Auch Jesus,...*«: Hebräer 5,8

S. 294: »*Vater, vergib ihnen...*«: Lukas 23,34

S. 295: *Goethe:* Zitiert nach Jürgen Moltmann, *Der gekreuzigte Gott.*

S. 296: *Dostojewski:* Zitiert nach Hans Küng, *Christ sein.*

S. 296: *Updike:* Zitiert nach Alfred Corn, *Incarnation.*

S. 296: »*Gerade wenn ich...*«: Vgl. 2. Korinther 12,9-10

S. 298: *Moltmann:* Jürgen Moltmann, *Der Weg Jesu Christi.*

Philip Yancey

Gnade ist nicht nur ein Wort
Wie Gottes Güte unser Leben auf den Kopf stellt

240 Seiten, ABCteam-Paperback, Bestell-Nr. 111 178

Gnade – für viele Menschen hat dieses Wort keine Bedeutung mehr. Und selbst Christen tun sich schwer mit diesem Begriff. Obwohl er einen Kerngedanken des Glaubens umfasst, bleibt er trotzdem für viele sperrig und leblos.

Was trockene Theologie oft nicht vermag, gelingt hier einem Autor, der mit seiner Begeisterung für Jesus, mit seiner lebendigen Sprache und seiner leidenschaftlichen Liebe zu den Menschen das Wesen der »Gnade« verständlich und ganz praktisch erlebbar macht. So wird deutlich, was es heißt, von Gott »begnadigt« zu sein und als Christen die Botschaft dieser Gnade weiterzugeben.

R. BROCKHAUS VERLAG WUPPERTAL

Wolfram Kopfermann

Aufbruch in ein neues Land
Glauben lernen mit Abraham

128 Seiten, Paperback, Edition AufAtmen, Bestell-Nr. 224 405

Echter Glaube ist immer ein Wagnis. Auf diesem Weg weht einem der Wind schon mal ins Gesicht. Wolfram Kopfermann zeigt: Leben mit Gott bedeutet unbedingtes Vertrauen und Angenommensein, Wissen um die Ziele Gottes, intensives Leben in der Verbundenheit mit vielen Menschen. Gleichzeitig heißt glauben aber auch an vielen Stellen, den Weg in unbekanntes Land zu gehen – aufregend, rätselhaft und wunderschön.

Der Autor beschreibt Schlüsselsituationen im Leben Abrahams, die auf das Leben von Christen heute mit verblüffender Aktualität übertragen werden können. Dabei wird deutlich: Auf dem Weg in unbekanntes Land trägt die Zusage Gottes. Der Herr der Welt hat auch dann noch Geduld, wenn der Mensch vergisst, dass Gott da ist; wenn er lügt, grübelt, bitter wird, nicht mehr hoffen kann. Die großen Erfahrungen Gottes werden immer »unfertigen« Menchen geschenkt. Entscheidend ist Gottes Verlässlichkeit, nicht unsere Erkenntnis, noch nicht einmal unsere Treue. Wer seinen Glauben so lebt, dessen Leben gewinnt an Spannung und Tiefe.

R. BROCKHAUS VERLAG WUPPERTAL

James Smith / Richard Foster

Daß Gott mich wirklich liebt
Mit dem Herzen glauben

176 Seiten, Paperback, Edition AufAtmen, Bestell-Nr. 224 402

Jahrelang glaubte James Smith an Jesus Christus. Jahrelang versuchte er so zu leben, wie Gott es seiner Meinung nach erwartete. Aber er schaffte es einfach nicht.
Er schämte sich über sich selbst; auch Gott mußte ja entsetzt über ihn sein. Eines Morgens wachte er auf und erkannte, daß er Gott mied.
Doch auf ein Gebet hin machte er in den folgenden Monaten eine völlig unerwartete Entdeckung: Gott liebte ihn so, wie er war, wie er in Wirklichkeit war. Nicht das Bild, das er darzustellen versuchte. Diese Entdeckung veränderte sein Leben.

Keith Miller

Neuer Wein – lebendiges Wasser
Von der Sehnsucht nach geistlicher Erneuerung

112 Seiten, Paperback, Edition AufAtmen, Bestell-Nr. 224 406

Der christliche Glaube verändert und erneuert das Leben. Er ist kein frommer Leistungssport, sondern das unglaublich großzügige Geschenk eines liebenden Gottes.
Vieles, was Keith Miller beschreibt, hat er in seinem eigenen Leben erfahren. Hier erfährt man, wie er zu einem herausfordernden Glauben fand, der sein Leben in der Gemeinde, der Familie und im Beruf veränderte.

R. BROCKHAUS VERLAG WUPPERTAL